语言信息学

Linguistic Informatics

吕公礼◎著

中国社会科学出版社

图书在版编目(CIP)数据

语言信息学/吕公礼著. —北京：中国社会科学出版社，2016.10
ISBN 978 - 7 - 5161 - 9390 - 7

Ⅰ.①语… Ⅱ.①吕… Ⅲ.①语言学—研究 Ⅳ.①H0

中国版本图书馆 CIP 数据核字(2016)第 280447 号

出 版 人	赵剑英	
责任编辑	熊 瑞	
责任校对	周 昊	
责任印制	戴 宽	

出 版	中国社会科学出版社	
社 址	北京鼓楼西大街甲 158 号	
邮 编	100720	
网 址	http://www.csspw.cn	
发 行 部	010 - 84083685	
门 市 部	010 - 84029450	
经 销	新华书店及其他书店	

印刷装订	北京君升印刷有限公司	
版 次	2016 年 10 月第 1 版	
印 次	2016 年 10 月第 1 次印刷	

开 本	710×1000 1/16	
印 张	21.25	
插 页	2	
字 数	303 千字	
定 价	82.00 元	

凡购买中国社会科学出版社图书，如有质量问题请与本社营销中心联系调换
电话：010 - 84083683

目　录

Contents

导　论

　　人类已经进入信息时代，这是一个无须特别强调的事实。而信息时代究竟具有什么特征、其本质是什么、带来什么重大问题和挑战、其演化发展趋势应如何认识，却是需要深入思考和探索的课题，其重大理论和现实意义怎样强调都不为过。的确，这个时代的任何事物都容易被贴上信息的标签，信息在当代学术文化中也极易成为崇拜、泛化，甚至炒作的概念，从而冲淡其应有的价值。显然，这种趋势发展到极致就是所谓的信息主义，这也不时引发有识之士的反思。（肖峰，2008）然而，环顾我们生活的方方面面，信息的确无时没有、无处不在。正如杨（Young，1987：1）所言，"无论喜欢与否，我们依赖信息而生存，信息如同呼吸的空气一样对我们生死攸关，像任何生成代谢所需的能量一样不可或缺"。环顾我们的世界，计算机、手机、网络、电邮、电商、短信、微博、微信等早已成为人们生活的一部分。而更需我们关注的是，现代信息和通信技术正在深刻影响着我们认知世界的方式、时空意识、人际交往乃至思维方式，进而塑造出一种全新的社会文化生态。所谓信息化、数字化、虚拟化、快餐化、移动化、掌上化、微小化、碎片化，便是这种塑造的具体通俗表现。西方未来学家托夫勒（Toffler，1980）曾提出"浪潮理论"（the wave theory）来概括人类社会的演化发展。按照"浪潮理论"，第一次浪潮（the first wave）以农业革命为标志，第二次浪潮（the second wave）以工业革命为标志，而第三次浪潮（the third wave）的标志就是我们身处其中的信息革命。无论从深度、广度、速度或规模来看，第三次浪潮带来的变化都是史无前例的，而这种变化的独特之处就在于，信息社会在很大程度上是对工业社会的逆转乃至颠覆。布朗和杜吉德（Brown & Duguid，2000）曾用"endism"和"6—D"来概括上述变化，前者的基本意义可概括为"终结论"，具体包括媒体的终结、大学的终结、民族国家的终结等。"6—D"中的是 D 代表英语中的一类语词前缀，如"de-"和"dis-"，意为"去……化"，构成的具体语词如"demassification"（去规模化）"decentralization"（去中心化）等。信息革命代表的第三次浪潮主要发生在人类社会的非物质层面，但这次浪潮同样对社会组织机构影响深远，"endism"和"6—D"可谓信息革命带来的具体变化。这种深刻巨大的变化并非没有原因。如果公路、铁路、航空构成了现代社会的物质流动通道，那么网络和移动通信则已成为现代生活、社会、政治、经济、文化、教育、科技、军事等活动的信息中枢和流动通道。如此无所不在，如此普遍深刻的影响，我们似乎找不到比信息更为恰当的词汇来描述和概括了。毫无疑问，现代社会的种种形态和问题大都可以归结为信息问题。信息绝非昙花一现的时髦词汇，它凝结和概括了现代社会的本质特征和基本生态，是具有普遍意义的核心范畴。

信息范畴凝结了深刻的理论内涵，包含着普遍的实践价值，承载着深远的时代意义，这是确信无疑的。信息作为重要研究课题，其重要价值和意义也无须特别强调。人们在这方面经常面临的首要问题在于，信息的思考和探究究竟始于何时，在学术文化中确定一个起点并非易事。2011 年，科学历史名家詹姆斯·格雷克的 *The Information：A History，a Theory，a Flood*（《信息简史》，人民邮电出版社 2013 年版）问世。翻阅这部畅销书我们会发现，信息观念其实同人类文明一样久远。如果以通信信息论的产生为起点算起，那么信息的科学探索已有半个多世纪的历史了。随着计算机科学、互联网和现代通信技术的发展，通信信息论代表的技术主义信息范式也得以确立，其影响随之扩展到众多人文社会科学领域。进入 21 世纪以来，信息和移动通信技术加速发展。如上所述，这些发展产生了诸多新的问题和挑战，技术主

义的信息范式日益显现出极大的局限性。在现有的信息理论中，大量
新生信息文化现象越来越难以得到充分的科学解释，信息研究面临新
的重大选择和深刻转变。在我们看来，就方法论而言，我们至少面临
四种选择和转变。首先是描述与解释的选择。我们把信息社会的种种
现象细细观察，然后加以归纳和概括，这是描述性研究，可达到知其
然之目的。在描述的基础上，我们致力于探究现象背后的机制和原理，
对其做出科学解释，可达到知其所以然之目的。显而易见，信息社会
更需解释性研究，从描述性向解释性研究的转变，是 21 世纪信息研究
更为迫切的方法论选择。实际上，描述和解释是科学研究的普遍方法
论环节。毋庸置疑，科学研究需要现象的观察和描述，但不能停留在
观察和描述，而要揭示现象背后的机制和原理，才能对现象做出真正
的科学解释。苹果从树上掉下是现象，牛顿据说是从这一现象的观察
开始，进而发现万有引力定律的。然而，牛顿仅靠继续观察更多苹果
从树上掉下，要发现万有引力定律是不可能的。牛顿的独特之处在于，
他善于超越观察到的现象，并对其发生的原因进行解释，进而发现解
释任何微粒间引力的普遍定律。回到信息社会，信息爆炸、信息超载、
虚拟空间、注意力经济、文化快餐化、生活碎片化、活动去中心化、
机构终结说可谓信息时代产生的基本现象和问题。显然，这些现象和
问题早已为人们反复观察和熟知。在方法论的选择上，继续观察已经
反复观察和熟知的现象不再是主要任务。而这些现象为何发生，其发
展的趋向如何，应如何解释和应对，才是更具科学价值和实践意义的
课题，而这需要超越经验观察和简单描述，揭示现象背后的深层机制
和普遍原理。这里我们思考最多的问题就是，信息时代对人类究竟意
味着什么？对此，人们听到的欢呼声肯定更多。而在我们看来，人类
进入信息社会，这固然是巨大进步，但也陷入了两难的困境。西方文
化中有两个寓意相反的典故最能说明这种困境：一个是皮格马利翁
（Pygmalion），另一个是弗兰肯斯坦（Frankenstein）。两者都是创造之
物，但最终结果与创造者的期待截然不同，前者成就了创造者的期待，
而后者却走向创造者期待的反面。在大自然面前，人类为了生存和发

展，曾经不断追求攫取和拥有，但过度攫取引发了大量生态灾难，其结果不是皮格马利翁式的，而更像是弗兰肯斯坦式的。在信息社会，人类以追求信息的无限拥有为目标，显然面临同样的挑战和困境。在描述互联网知识的未来时，西方信息哲学家弗洛里迪（Floridi, 1996）曾撰写了一篇文章，冠以这样的问句标题："互联网：组织知识的未来是弗兰肯斯坦还是皮格马利翁？"（Internet：Which Future for Organized Knowledge, Frankenstein or Pygmalion？）这样的追问显然不是简单观察和描述，而是对上述困境的深刻反思。信息社会究竟怎样认识，民间和学界都有大量的讨论和说法。其中，"世界触手可及"、"人人都是通讯社，个个都有麦克风"等可谓当代中国最为经典的流行语，只是这些大都为欢呼赞美之词。在欢呼和赞美之余，稍作理性思考，我们也许会更多感受到其中的隐忧。人们自然要问，在网民数以亿计的时代，在人人沉溺于手机的社会，信息接收者岂不是要面对数以亿计的"通讯社"和"麦克风"？在信息时代，互联网和个人终端（个人计算机和手机）高度普及和发展，加之无数的网站和信息平台，形成了纵横交错相互链接的复杂网络信息世界。在这种信息世界中，数以亿计网民参与其中，每位网民个体都构成潜在的网络节点。这种节点显然不再是终端，而是中继和生成起点。节点上的主体不仅被动下载接收信息，而且通过评论、分享、上传、转发等形式，每时每地不断主动生成和传递新的信息。用通信信息论的术语来表达，这种节点既是信宿，也是信源。在信宿与信源的不断变换中，信息不断传递、生成、增长和膨胀。显而易见，官方媒体传播的信息量已然达到海量，加上来自数以亿计的"通讯社"和"麦克风"信息，任何信息受体要面对的信息量之大，显然已经不是超载和爆炸之类的词语所能描述。前面提到托夫勒（Toffler, 1980）的"浪潮说"，而关于信息革命掀起的浪潮，布朗和杜吉德（Brown & Duguid, 2000：12）也有生动阐释："如果说之前我们游泳时水太少，而现在游起来连保持漂浮（stay afloat）都很难做到。第三次浪潮正快速演化为海啸（tsunami）。"

　　毫无疑问，我们渴望更多的信息，信息也为人类所不懈追求和拥有。亚里士多德说，人生来就有求知的愿望。在我们看来，求知就是获取信息，而人类认知世界获取信息是与生俱来的秉性。而我们要说的是，不光人类如此，一切有机物都以信息获取为本质特征。控制论的创始人维纳（Wiener, 1954：17）说："有效地生存意味着拥有足够的信息来生存。"实际上，为了表达这样的认识，乔治·米勒（George A. Miller, 1983）还发明一个英语词语"informavore"。这个单词中的-vore 源自拉丁语，意为"以……为食的动物"。例如，"carnivore"意为"食肉动物"，而"informavore"就可解释为"以信息为食的动物"。乔治·米勒（George A. Miller, 1983）对此提供了如下背景说明："正如身体靠摄取负熵生存一样，心智靠摄取信息而存在。在最为普遍意义上，所有高等有机物是摄取信息的动物（informavore）。"人类是信息动物，追求和拥有更多的信息也是人类的本质特征，这是毫无疑问的。而问题的关键在于，当信息浪潮海啸般涌来时，人类是否有足够认知能力来接收和处理，以便获取真正需要的信息，进而迅速做出有效决策？对于这类问题，有识之士常常给出更为负面的回答。所谓信息趋向超载甚至爆炸，生活日益碎片化，文化不断快餐化，社会机构去中心化之类的说法，大多带有负面色彩。我们在此要做的自然不是继续列举这些现象，而是要科学地解释：信息为何超载和爆炸？文化为何快餐化？生活为何碎片化？诸如此类的变化对人类带来何种挑战？显然，这些都涉及深层动因和机制，需要确立普遍原理，才能做出科学解释。我们还要进一步强调的是，求知就是获取信息，而人类获取信息，归根结底是追求真实信息。然而，当信息浪潮海啸般涌来时，我们是否有足够能力迅速加以甄别？我们究竟有多少自信，认为我们能够在海量信息中辨别真伪？真实离我们更近还是更远了？我们渴望更多的信息，因为我们渴望真理。真理的确需要更多信息支持，但越来越多的事实也表明，当我们拥有过多信息时，真理却反而可能被淹没。我们更不应该忘记的是，真实原本并不一定裸露在外。在更多情况下，真实甚至被有意遮蔽和掩盖，谎言和虚假信息也常会大行其道。在植物和动物世界，伪装是重要的生存之道，捕食者常常要面对大量虚假信息。高级生物由低级生物演化而来，这一规律自然会延续下来。最后还要强调的是，我们总是渴望和追求更多的信息，但我们不能不认识到，信息并非只有唯一的呈现方式。相同的信息可能以不同形态呈现出来，就是同一真实信息也会有多种版本，经由语言表达和传递的信息更是如此。显而易见，我们的确比以往拥有更为充裕的信息，我们也常常引以为豪。但当我们认识到，这些信息不少是同一信息的多样呈现，就很难说那是我们所需要的信息量。信息超载和爆炸都有信息充裕之意，但如果充裕的信息并非真实信息，而是浮泛虚假信息，就很难说是我们所需要的信息量。我们的确正陷入各种信息悖论。凡此种种现象，人们早有感受，也早有思考和探索。但这些现象背后有无某种深层机制，如果有又是什么，我们已经探索很多，但仍有大量的疑问和谜团等待解开。要消除疑问、解开谜团，我们需要对现象加以观察描述，但我们更需要透过现象，发现现象背后的机制和原理，从而对观察到的现象做出科学解释。机制和原理虽然超越现象，却有烛幽发隐、以简驭繁之力，其理论价值和实践意义也许更为深远。我们前面提到万有引力的发现，而就复杂性而言，信息问题无疑远超引力问题，更需解释性研究。

人类生存和发展是物质和能量活动，但人类活动不限于物质能量活动，而且上升为信息活动。信息活动是人类生存和发展的高级活动。在此意义上，信息活动植根于人类活动的深厚广阔背景之中。这种活动固然是现时的存在，呈现为共时状态。所谓共时就是信息社会的现状，而现状是忽略其随时间动态演变的一种抽象规定。然而，信息社会的共时状态要得到充分解释，最终要回归人类、动物乃至有机物漫长的历时演化，从中探寻合理的解释。信息活动是人类活动的高级形态，信息社会出现的种种现象和问题，其机制和原理无疑需要在人类活动的历时演化中来探索和发现。由此我们进入了信息研究的第二个方法论转变，那就是共时到历时的转变。从历时演化来探索信息，可以说是信息研究的一种普遍选择。柯伦（Coren, 1998）出了一本著作，题为 *The Evolutionary Trajectory: the Growth of Information in the History and Future of the Earth*

（《地球信息增长：历史与未来》）。正如这本书标题所示，作者探索信息增长，而增长时段覆盖了地球、地球生命及人类文明产生和演化的全部过程。在本书研究中，我们对演化自然有自己独特的理解，具体将在第一章详细展开探索。

概括起来看，回归人类活动，并在其历时演化的链条中探寻信息的本质，进而探究信息社会种种现象的发生机制和原理，实际上是回归信息活动的具体完整状态。这种回归从根本上讲就是回归人类信息活动的自然本体状态，而这种回归意味着超越通信信息论代表的技术主义范式的局限，超越技术主义范式塑造的非自然信息社会文化形态。显然，这种回归包含着第三个重要方法论选择，那就是从信息的技术形态向人文形态的转变。说起技术与人文的对举，我们不能不提到信息论的另一位先驱维纳。在其控制论的创建过程中，维纳始终把机器和包括人在内的动物等有机体一并讨论，试图对其控制和通信进行统一概括。其中，人的控制和通信一直被视为控制论的主要研究对象。维纳（1961）出版了 *Cybernetics, or Control and Communication in Animal and the Machine*（《控制论或关于在动物和机器中的控制和通信》）一书，可谓这种统一性思想的集大成。其实，维纳在 1954 年出版的 *The Human Use of Human Beings*（《人有人的用处》）一书中，关于人类的控制和通信早有大量通俗论述。继上面的相关论述（Wiener，1954：17）外，维纳还说："有效地生存意味着拥有足够的信息来生存。因此，通信和控制属于人类内在生活的核心部分，甚至如同属于人类在社会中的生活一样。"在维纳的心目中，人也的确是在具体完整意义上理解的，如人的行为、人的目的、人的生物构成、人的社会属性、人的心智和思维、人的大脑神经系统和人类自然语言等，都在通信和控制的研究范围之内。不过，维纳毕竟是数学家，关注的主要是工程控制问题。他关于控制和通信的思想无疑首先源于机器，人的控制和通信在很大程度上是机器控制的类比和延伸，这样来类比显然有把人类还原为机器之嫌。维纳的根本局限在于，他与香农一样，同样在技术意义上界定和刻画信息。在科学形态意义上，香农和维纳是通信信息论的奠基者，可概括为 "Shannon-Wiener" 信息范式。为了讨论方便，我们在之后的论述中统称为经典信息论。这里我们要指出的是，这种范式本质上是技术主义的，因而是技术主义信息范式。我们在本书研究中强调转向人文，是要超越技术主义信息范式，真正从人的自然本体形态出发，在人类信息活动的具体完整性中认识信息，从中建构新的信息范式。在我们看来，人类信息活动的具体完整形态在自然语言信息交流中得到最为完整的体现。在此意义上，转向人文实际上就是转向自然语言。本书冠以 "语言信息学" 的标题，其根本动因和意义就在于此。为此，我们确立了一个更为概括的命题：信息活动是人类活动的高级形态，而语言信息交流活动是人类迄今最高级的信息活动形态，语言与信息的内在联系在此形成。不过，这样的命题和概括自然会引来不少疑问。观察和探究信息的视角很多，如物理、数学、化学、计算、工程、生物、社会、心理、认知、逻辑、传播及哲学等（闫学衫，2007）。信息研究转向语言，理论上究竟有何必然性？有何可靠的思想依据？有何独特优势和价值？面对这些问题，我们首先想到的答案是，任何讨论、研究、思想和理论都不能离开语言来进行，这是一个再也浅显不过的道理。信息和哲学活动凌驾于多数科学活动之上，可谓真正的元思想活动，但离开自然语言，任何完整、深刻和系统的信息和哲学思考、研究和阐释都无法进行。在很大程度上，哲学是在语言中展开、建构、演化和呈现的，哲学转向语言探寻发展之道，就是对自身本质的最好诠释。可以说，哲学是最不应忽视语言的一门学问了。哲学如此，信息更无例外可言。当然，本书并不打算以浅显的道理来立论。我们极力主张信息的语言取向，其根本依据在于，语言和信息原本就内在地联系在一起。纵观语言和信息研究思想传统，语言和信息历来相生相伴。这一点可从詹姆斯·格雷克的 *The Information*：*A History*，*a Theory*，*a Flood*《信息简史》中找到大量证据。这是一部信息历史专论，但书中充满了关于语言的论述、语言的故事甚至语言的起源。在科学信息意义上看，自经典信息论诞生起，语言与信息就联系在一起了。在香农（1948）发表的那篇经典论文中，语言信息量是探讨的重要问题。关于通信和语言的关系，控制论的创始人维纳则有明确的论述。维纳（1954：74）在论及通信与语言的关系时指出："自然而然，没有一种通信理论能够回避语言的讨论。事实上，从某种意义上来说，语言就是通信自身的别称，也是用以描述通信借以发生的编码的名称。"按英文本义解释，通信（communication）就是信息传递。上面提到柯伦（1998）的那本书，其中的"后生物进化"和"信息"两个章节都对语言有专门论述。在信息论的先驱和理论大家的思想中，语言都被视为核心问题，而在信息科学、认知科学和语言学高度发展和融合的时代，语言和语言学对信息研究日趋重要，其理论和实践价值更不应该被轻视甚至被完全忽视。

不难理解，由于时代的局限，语言与信息的关联在早期信息论中大多较为肤浅。随着现代认知科学的发展，语言不再被视为思想的外壳，而是大脑信息变换的有机组成，语言的语音形式只是其外化形态而已，语言与信息完全有机融合，语言是人类认知和信息过程不可分离的部分。在现代脑神经科学中，众多脑成像技术（如 PET，MRI，fM-RI，MEG，NIRS，EEG 等）被用于大脑探测，极大地推动了人类心智研究。然而，心智并非大脑神经元和系统的简单加和，而是其涌现特征（吕公礼，2011），无法简单还原为神经的物质能量状态。脑科学技术探测到的只是大脑神经系统的物质能量状态，而不是心智本身的机制和结构。实际上，解剖大脑是看不到心智的。心智无法离开大脑神经系统而存在，但心智是非物质形态，而大脑神经系统是物质能量形态，两者之间存在着巨大的鸿沟。怎样跨越这种鸿沟，无疑是认知科学面临的巨大挑战。如果说心智和认知就是信息过程，那么信息就是非物质的存在，因而不是具体可见的研究对象。在这个意义上，如何"窥视"和把握信息过程，也是信息研究面临的根本问题。在我们看来，回归自然语言是解决这一问题的必然选择。语言是心灵的窗口，可谓这一方面最为朴素的认识。在认知科学高度发展的 21 世纪，我们比以往任何时候都更为深刻地感受到，这一朴素认识其实包含着深刻的科学道理。我们可以毫不夸张地说，探索并解开心智之谜，语言也许是最真实、最完备、最重要的天然之窗，也是认识人类信息活动具体完整性的最为天然的通道。在人类科学发展的长久历史中，从大脑认识语言，一直是传统的思路和方法。随着认知语言学和心理学的发展，这种传统思路正在改变，从语言来洞察大脑和心智成为新的重要选择。我们的相关研究（吕公礼，2012）表明，认知心理学家早期从认知动词探索心理和思维。近期，认知心理学家则从跨语言比较来发现认知动词的差异，从中探寻不同文化主体的心理差异。在认知语言学传统中，语义学家威尔兹彼卡（Wierzbicka，1972，1992，1996）从普遍语义基元（semantic primitives）来刻画人类思维，戈达德（Goddard，2003）进一步探索了思维跨语言表现的共性和变异，福特苏（Fortesue，2001）则通过心智活动言语表达的跨语言比较，探索心智的民俗模式（folk models of mind）。语言类型学家更是试图构建所谓概念空间（conceptual space）和语义图（semantic maps）。克罗夫特（Croft，2001：364）甚至认为，语义图表现的是人类的心智地图，它从世界语言的事实中解读心智，其方法提供的信息为迄今最先进的大脑扫描技术所无法做到。本书从语言探索信息，建构语言信息论，其根本理论依据和独特科学意义就在于此。

　　自然，同样由于时代的局限，也由于范式的惯性效应，经典信息论诞生之初，多被直接用于语言，特别是语音、字母或字形信息的概率统计刻画。因此，经典信息论所谓语言信息，实际上是语言形式层面的数学刻画。这样的界定和研究其实并不奇怪。我们只需回视香农（1948）发表的那篇经典论文的标题 *A Mathematical Theory of Communication*（《通信的数字理论》），就已知其大略了。这是一篇关于通信的数学理论，研究的是纯粹的通信工程问题，而香农在文中也明确指出，消息的语义方面与通信工程问题没有关联（These semantic aspects of communication are irrelevant to the engineering problem）。更为关键的问题是，经典信息论以热力学的熵（entropy）来界定信息，定义的显然不是信息本体，而是对不确定性的数量类比。正如麦凯（Mackay，1969：56）所言，这种界定"把信息与信息内容相混淆——即把事物与事物的度量相混淆"（"a con-

fusion of the concept of information with that of information-content—the con-
fusion of a thing with the measure of a thing")。这种信息界定用于语言信息
研究，只能限于语音和文字概率特征的刻画，对语言的语义内容信息难
有作为。经典信息论的局限性表明，建构信息新范式，从信息形式转向
内容是又一重要方法论选择，也是本书研究要做出的第四个选择。关于
经典信息论的局限性，当时圈内清醒者不乏其人。信息论的另一位先驱
韦弗（Weaver，1948：27）就曾明确提醒道："在该理论（通信信息论）
中，信息一词是在特殊意义上使用的，不应与日常用法混为一谈，尤其
不应与意义混为一谈。"这表明，通信信息论的信息与意义并没有关联，
自然也与语言的意义内容无关。实际上，经典信息论之后也的确被扩展
到人文科学领域，但后来大多证明难以走通。我们知道，20 世纪前期，
信息社会的步伐迅速加快，而经典信息论的诞生恰逢其时，为信息社会
的发展其提供了理论范式。之后，经典信息论日益成为显学，加之计算
机所展现的强大技术力量，无论是香农本人的说明，还是韦弗的提醒，
显然都淹没在之后出现的信息革命浪潮之中。科学新范式和范畴诞生之
初，跟风甚至狂热是难免的，结果往往会掀起巨大和持久的思想学术浪
潮。但风平浪静之后总会出现反思，经典信息论也不例外。20 世纪 60 年
代末，心理学中曾发生了一场"信息革命"，后来林赛还致力于"用信
息概念系统地改造传统心理学"（闫学衫，2007）。然而，多年以后，心
理学界开始出现反思。米勒（2003）回顾了认知革命的发展历史，其中
提到自己早年在信息论应用扩展中遭遇的困境。他曾试图把信息论运用
于心理学，却无法超越香农对书面文本字母序列的分析。米勒认识到，
信息度量以概率为基础，而无论是概率还是相应的对数，都无法解释语
言的心理过程。

　　现代语言学和符号学早已形成了一个基本认识：语言是形式与内
容的统一，是语形与语义的统一，语言靠两者的统一表征和传递信息。
对于语言形式背后的语义内容，任何信息研究都不可能永远视而不见。
经典信息论之后，逻辑学家和语言哲学家卡尔纳普（Carnap，1942）
和巴希勒和卡尔纳普（Bar-Hillel & Carnap，1953）提出了语义信息论，

显然是信息研究反思之后的发展。关于语义信息论产生的背景，荷兰逻辑学家欣蒂卡（Hintikka，1970）的相关论述颇能说明问题。逻辑学家和语言哲学家为何尝试超越统计信息论并另辟蹊径呢？欣蒂卡（Hintikka，1970：3）作出了这样的解释："语义信息论产生的一个根本动因在于，通信信息论所依托的统计信息对'最重要意义上的信息（information in the most important sense of the word）研究没有多大作为，甚至可以说没有多少联系。"按照欣蒂卡的进一步解释，所谓"最重要意义上的信息"就是"有意义的句子和其他类似符号组合对能够理解这些句子和组合的人所传递的任何（内容）"。显然，欣蒂卡的论述包含了语言信息交流的基本因素，他所说的"最重要意义上的信息"就是自然语言传递的信息内容。语义信息论试图超越语言形式层面，切入形式背后的语义信息内容，其积极意义值得肯定。但仔细审视我们会发现，语义信息论其实并未彻底摆脱技术主义的羁绊。从产生背景来看，语义信息论可以追溯到波普尔（Popper，1934/1959）科学哲学论。我们知道，科学哲学关注的是科学理论中证据对假设的确证度问题，而确证度用概率来加以刻画。就概率逻辑而言，语义信息论与经典信息论可谓一脉相承。这其实也并不奇怪，巴希勒和卡尔纳普都出身哲学和逻辑学，数理逻辑和概率逻辑为当时普遍推崇的思维工具，他们的思想和研究不可能不受影响。在哲学层面，当时分析哲学和逻辑实证主义兴盛，数理逻辑和概率逻辑在此过程中形成。这类逻辑形态大都以忽略符号意义内容来建立，属于纯粹形式化的人工符号系统。对于自然语言语义内容，形式化系统的先天不足是显而易见的。现代哲学的"语言转向"催生了形式逻辑系统，并试图用它改造甚至取代自然语言，但之后日常语言哲学兴起，表明改造和取代难以成功，忽略意义内容的纯形式化之路并不可取。哲学的曲折发展表明，语义信息论对于"最重要意义上的信息"同样难有作为。

　　实际上，语义信息论的探索并不限于科学哲学和逻辑学。英国物理学家和信息学家麦凯（Mackay，1969）曾出版 *Information*，*Mechanism and Meaning*（《信息的机制和意义》）一书，对香农和韦弗为代表的经典信息论进行了全面评述，并试图建立一种包含意义的信息理论，而作者的主要动因是"关注人类大脑中表征并相互交流的信息，而不是基础命题逻辑模式中界定的信息"（preoccupation with information as represented and utilized in the brain and exchanged between human beings, rather than as formalized in logical pattern of elementary propositions）。在经典信息论之外，信息研究究竟何去何从，麦凯的想法显然与欣蒂卡的理解颇有相通之处，只是因其学术思想背景所限，他们都缺少真正的语言学思维，其信息界定和理论并未走出多远。20 世纪 80 年代产生的情景语义学是语义信息研究的另一理论。情景语义学的产生背景是真值条件语义学模型论的局限性，却有明确的信息研究动因，被称为"体现'信息'精神的意义理论"（邹崇理，2002：190）。按照德夫林（Devlin，1991：14）的陈述，情景语义学以认知主体间（cognitive agents）的信息流（information flow）为研究对象。这表明，关于通信信息论的技术倾向的局限，情景语义学者不乏清醒认识。不过，德夫林所说的信息流实际上只限于主体对环境信息的感知和表征，其局限性也显而易见。例如，主体看到树桩，根据年轮与树木生长的关联，获得树木生长年龄信息。从认知科学和语言学目前的认识水平来看，情景语义学所说的人类认知和信息流动显然过于简单。主体观察树桩，这作为理论起点倒也方便，讨论和刻画也较为容易。但这样的认识显然大大低估了人类信息活动的复杂性。更重要的局限在于，德夫林（Devlin，1991：2）声称要建立"信息的数学理论或模式"（a mathematical theory/model of information），这与香农（1949）发表的经典论文"通信的数学理论"（A Mathematical Theory of Communication）比较，显然只有一字之差。在英文中，"communication"一词的本义就是"the transmission or exchange of information"（信息传递或交换）。这样看来，两者的意义几乎相同。虽然致力于建立新的信息理论，比之经典信息论代表的数学和技术范式，情景语义学并未实现本质性超越。

　　上述几种语义信息研究只是学术探索和思想模式，要真正全面了解相关研究态势，学术机制（如研究机构和刊物等）也是一个重要参照。2001 年，作者赴美学习，也曾对国外的语言信息研究抱有很高期待。当时看到，国际著名学府斯坦福大学设有"语言与信息研究中心"（Center for the Study of Language and Information，简称 CSLI），心中曾经涌现不小的兴奋。语言与信息作为专业领域放在一起，设立专门的研究机构，并定期出版系列研究成果，至少说明这个课题和领域在学科建制上是成立的。另外，一些重要国际专业刊物如《语言、逻辑及信息学刊》（Journal of Language，Logic and Information）也说明该领域的认可程度。作者于是不顾囊中羞涩，用手里有限的美元买了几本 CSLI 出版的系列书籍。然而，粗略翻阅就发现，其中充斥着大量的形式符号和数学公式。显然，CSLI 的研究技术主义的色彩依然十分浓厚，而作者当时的失望之情是不难想象的。作者从事语言学教学和研究多年，即使凭直觉来判断，这些研究理解的语言信息也与作者心目中沉淀下来的认识相去甚远。之后作者越来越强烈地意识到，语言信息研究现有的路子难有作为，另辟蹊径是不得不做出的选择。

　　毫无疑问，回归人类信息活动自然本体，转向自然语言是必然选择，而要建构科学的语言信息理论，显然不能停留在语言的初步了解，而是要真正回归语言学理论，从中寻找合理的思路和模式。这当然不是说，语言学与信息研究从来没有关联。语言从人类信息活动中演化而来，语言是人类信息活动的高级形态，语言与信息天然地联系在一起，语言活动包含着人类信息活动的物质能量、生理、心理、社会、文化经验的全部，因而代表人类信息活动的具体完整形态。语言学是语言的科学研究，因而在很大程度上也是信息的科学研究。不过，这里我们仍然要认识到，现代语言学同样产生于现代西方思想文化传统，其主流研究也深受形式主义技术传统的影响。因此，回归语言学首先需要对语言学自身发展进行一番梳理，找到合理的模式并加以必要重构。实际上，语言学与信息科学早期结缘，可以追溯到发生于 20 世纪 50 年代的认知革命。这场革命与语言学结缘，首先因为它由语言学家乔姆斯基发起，而进一步的发展则与计算机科学和人工智能相连，包括自然语言生成和理解、机器翻译、人机互动及计算机为中介的交流

（Computer-Mediated Communication） 等。这些领域在语言学中常常划归计算语言学 （Computational Linguistics）。在自然语言生成理解系统的设计中，研究者对语言学理论 （如转换生成语法和系统功能语法等）的确多有借鉴 （Winograd，1983；冯志伟，1996）。不过，语言学与信息科学在此背景中相连，是借助另一个范畴实现的，那就是认知或者心智。认知或者心智研究的更大学科背景是认知科学 （cognitive science），而信息恰恰是认知科学的核心问题。关于认知科学的研究对象，斯隆基金会 （Sloan Foundation） 1978 年发布了一份报告，其中列出了以下问题：环境信息是如何收集、分类和记忆的？这种信息如何进行心理表征？心理表征又如何变为行动的基础？行动如何依靠信息交流来协调？行动和交流如何靠理性来引导？（Machlup & Mansfield，1983） 显而易见，在当时的认知科学中，认知就是信息加工，而这又与所谓计算机隐喻 （the computer metaphor） 相关。既然计算的本质是信息加工，而人类大脑和心智也是信息加工，那么这个隐喻自然可以延伸到自然语言的生成和理解。当然，这里需要认识到的是，大脑在此只是比作计算机。大脑毕竟是大脑，而不是计算机。实际上，认知科学可以说充斥着这类隐喻和类比。其中最为人工智能学者所津津乐道的就是神经网络。尽管有联通主义理论 （connectionism） 依据，神经网络也只是电子线路连接而成的系统，不过是大脑神经系统的高级类比和模拟，并非真实的大脑神经系统，其真正的信息意义有多少并非没有疑问。无论是隐喻还是类比，大都涉及两个不同领域，在相似性基础上确立。我们知道，无论是硬件还是软件，计算机都在形式化逻辑运算系统上建构。这种系统恰恰靠抛掉意义内容来建构，要解释充满意义和人文信息内容的人类大脑心智，靠冰冷的技术系统肯定难以实现。计算与心智，计算机信息加工与自然语言信息，其间其实存在巨大鸿沟，而这种鸿沟靠形式化逻辑运算系统来跨越，显然是不现实的。目前，语音和文字识辨研究的确成果丰硕，但由于形式化逻辑运算系统的局限性，建构真正面向自然语言信息内容的系统，仍然是相当遥远的理想。人工智能和自然语言理解研究面临各种困难，与自身先天缺陷不无关联，但对自然语言理解有限也是重要原因。从语言研究信息，固然需要信息科学和技术，但全面和深入的语言观和语言学知识同样必不可少。在这方面，仅靠技术类比和延伸，要实现人工智能和自然语言理解，很难实现真正的突破。究其深层原因，这种类比本质上并未超越技术主义的信息范式。

技术主义信息的困境不可能在技术中摆脱。我们在此要重新强调的是，要真正把握人类信息活动的本体，从技术主义转向人文主义是必然选择。显然，自然语言信息交流是人类信息活动的高级形态，回归自然语言是实现这一转变的根本出路。在学科层面，回归自然语言就意味着回归语言学，从语言学中探寻信息的研究思路和理论模式。如上所述，语言学虽与信息科学天然地联系在一起，但自身也需要一番梳理和选择。我们知道，语言学是一个历史悠久的研究领域。经过19世纪、特别是20世纪的蓬勃发展，语言学已经发展成为一个庞大的学科群，可谓流派纷呈，观点繁杂，理论众多。我们在语言学思想中建构信息新范式，首先要弄清我们所说的是哪种语言学，属于哪门哪派。就算我们能找到一种理论，也不可能拿来就用。在很多情景下，我们还需要进行一番必要改进和建构。正如经典信息论关于语言有自己的理解一样，语言学各种传统和流派历来抱有不同的语言观念，从自身独特的语言观念发展而来。

为此，我们首先要弄清，语言与信息涉及什么样的语言学问题。从最朴素和最直观意义上来说，语言是人类传递信息的工具，传递信息是语言的基本功能。这在语言学中大体上属于语言功能问题，但语言功能在现代语言学中也不乏争议。比较流行的观点认为，除了信息传递功能外，语言还有其他诸多功能，如寒暄功能、人际功能、行为功能、娱乐功能、表情功能、诗意功能及元功能等。这里人们自然会产生疑问：既然语言有好多功能，凭什么单说信息功能呢？在很多语言学观念中，传递信息充其量只是语言的功能之一，未必比其他功能更为重要。的确，随着更多功能的确立，语言信息功能的重要性已不再突出，甚至越来越被人们所淡忘。然而，如果我们不再热衷于更多功能的简单罗列，而是认真思考这些功能间的关系，看看哪种是最为基本和核心的功能，而其他功能由基本功能派生而来，我们最终还会回到信息传递功能上来。实际上，语言学每一重要发展都伴随着语言功能的重新定位，而信息功能重回核心地位是最重要的标志。在本书中我们会提到，无论是功能类型学者克罗夫特（2000）对语言的演化解释，还是吉冯（Givón，2002）的功能语言研究和生物语言学，都把信息功能视为核心设定和基本命题。我们在本书中的最重要认识是，语言纵然有无数种功能，也必须在信息传递功能基础上来实现。为了解释语言功能的争议，克罗夫特（Croft，2000：88）提出了语言功能层次区分。显然，传递信息是语言的基本功能层次。人们用语言互相寒暄，打开交流通道，并进一步实现人际和社会功能。而即便是寒暄，也需要为寒暄对象所认知，才能发挥人际和社会功能。在最基本意义上，认知就包含信息的传递。其他非信息功能的信息基础可以进行相似的解释。在本书中，我们将力求超越朴素认识，在语言与信息的内在联系中认识信息，并通过两个范畴的真正融和来建构新的信息范式。

　　为了实现上述目标，我们需要重回语言学的整体发展。这里需要特别强调的是，回归语言学建构信息范式，并不意味着自动回归人类信息活动的自然本体状态。在很大程度上，现代语言学自身的演化同样经历了从技术主义向人文主义的转变。在技术主义的传统中，语言被视为形式化符号系统，语言如同数学公式一样，可以靠逻辑刻画和推演出来。因此，技术主义本质上就是形式主义。在人文主义的传统中，语言是人类信息活动的自然本体形态，在人类信息活动的演化中自然形成，在人类信息活动的具体完整性中自然显现。显然，纯粹逻辑形式是抽象和技术化处理的产物，无法充分反映人类信息活动的自然本体状态，而回归语言的具体完整形态是真正认识和把握人类信息活动的必然选择。纵观现代语言学的整体发展，形式主义在早期研究中居于主流，之后人文主义逐渐占据上风。这主要表现为功能主义语言学和认知语言学的兴起和发展。如前所述，认知革命由语言学家乔姆斯基发起，而认知最初也在信息加工意义上理解。不过，由于其形式主义局限，在信息内容方面，乔姆斯基语言学和早期认知科学没有多大作为。到了 20 世纪后半叶，认知语言学兴起，认知科学进入了新的时期，语言学开始摆脱形式主义，真正走上人文主义的轨道。按照莱考夫和约翰逊（Lakoff & Johnson，1999）的划分，乔姆斯基语言学代表第一代认知科学，而认知语言学属于第二代认知科学。认知科学从一代向二代演化，本质是对一代认知科学形式主义深刻批判和彻底摒弃，其本质是追求语言的具体完整性（吕公礼，2011）。在这个意义上，认知语言学为建构语言信息范式提供了合理的思想框架。

　　谈到认知问题，认知语用学无疑是另一值得关注的语言理论。认知语用学的代表性理论是斯博伯和威尔逊（Sperber & Wilson，1986/1995）的关联理论。尽管关联论的认知并不等于认知语言学的认知，但两者都表现出强烈的去形式主义倾向，因而是构建语言信息学的重要理论基础。就语言信息而论，斯博伯和威尔逊（1986/1995：172）的论述可谓直入核心："语言与信息传递常被视为同一硬币的两面"。斯博伯和威尔逊（1986/1995：172）还说："语言不是对'信息传递'必不可少，而是对信息加工必不可少。"这一结论显然超越了传统的工具观，把语言和信息内在地联系在一起。认知语言学虽然没有在术语方面直接切入信息，却为我们展示了语言功能之外的广阔认知界面。这里有一个常被忽视的重要理论区分，需要进行专门说明和阐释。我们使用语言传递信息，意味着已经获得信息，只待语言来传递，但信息如何获取常被省略。然而，这里省略的并非一个轻易能够省略的方面，那就是人类主体认知环境世界获取信息的过程。这一过程始于人类主体对世界的感知，感知到的信息变换为大脑神经信息形态，然后变换为语言结构形式，最后进入信息的语言传递过程。这是我们对认知的信息解释，而这种解释在语言学中并非现成的。在很大程度上，语言学理论实际上大多疏于语言的信息解释。如前所述，在语言功能的清单中，语言的信息功能并不突出，而功能主义语言学以功能立论，却并非以信息功能为本位来立论。这自然由语言学的传统和追求所决定，因而也不难理解。语言学毕竟是语言的科学，而不是信息的科学。功能主义语言学固然关注信息功能，但其根本追求是从功能来解释语言结构，而不是解释信息。系统功能语言学家韩礼德（Halliday，1978：4）说，"语言具有如此结构形式，是语言演化所要实现的功能使然。"毫无疑问，在现代语言学中，对解释性进行明确阐释，首先要归功于认知革命的开创者乔姆斯基。在乔姆斯基语言理论中，解释充分性（explanatory adequacy）上升为语言学的最高追求。认知语言学也以语言为动因而产生，致力于从人的认知来解释语言结构，因而具有相似的解释性理论特征。语言学的语言本位意味着，语言学归根结底为语言而研究，而不是为信息而研究。无论是形式主义、功能主义、还是认知语言学，都无法无须重新建构自然转向信息本位。尽管如此，语言学的语言本位并不能掩盖其信息本质。实际上，认知革命由乔姆斯基开创，而认知语言学的兴起标志着认知革命的进一步发展。虽然分属两代认知科学，但都以语言的认知基础和大脑神经机制为基础，进而对认识语言与信息的内在联系多有启示。我们知道，语言的大脑神经基础早已是科学事实，而神经系统的信息本质也在信息论的初创阶段就已确立。翻阅维纳（1954）出版的 *The Human Use of Human Beings*（《人有人的用处》），书中有关人类控制和通信的讨论，涉及感知环境信息、后经大脑神经系统储存、加工、最后通过效应器官作用于环境世界，覆盖了人类信息认知的全部层次和过程。

　　我们在此还要特别指出是，现代语言学并非一种单纯学科，而是涉及众多相邻学科的跨学科交叉领域。除了以上提到的心理学和脑神经科学外，其他密切相关的还有语言生物学、生物语言学、生物学、符号学、文化基因学和传播学等。我们之前已经确立了从共时向历时的重要方法论转变。对构建语言信息的历时演化链条来说，这些学科群提供了大量经验证据和思想理论储备。我们知道，人类演化几十万年，人类语言也有数万年的演化历史。重构语言信息活动演化的连续完整链条，需要大量的经验证据。像任何历时演化链条一样，凭借现有的经验证据，这样的建构无论如何也难以实现。人们常常谈论语言的产生和演化，但这样的演化链条其实存在大量的缺失。为了弥补演化链条的缺失，我们吸收了哲学、特别是信息哲学的核心思想，以物质、能量、信息为基本范畴，力求实现语言信息更高层面的概括和解释。至此，一个跨学科视域中的人文主义信息世界已在读者面前展现出来。

这里我们自然也意识到，方法论和理论选择并不能解决所有的问题，甚至主要的问题。流派和理论都从某种视角出发，对研究对象某个方面进行抽象规定，取其一端做到极致而成，真可谓"横看成岭侧成峰"。在语言信息研究方面，没有现成的理论模式可以照搬，重构和创新是必然选择。我们的基本观念是，科学研究离不开事实和经验证据，但假设和建构也必不可少。苹果从树上掉下，这是事实和证据，但也仅此而已。事实和证据以观察者的经验为标准确立，但引力显然无法视为事实和证据，引力只能在研究者主观思想中确立。苹果掉下是现象和事实，但这类事实观察和收集得再多，也不可能建立万有引力定律。同样，现代语言学经验基础虽然十分深厚，但其众多的核心范畴，究竟能否离开研究主体的理论建构，在纯粹经验基础上确立，同样令人怀疑。从"结构"到"形式"，再到"功能"和"认知"，大都不是客观存在于语言材料中的现象，而是研究者主观抽象建构的产物。我们能够听到和看到语言事实，但我们能否听到看到"结构"和"形式"呢？我们能否听到看到"功能"和"认知"呢？答案是否定的，因为它们都靠研究者抽象建构而成。索绪尔的结构主义语言学靠抽象建构立论，而乔姆斯基把抽象建构做到了极致，堪称语言学理论的建构大师。比较而言，"功能"和"认知"似乎更具客观经验特征，但它们同样不可能离开主观建构，直接由语言事实客观地呈现出来。本书研究肯定要引用大量语言和信息事实，但不会拘泥于经验性证据，而是把理论建构的作用充分发挥出来。这算是对本书研究方法和思路的一点说明吧。

如上所述，在总体理论取向上，本书顺应现代语言学的"认知转向"。具体建构的理论起点是认知语言学和认知语用学的关联理论。这两种理论选择针对两种信息过程选定。一是主体认知环境世界，获取信息并加以变换，最后变换为语言形式。二是语言信息的主体间传递和交流。前者我们在之后的章节详述，这里只对关联理论略作说明。应该说，关联理论直接触及语言与信息的内在联系，但其意义更多在于启示。要建构一种真正具有操作性的具体语言信息模式，我们需要追本溯源，回到关联理论的先驱格赖斯的会话逻辑理论。至于本书为何选择格赖斯的理论，我们曾经引用学界的相关评议，对其学术地位和深远影响做过说明（吕公礼，2007），这里不再赘述。我们需要重新强调的是，本书对格赖斯理论的选择更多基于其内涵价值，特别是在语言信息交流方面的独特价值、理论视角和极富辩证思维的方法论取向。在本书研究背景中来看，格赖斯的模式主要有两个方面理论优势。一是他提出的关联、质量、数量、方式四个基本范畴。这些范畴最早由哲学大家康德（Kant，1990［1781］：56）提出，主要针对思想中的判断，其背景是认识论。格赖斯虽然承认四个范畴仿自康德的范畴表，但概括的是交流中的意义和信息，因而被赋予全新的含义。二是格赖斯的合作原则，该原则概括了语言信息交流中的合作与不合作两种基本形态，并解释了两种形态中话语产生和理解的普遍原则。概括起来看，格赖斯建立的实际上是语言信息交流的基本模式。这个模式针对微观会话层面，但四个基本范畴的理论内涵深厚，因而可以扩展到人类信息交流的普遍外延。因此，这一微观模式可以扩展到人类信息活动的宏观层面，为探究信息社会的重大现实问题提供科学合理的理论框架。格赖斯理论在后续发展中不断展现出新的价值。因此，本书并不打算套用格赖斯理论的原初形态，而是针对人类信息活动这一基本研究对象，对其进行一番必要的改造和建构。沿着罗宾·莱考夫（R. Lakoff，1995）的思路看，如果是一座理论大厦，那么格赖斯提供只是一个建筑蓝图。理论大厦的蓝图既已画出，那么本书就抱着扩展和建构的目的，致力于建设完整和可供居住的理论大厦。我们在前面区分了两种信息过程。一是主体认知环境世界获取信息，二是语言主体间信息传递和交流。显然，格赖斯的理论或者语用学主要面向后者，对前者难以提供理论支持。因此，建设这样的理论大厦还需要更多理论基础。因此，本书广泛借鉴和吸收了当代语言学"认知转向"的合理成分，特别是莱考夫和约翰逊（1999）建立的涉身哲学思想。在我们看来，认知在某种意义上是主体物质、能量和信息的统一性，这种统一性是语言主体认知系统、结构和活动方式的本质特征。这一认识恰好契合本书对信息的哲学概括。

应该说，在信息活动的描述与解释的选择中，本书研究更倾向解释。但纯粹的思辨和阐释也不是我们的根本追求，我们所要追求的是揭示和确立人类信息活动的普遍原理。为此，在理论建构过程中，我们也把信息活动的基本原理作为主要研究目标。基本原理往往都是简洁的陈述和概括。因此，上述选择也包含另一个重要原则，那就是简洁性。关于简洁性，西方思想史上早有所谓"奥卡姆剃刀"之说，大概就是针对简洁性原则的概括。该学说的基本意义就是不增加不必要的规则。用更直白的语言表述就是，不要刻意追求完备和繁复。在现代科学观念中，谈起科学理论，人们也常常要上升到美学层面，确认某种理论是否雅致。人们相信，最好的理论也是最优雅的理论。那么，怎么来判断理论是否优雅呢，简洁性是一个重要标准。简洁固然重要，但也只包含一半的道理。另一半道理就是高度概括，也就是覆盖和解释大量的现象。综合起来，优雅的理论应该是这样的理论：它能够用尽可能简洁的理论来概括和解释大量纷繁复杂的现象。换言之，好的或者说优雅的理论能够以简驭繁，而机制和原理最能满足这样的标准。机制和原理虽然简单概括，却能以简驭繁，具有烛幽发隐之效，因而是本书研究和理论建构的根本追求。

原理往往长于概括，而这恰恰是哲学的优势，对信息进行适当的哲学阐释，无疑是信息研究的必要环节。但在本书中，我们并不以哲学阐释为根本追求，而是力求避免陷入纯粹的哲学思辨，致力于建构具有具体理论形态的信息范式。我们坚信，只有这样的信息理论范式，才能真正面向信息社会的现实问题，并对其做出科学合理的解释。自经典信息论诞生以来，来自各个领域的研究者进行了大量的探索，试图超越经典信息论的局限。其中，最为重要的超越无疑发生在哲学层面。我们要强调的是，哲学有哲学的优势，但纯粹哲学思辨难免走向玄虚，其中的信息也大多缺乏具体操作性。语言学的优势恰恰在于，它能够超越技术主义信息论的局限，也能避免陷入哲学思辨的玄虚，建构真正具体和可把握的信息形态。信息被赋予具体可操作形态，具体完整的信息理论形态才能建立，从而真正面对信息时代的现实问题和挑战。

为了加深认识，这里先对本书要建构的原理略加说明，以便读者对本书的核心内容有一个总体了解。我们在本书中建立了两大基本原理：一是信息的构成与生成原理，二是信息的原型与非原型扩展与回归原理。这两大原理旨在解释语言信息一元性与多元性的内在关系，深化两种基本功能形态对语言结构塑造方式和意义的认识。这两大原理还包括一些次一级的原理。主要有信息构成的"问—答"原理，信息展开和加工的优先原理，信息方式的语境耦合原理，信息传递的无标记和有标记原理，信息构造和传播的"能量—效应"原理，信息变换的拓扑变换原理。语言信息交流是动态过程，而"问—答"是这一过程的原型。"问—答"原型一经确立，语言信息就被赋予了基本结构单元，也确立了合理的逻辑原点。自然，"问—答"原型有其现实语言表现，但其源头却在人类信息活动的大背景之中。在这一方面，本书探讨和吸取了问题认识论和问题逻辑方法。在更广泛的人文科学领域，本书也汲取了哲学和文艺理论中的"对话论"思想。在深入辨析和探索的基础上，本书界定和刻画了语言信息的形式与内容、信息内容的关联性、质性和量性四个基本规定性，并刻画了它们的优先展开机制和形态。在我们看来，任何事物都有其属性，属性在主体的信息表征中呈现为规定性。同样，信息也有其规定性，其规定性就是四个范畴概括的属性。如前所述，经典信息论范式局限于信息量，而在我们看来，信息量不是信息的唯一规定性，信息还有关联和质的规定性，而四个范畴概括了信息的基本规定性，也构成了语言信息理论的网上扭结。信息加工的优先原理揭示了信息的形式与内容、信息内容的关联性、质性和量性四个基本规定性的优先展开机制。信息有其规定性，信息内容按优先机制展开。在信息社会问题的解释方面，规定性及其展开机制显示了独特价值和普遍意义。语境是语言学和其他跨学科领域的元理论范畴。在本书研究中，我们按"语项"和"语境"的耦合关系对其进行界定。通过语言方式与信息效应的对举，本书建立了广义方式原则。信息方式的语境耦合原理界定了信息的语境性，而信息传递的无标记和有标记原理进一步把耦合性概括为普遍方式原则，从而对语言信息构成基础上的生成性作出了科学理论解释。"能量—效应"是本书确立的另一重要原理，通过"能量—效应"的函变关系，本书进一步阐释和揭示了语言信息构成与生成的"能量—效应"理据，也解释了信息构成与生成方式的选择理据。我们认为，上述各种原则和原理都可在信息原型与非原型扩展回归原理中得到概括。我们近年来开展的认知和语言拓扑性研究表明，信息原型与非原型扩展与回归实际上是一种拓扑变换，而信息变换的拓扑原理揭示了信息变换的同构与异构机制。

以上主要是语言信息的微观形态，而在更为宏观层面上，语言信息研究直面信息社会的现实问题和重大挑战，力图把握时代脉搏，为认识信息社会的时代特征提供新的理论视角和解释。在本书最后一章，作者把语言信息微观模式延伸到宏观传播形态，聚焦信息超载、信息爆炸、注意力和虚拟空间等重大现实问题，对其进行深入理论分析和解释。语言学历来被视为人文社会科学的领先科学（伍铁平，1994）。在我们看来，语言学研究语言，这是语言学的根本任务，但语言学也不应远离时代发展大势，而应该超越为语言而研究的语言学，为探索和解释信息社会的重大现实问题有所贡献，使语言学真正发挥领先作用。这是本书研究的基本动因之一，而书中呈现的就是作者多年探索的成果。显然，这样的探索和扩展也有助于丰富语言学自身的内涵和外延。这种双重意义无疑源于语言与信息的内在联系。正如我们在上面强调的那样，我们的工作从一开始就立足于语言与信息的内在联系。实际上，我们的最根本任务是努力揭示这种内在联系。本书不是通过表层术语的简单组合，而是通过语言与信息的内在精神融合，来实现确立的研究目标。我们相信，只有从这种内生的联系出发，才能建立具有强大解释力和普遍概括性的信息理论。

Introduction and Overview

It is a truism that it is now the age of information. Indeed, there are no concepts other than information which can better capture and generalize the nature of our age. It is the age of information obviously because of the ubiquitous impact of information on human life and its unique role in human activities. The ubiquity lies in the fact that no sector of human life is unaffected by information technologies; the uniqueness lies in the fact that information is changing the mode of thinking and ecology of human life in such a drastic and fundamental way that finds no parallel in human history.

Information has naturally become a major issue of scientific inquiry in a great variety of research fields and academic backgrounds. In spite of the enormous amount of rethinking and research done concerning information, there has been no consensus or even convergence on a generally agreed understanding of the concept in either popular discourse or academic literature. As Floridi (2003), the major originator of philosopher of information, says, "Of our mundane and technical concepts, information is currently one of the most important, most widely used and least understood."

The absence of a generally agreed understanding of information poses serious questions concerning sound understanding of the current state of the information society and wise predictions of its future developments. In 1996, Floridi published an article entitled "Internet: Which Future for Organized

Knowledge, Frankenstein or Pygmalion?" The implication of the allusions is obvious as Pygmalion is what to be much expected by its creator whereas Frankenstein can hardly be said to be what scientific progress is intended to create. In a more general sense, Floridi's allusions can be extended to address the positive and negative side of developments of information technology in general. His question is revealing of the larger background of human developments as characterized in Toffler's wave theory (Toffler, 1980), in which the agricultural, the industrial and the information revolutions are consecutively described as "the first wave", "the second wave" and "the third wave" in human development. Positively or negatively, what is true of the earlier "waves" are also true of the most recent "wave" represented by the information revolution. What makes "the third wave" most unique is that changes which the information revolution has brought about are much more drastic and fundamental than those in the first two "waves". They are more drastic in that they represent a somewhat reversal of those in the industrial society, as the "endism" and "6-D" mentioned in Brown & Duguid (2000) strongly suggest. They are fundamental in that the information revolution has been creating a strikingly different ecology of human society and culture. If the first two types of society were characterized by a scarcity of information, the most marked feature of the new ecology of human life is the overwhelmingly large quantity of information that has been growing and flowing in a scale and at a speed far beyond the upper boundary of human cognitive capacity. The wave metaphor is more vividly extended in the following description by Brown & Duguid (2000: 12): "Where once there seemed too little to swim in, now it's hard to stay afloat. The 'third wave' has rapidly grown into a tsunami. " If true information is the essence of human cognition and understanding, the "third wave" has presented so far the most serious challenge to human cognition as it has become more likely than ever before for human beings to lose sight of the true world in the inundation of the information wave.

In one way or another, the research into the information revolution has come to focus more on the negative side, which evidently poses much more urgent and difficult questions for the study of information with either practical or theoretical orientations. In either orientation, however, fruitfulness of research rests crucially on the very notion of information. It is obvious that, of those problems that have arisen in the information society, information overload and explosion are the most talked about and explored. Despite numerous attempts made to define and theorize these problems, questions remain as to how much information can be described as overload or explosion for the simple reason that any scientific measurement of the quantity of something has ultimately to be based on the scientific understanding of the thing to be measured. More problems remain unresolved as a result of the lack of well-defined and theorized category of information due to the diversity of research approaches and perspectives. It now becomes clear that the crucial question is how information is to be well-defined and theorized, which, as the author of the book strongly believes, can only be achieved in a proper ontology in which information is inherently and naturally grounded.

It is the major argument of this book that information is inherently and naturally grounded in the totality of human information activities, which in turn finds its most adequate embodiment in human linguistic communication. This naturally reminds us of the common sense understanding of language, which originated and has evolved for the most important function of the communication of information. Indeed, the view that language is a symbolic system used for human communication has been well-established in the linguistic traditions. This view is, of course, superficial in the sense that language thus defined is for the most part an instrument for information transmission, which is now notoriously problematic in more academic fields like modern linguistics. The centrality of information in linguistic communication is more formally captured in Sperber & Wilson's remarks that "language and communication are often seen as two sides of a single coin" and that "language is not indispensible for communication but for information processing". (Sperber & Wilson 1986/1995: 172)

It should be pointed out, however, that the grounding of information in the totality of human linguistic communication does not imply that there have never been any connections between information and linguistic communication in any academic sense. Quite the contrary, information has always been regarded as the major issue in linguistic communication studies, not in the instrumental and superficial sense of traditional linguistic studies, but in more rigorous scientific theories. Of those communication theories developed so far, the telecommunication model developed in Shannon (1948) is the most well-known and widely recognized. In fact, a truly scientific definition of information had long remained absent until Shannon's development of his theory of communication in the seminal and widely quoted paper "A Mathematical Theory of Communication" in 1948. Wiener, the other pioneer in information and communication research, makes a much stronger statement about language and communication: "Naturally, no theory of communication can avoid the discussion of language. Language, in fact, is in one sense another name for communication itself, as well as a word used to describe the codes through which communication takes place." (Wiener, 1954: 74)

The theoretical and practical impact of the conception of information in what can now be referred to as the Shannon-Wiener paradigm can never be overestimated. In fact, it has been the most important scientific paradigm for the study of information in the second half of the 20th century and remains so well into the 21st century. Modern information science and technologies, including the computer science, the internet, communication technology and many other derivatives, own greatly to the work of Shannon and Wiener.

For those working in the social sciences and humanities, the Shannon-Wiener paradigm also provides a new perspective of looking at their problems and a new way of defining the research methods in their own fields. The range of research disciplines involved, the varieties of approaches employed, and research works published are numerous. The far-reaching influence can, in fact, be felt in virtually all academic and practical areas.

Nevertheless, looking back to the birth of the Shannon-Wiener paradigm and developments afterwards, we have, as most researchers have, soon become aware of the limitations of the paradigm. For better or worse, the concept of information has come to be used to cover a broad spectrum of phenomena, most of which obviously lie far beyond the extension of the strictly technical term defined in communication engineering. One possible reason for this wide use is that, in Young's words, "Information is a word that can be used to describe any communicative process, whether we understand it or not—an obvious appeal to scientists and nonscientist alike. " (Young, 1987: 14) Unsurprisingly, there has been a lot of misuse and even abuse of the term information, resulting in what Mortazavian (1983) describes as "a deplorable confusion" . To generalize, there have been more confusions than conclusions, with little consensus about what is exactly meant by information.

More problems arise when it is applied to the issues and phenomena in the social and human world. It becomes particularly problematic when it is used for the exploration of the very nature and features of the information age and information society. In fact, most of the phenomena and challenges are the consequences of the unexamined and oftentimes overuse of the notion information defined in the Shannon-Wiener paradigm. Information overload, information explosion, inundation of information, and attention economy are among the major phenomena which are most frequently referred to and explored into, but which have mostly remained inadequately explained. This calls for more rethinking and reexamination of the limitations and inadequacies of the Shannon-Wiener paradigm.

In view of the larger context of human linguistic communication and human information activity, information and communication as conceived in the Shannon-Wiener paradigm are purely technical in the sense that it is narrowly defined as the measurement of possibilities of the choice between alternatives in a given set of binary choices. As Shannon himself clearly explains, the semantic aspects of communication are considered irrelevant and consequently excluded from the definition of information. Admittedly, Shannon does take natural language as a concern in his theory, but the most direct application of his theory to natural language is confined to the frequencies of English letters in telegraph, with the semantic content of the message totally excluded in his characterization. What makes the Shannon-Wiener paradigm most misleading is the conception of information in terms of uncertainty, through analogy to entropy in thermodynamics, resulting in what Mackay (1969: 56) regards as "a confusion of the concept of information with that of information-content—the confusion of a thing with the measure of a thing." As Mackay rightly concludes, "Communication engineers have not developed a concept of information at all."

It is fair, of course, to say that the purely technical definition of information and mathematical characterization of communication in the Shannon-Wiener paradigm have the advantage of being easily implemented in engineering contexts as in computer science and communication technologies. Undoubtedly, modern communication technologies have benefited greatly from the conception of information in the Shannon-Wiener paradigm. The causal connection between the purely technical definition of information in the Shannon-Wiener paradigm and the problems which have arisen in the information society can be explained in the following way. Easy implementation promotes quick technological advancement, which makes information more readily accessible and available to more people, who are encouraged to crave for and pursue ever faster acquisition of larger quantity of information, which ultimately lead to the consequent overload and explosion of information.

In this sense, the emergence of semantic information can be understood as a theoretical attempt to go beyond the limitations of the Shannon-Wiener paradigm. The conception of semantic information began with Carnap (1942) and Bar-Hillel (1953) in the 50s of 20th century and developed into full-fledged theories in Hintikka (1970). Other developments can be found in Mackay (1969), in which a more thorough critique of the Shannon-Wiener paradigm is provided in the author's "preoccupation with information as represented and utilized in the brain and exchanged between human beings, rather than as formalized in logical pattern of elementary propositions". The whole book is, in fact, an attempt to incorporate meaning in the characterization of information. In a less direct sense, the Situation Theory developed in Barwise in the 80s of 20th century, is another effort in the search for a more semantic characterization of information. What is worthy of serious attention to these developments is the awareness of the limitations of the Shannon-Wiener paradigm of communication, especially its exclusive attention to the physical aspect of the message to the total neglect of its meaning. In explaining "why a logician or a philosopher of language should want to go beyond statistical information theory or to approach it from a novel point of view", Hintikka (1970: 3) says that "The reason usually given is that this theory seems to have little to say of information in the most important sense of the word, viz. in the sense in which it is used of whatever it is that meaningful sentences and other comparable combinations of symbols convey to one who understands them. It has been pointed out repeatedly that many of the applications of statistical information theory have nothing to do with information in this basic sense." Hintikka's explanation obviously contains the major elements of human linguistic communication and points to what we understand as the linguistic grounding of information. On the author's view, "information in the most important sense of the word" has to be grounded in natural language communication.

What we want to say here as a generalization is that the definition of information by abstracting away from the semantic aspects of the message in the Shannon-Wiener paradigm implies that their conception of information is ultimately formalist in nature. Their definition of information in mathematical terms makes it a highly formal theory. This is not accidental as it was conceived and developed at a time when formalism prevailed in academic thinking and technical practices in the west. The formalist tradition gained most of its momentum from the analytical philosophy and what is now referred to as the "linguistic turn" in philosophy. Symbolic logic, set theory, truth conditional semantics, computer science and technology, and artificial intelligence have been mostly developed in the spirit of the formalist tradition. Despite their efforts to incorporate meaning in the conception of information, theories of semantic orientation are equally inadequate as information is conceived in the spirit and confines of formal logic formulated in terms of mathematics, and are, as a consequence, also formalist in nature.

As the above review clearly shows, in the later developments of information science and communication studies, the extensions of the concept of information has been greatly enlarged in its wide use in areas and for phenomena lying far beyond the scope of the narrowly defined technical concept. This strongly calls for fresh attempts to develop a new theory of information, which can go beyond the limitations of the Shannon-Wiener paradigm and accommodate the much enlarged extensions of the concept, as is clearly suggested by Young (1987: 4) in his reference to "a unified definition of information that can characterize all information-processing activities as manifestations of a single aspect of mass-energy relations. " With the problems of the semantic information theories in mind, the author of the book contends, in a strong conviction of the linguistic grounding of information, that such a theory has to be developed in linguistics. By this, it is meant that information is grounded in the totality of human linguistic communication.

As is mentioned earlier, Shannon and Wiener do refer to language and communication in their theory of communication. What needs be pointed out here, however, is that, with hindsight, language and communication as understood in the Shannon-Wiener paradigm are not the same as those understood in modern linguistics. More importantly, the reference of language and communication in the Shannon-Wiener paradigm, on our view, represents a telecommunication perspective of language and communication. Obviously, what is needed here is an understanding of language and communication in linguistics as a science. The major question that we intend to address in this book is what insights information studies can gain from modern linguistics, which represents a linguistic perspective of information and human communication. Unlike the instrumental view of language and information, the perspective of this book is established on the basis of the inherent and intrinsic relationship between language and information. It is argued in the book that a linguistic paradigm of information as conceived in the book calls for four methodological shifts.

The first is the shift from form to content as is shown in the efforts made in theories of semantic information. In a more general sense, the evolution from conception of information in the Shannon-Wiener paradigm to semantic information theories can be understood as the development from formalism to humanism. Obviously, this shift can only be achieved in human communication, which is, as we have pointed out, best embodied in human natural language. Admittedly, in comparison with Shannon's theory, Wiener's exploration of communication is much wider in scope and more embracing in its grounding. This is clearly expressed in the following remarks by Wiener (1965: 17): "To live effectively is to live with adequate information. Thus, communication and control belong to the essence of man's inner life, even as they belong to his life in society. " In the introduction of his book *The Human Use of Human Beings*, Wiener (1954: 17) provides a more adequate explanation of his view of information: "Much of this book concerns the limits of communication within and among individuals. Man is immersed in a world which he perceives through his sense organs. Information that he receives is co-ordinated through his brain and nervous system until, after the proper process of storage, collation, and selection, it emerges through effector organs, generally his muscles. These in turn act on the external world, and also react on the central nervous system through receptor organs such as the end organs of kinaesthesia; and the information received by the kinaesthetic organs is combined with his already accumulated store of information to influence future action. "

In spite of its wide scope and more embracing grounding, Wiener's information is also defined in statistical terms and is generally seen to be identical with that of Shannon. It follows that it is equally inadequate in capturing the specific totality of human communication, with its multiplicity, flexibility, infinitude and complexity most organically and naturally integrated in the totality. In a word, in the attempts to reduce information to purely mathematical characterization and measurement of the transmission of signals through communication channels, the Shannon-Wiener paradigm fails to capture and characterize the humanistic dimensions of human communication, in which information is inherently and naturally grounded. The humanistic grounding of information finds a better explanation in Brown & Duguid (2000: 18) when they say that "The ends of information, after all, are human ends. The logic of information must ultimately be the logic of humanity. For all information's independence and extent, it is people, in their communities, organizations, and institutions, who ultimately decide what it all means and why it matters. " It follows that the change from technical to the humanistic is the next major methodological shift to a conception of information as grounded in the totality of human communication.

The question now becomes how to understand and theorize the totality of human communication so that information can be grounded in the way as we conceive in the book. From the linguistic point of view, there are two opposing approaches: the descriptive and the explanatory. As an alternative of the prescriptive approach in traditional grammar, the descriptive approach aims to describe the facts of linguistic usage as they are at a given point of time. The descriptive method is strongly advocated and most fully developed by the American structuralists in their emphasis on the observation and classification of the objective and empirical speech data as the basis of linguistics as a science. On Chomsky's view, however, "linguistics is scientific in the more interesting sense that it can provide not only explicit descriptions but also explanations for the classification" (of the observed facts). (Smith, 1999: 8) In other words, the descriptive approach answers the "what" question whereas the explanatory approach answers the "why" question, which, in Chomsky's mind, is much more essential to linguistics as a science. Despite their linguistic origin, the two approaches also find analogies in those so called hard sciences. The most typical example that comes to our mind is Newton's discovery of the law of universal gravitation, which is said to have begun with his observation of an apple falling from a tree. What the two opposing approaches can say about the discovery is that Newton would never have discovered the law if he had simply kept observing more cases of apples falling from trees. The reason lies in the fact that the observed facts only provide answers to the "what" question whereas the law explains why objects fall. It is obvious that the totality of human communication, with its multiplicity, flexibility, infinitude and complexity naturally integrated in its totality, cannot be possibly theorized in a purely empirical and inductive way characteristic of the descriptive approach. The most important insight that can be gained from the oppositions is that information has to be studied in a more explanatory approach.

A further point to be made here is that explanatory adequacy is based on the assumption that what is to be explained remains static as it is at a given point of time. Such a state is a major assumption of de Saussure, the founding father of modern linguistics. Saussure distinguishes "two dimensions of linguistic study: synchronic, in which languages are treated as self-contained systems of communication at any particular time; and diachronic, in which the changes to which languages are subject in the course of time are treated historically." (Robin, 1997: 224) In focusing on the synchronic dimension as his object of study instead of the diachronic dimension characteristic of the foregoing historic comparative linguistics, Saussure started the structuralism course of 20th century linguistic development. Despite tremendous achievements, linguistic studies in the latter half of the century, however, have also witnessed a gradual reversal of the change from diachronic to synchronic studies. The major reason lies in the fact that many synchronic facts of language can only be adequately explained diachronically in the historical evolution of language. This is not without good reasons as language in its current state is the product of diachronic and historic evolution of human communication in its entirety, which has evolved in the larger context of human evolution, which has in turn evolved from lower forms of organism. It clearly follows that information as a concept comes into existence as a result of segregating from and abstracting away from the totality of human communication as integrated parts of the entire diachronic evolutions just outlined. Evidently, the proper grounding and theorizing of information call for a similar change from synchrony to diachrony, in which information is intrinsically characterized and explained in the totality of human linguistic communication.

With information thus grounded, we are, in a way, running the risk of coming to an arbitrary conclusion as the totality of human linguistic communication itself also needs to be properly grounded in order to be the ground of information. A less arbitrary conclusion that can be drew from modern linguistics is that human linguistic communication has to be grounded in the totality of human information activity, which in turn has to be grounded in the totality of humanity and life on the earth. Such a conclusion has, in fact, created a task of understanding information in the whole evolutionary chain of life on the earth. This is actually done in Coren (1998) in his book *The Evolutionary Trajectory: the Growth of Information in the History and Future of the Earth*. On the author's view, however, such an attempt can provide no more than a framework in which no coherent characterization of information can be possibly achieved. Given all the findings of science available to mankind and the huge scale of space and time involved, it is almost an insurmountable task to reconstruct the whole evolutionary chain of life on the earth. Any chain thus constructed would have important missing links, which make it impossible to serve as empirical basis for information to be understood in the evolutionary sense. Pure description of empirical data is obviously of no great help here as no empirical evidence is, in the author's view, available in the totality of human knowledge, which is reasonably adequare for the construction of a chain smooth and continuous enough even to resemble the actual process of evolution. It is argued in this book that the best way out is an integration method involving two approaches, namely, converging evidences from neighboring fields and philosophical generalizations over these evidences. For the converging evidences, the book draws on biology, neuroscience, cognitive psychology, sociology, mass communication, semiotics and topology. As far as philosophy is concerned, in saying that "Information is information, not matter or energy" Wiener (1948, 1965: 132) makes a crucial contribution to the understaning of information by provideing a tripartite framework for the philosophical thinking of information. As an attempt to generalize information philosophically, we postulate the theory of "matter-energy-information unity", in which information is ultimately grounded. In its ontology, the world exists in the unity of matter, energy and information; none of the three parts exists in isolation. The major argument of the book is that information is the product of conceptual differentiation from this unity. Major evidence in support of the differentiation can be found in the emergence of "informational molecules" (Young, 1987: 17), genes, neurons and the evolution of the nervous system into the brain (Carter, 1998: 32) . What make them hard evidences for information is that they have emerged, evolved and existed for the sole function of information transmission and processing. A further conclusion drew from the evidences is that information emerges as life emerges from the world of matter and energy. In other words, information and life co-emerge, co-evolve and co-exist. The central claim to be made here is that there would be no information without life and wise versa. As the author argues, further co-evolution of information and life eventually gave rise to human symbolic systems, of which natural language must be the most highly developed as far as we know it. Contrary to what Wheeler (1990) claims by the widely quoted formulation "It from Bit", the relationship underlying the tripartite unity can be described as one of presupposition: information presupposes the existence of matter and energy but the reverse does not hold. To complete the philosophical generalization, we draw particularly on the embodied philosophy developed in Lakoff & Johnson (1999), which provides a new way of understanding mind, cognition and language. As is strongly argued in the book, the embodiment of mind, cognition and language are concrete manifestations of the "matter-energy-information unity" in humanity.

In spite of the wide variety of background research fields that the book draws on for evidences and insights, the central objective of this book is to develop a linguistic theory of information grounded in the totality of human information activity, which is argued to be most adequately embodied in human linguistic communication. This objective has, admittedly, to be achieved by the right point of departure, which involves the selection of appropriate cutting point in the totality of human communication and the selection of appropriate linguistic theories from the wide array of schools and theories in modern linguistics. For the information part, the author identifies two major dimensions of information process in the totality of human information activity, the first being the human cognition of the world and acquisition of information to be encoded in language, and the second being intersubjective information transmission in natural language. The first dimension characterizes the flow of information from the world to human mind and to human language; the second dimension characterizes the flow of information among human subjects in linguistic communication. The two dimensions, though involving certain amount of abstraction, jointly characterize the totality of human information activity. The linguistic approach to information is significant in that natural language derives its structuring from the two dimensions of information. It is in this sense that the totality of human information activity is most adequately embodied in natural language, which in turn provides the most realistic and natural access to human cognition as an information process. With the two dimensions in mind, the author chooses two important theories for the corresponding linguistic part of the paradigm to be developed in the book: cognitive linguistics and the Gricean pragmatics. Cognitive linguistics, as understood by Lakoff and Johnson (1999), belongs to the second generation of cognitive science, which is generally recognized as the interdisciplinary background of linguistics and information science. (See Pylyshyn, 1983) The centrality of information in cognitive science can be better understood from the questions listed in the report issued by Sloan Foundation in 1978: "How is information about the environment gathered, classified, and remembered? How is such information represented mentally, and how are the resulting mental representations used as a basis for action? How is action coordinated by communication? How are action and communication guided by reason?" (Machlup & Mansfield, 1983) In this sense, cognitive linguistics is undoubtedly the most appropriate basis for the characterization of the first dimension of information. As is suggested by the very title of the seminal paper "Conversational Logic" by Grice (1975),

Gricean pragmatics provides the best framework for the second dimension of information in the sense that conversation is regarded as the prototype of linguistic communication. The prototypical significance of conversation to human communication is most fully expressed in Sperber & Wilson' extension of Gricean pragmatics to the study of human communication. (Sperber & Wilson, 1986/1995) In fact, Sperber & Wilson go even farther to reduce language to the sole function of human information processing. In the author's view, information, like anything else, must have properties. Gricean pragmatics is theoreticall significant in that the four categories "relevance", "quality", "quantity", and "manner", on which the four maxims are based, provide a good conceptual basis for the characterization of the properties of information content, which is lacking in most theories of information. The major principle developed here is that human information processing begins with "relevance", and then proceeds to "quality", and finally to "quantity". This is referred to in the book as "the priority order of information processing". Of the four categories, "quality", and "quantity" are given in-depth analysis in separate chapters in the book, which prepares for detailed explanations of problems typically found in the information society. The category "quality" conceived as truthfulness serves a good basis for exploration and explanation of the problem of true information and virtual reality typical of the information society. As an alternative of the measurement of information in pure formal terms, a new definition and characterization of the quantity of information based on the content of information are proposed in the book. The unique significance of the new theory of quantity is systematically shown in the explanations of problems in the information society.

To complete the linguistic information paradigm, the components of the paradigm are introduced here, not necessarily in the order of the chapters. As a first step toward the linguistic information paradigm, a distinction is made between the constitution of information and generation of information. The constitution of information is based on the idea that information, as the form of matter-energy, is structurally organized and conceived in human cognition, as is recognized in many definitions of information. (Miller, 1980; Young, 1987; Floridi, 2004) The generation of information is motivated by the fact that new information can be generated on the basis of given information. In the spirit of Saussure's idea of a sign (1983 [1922]: 66) and Langacker' redefinition of linguistic symbolization (Langacker, 1987: 11), an information unit is defined in this book as being bipolar in its structure, having a form pole and a content pole. The basic argument is that there will not be information without content and there will not be information without form; information as a basic structural unit is the union of form and content. In a linguistic information paradigm, the form is linguistic in nature and the content is whatever meaning encoded in the form. The bipolar structuring is found in all major hierarchies recognized in linguistics, including morpheme, word, phrase, sentence, and discourse. The underlying principle for the organization is fractal in that the unit in each of these hierarchies is formed in a binary way, in which information is basically organized and represented. What makes the linguistic definition of information unique is the characterization of its content in terms of the three properties, namely, " relevance", " quality" and " quantity" based on a reconstructed model of Grice's conversational logic by the author of the book. With the structure of information unit defined, the author starts building up a model of linguistic information communication in its dynamic unfolding. It is argued that " question-answer" pair constitutes the prototype from which communication is dynamically unfolded. Such prototype is shown to be deeply rooted in the dialogic nature of human information activities. On the basis of the prototype assumption, we propose a question-based classification of linguistic information, which comes in three basic types: yes/no information, wh-information and topic information. It is shown that information as defined in the Shannon-Wiener paradigm is, in fact, also erotetic in nature. The paradigm is limited in that it is confined to the yes/no information, with the other two kinds of information not covered and characterized. In this sense, the linguistic paradigm developed in this book is much more adequate as a theory of information. On the basis of wh-variable, the author distinguishes two layers of information: the core information unit and the communication event. The former is the information represented and encoded for transmission, which is embedded in the latter. The communication event is characterized in terms of the "who-speaks-to-whom-about-what-when-where-why-how" scheme, which provides the framework for what we define as the information space. The significance of the new conception of information space is shown in our theorizing and explanation of virtual space, which has been widely recognized as a major feature of the information society, but which has long remained not well-defined and explained.

The most important part of the linguistic paradigm to be developed in the book is the "the prototype and non-prototype extension and return principle", which is shown to be the overarching principle governing human information activity. The conception of the principle begins with the understanding of the fact that human individuals are finite in terms of the information processing capacity while the information to be processed is infinite in its growth, magnitude, diversity, and complexity. It is argued and shown that human information activity begins with the individual's bodily experience, in which information prototypes are formed. As human activities extend beyond the boundary of bodily experience, human information activity also extends in its growth, magnitude, diversity, and complexity, resulting in what we call non-prototype information, which has to return to the prototypes for structuring. Evidence in support of the principle abounds in informatics concerning human knowledge and linguistics, especially cognitive linguistics. The major thrust of the principle is to provide a general explanation of the totality and diversity of human communication and human information activity. Given the fact that the individual human being is finite in terms of matter-energy in contrast with the infinitude of information to be processed and transmitted, it follows that the best way out is to expend the smallest amount of energy for the greatest information effect possible. As a generalization, we propose "the energy-effect strategy", whose theoretical value is shown in the explanation of major problems as information overload and explosion. The idea of extension and return is further explained as topological in nature, which are typically invariance within transformations. Supporting evidence for this is found in Lakoff's "The Invariance Hypothesis" (Lakoff, 2000) and Talmy's topological explanations of language structure. (Talmy, 2000)

It is important to note that the research presented in the book began not only with theoretical concerns, but also with practical motivations, especially with problems that have arisen in the information society. Given the wide range of problems and issues related to the information society, the book cannot be expected to deal, unselectively, with them all. More importantly, this book is attempt of an explanatory, rather than a descriptive, study of information and related problems. Accordingly, the author of the book focuses on information overload/explosion and virtual space for in-depth analyses and explanations. As has been pointed out earlier, information overload/explosion results mostly from the technical sense of the quantity of information characterized in the Shannon-Wiener paradigm. In simple words, information overload/explosion as generally recognized in terms of bit is actually information without content. It is important to note that information in the technical sense of bit has given rise to a large number of non technical uses of information measured in more intuitive units like letters, words, articles, pages, books, volumes and so on. In the author's view, these developments deviate from the essential motivation of the human pursuit of information. The three categories "relevance", "quality", and "quantity" and "the priority order of information processing" are of unique significance to the explanation of such problems. Seen in this order, information overload/explosion is also overload and explosion of irrelevant information. What makes the progress of information technologies paradoxical is that the progress, instead of promoting efficiency in human information processing, has actually created more obstacles, which prevent human subjects from proceeding to the quality and quantity of information content by consuming most of their processing capacity with too much irrelevant information. Information overload and explosion is further explained in connection with the "attention economy" (Crawford, 2015), which is argued to be the cognitive mechanism responsible for the determination of information relevance. It is the author's view that the quantity of information is not measured in absolute terms, but evaluated relative to the human attention bottleneck in particular and limit of human cognitive capacity in general. In conclusion, information overload and explosion result from the ever growing amount of formal information and irrelevant information as against the constancy of human cognitive capacity. In this connection, what we call the "the energy-effect strategy" provides the most generalized explanation. The last major issue dealt with in the book is virtual space. Related problems include what sociologists refer to as "time-space compression" and McLuhan's "global village". Based on the scheme of wh-variables in the foregoing chapters, three types of information space are identified and defined in terms of the representative media changes, namely, the oral, the writing/printing and the electronic media. (See Meyrowitz, 1993) The major argument is that the space represented by the oral communication is the prototype and the space represented by the writing/printing media is the extended non prototype space. The two types of space are further extended with the emergence of the electronic media. If the prototype space is the real space, then the second type of space is already virtual in the sense that there is a time lag between the sending and receiving of information and an absence of face to face visual presentation of the sender and receiver. The third type of space is both an extension of and return to space one and space two. It is extension because information is transmitted to farther places by means of modern communication technologies. Obviously, space is not compressed, but extended; compression of space results from the reduction of time for the transmission of information in the extended space. It is return because the transmission of information at the speed of light eliminates the time lag created by the writing and printing media. The sending and receiving of information in communication take place almost simultaneously in the extended space. The so called "time-space compression" can be explained as the result of the functions of the two variables. It is concluded that virtuality is not to be understood in the physical sense, but as a change of our consciousness of time and space created in the extension. In a more obvious sense, institutional changes, like "endism" and "6-D" mentioned and discussed in Brown & Duguid (2000), which are more noticeable features of the information society, are equally worthy of theoretical explanations. On the author's view, however, institutional changes are the effects, rather than the causes of non institutional changes, which have been dealt with in this book, and can be accordingly explained as derivations of information overload and virtual space.

第一章

语言与信息内在共生关系的本体论阐释

第一节 人类信息活动研究:从共时转向历时

谈论和探究信息,我们就已经在心目中设想一个边界清晰的对象,仿佛信息就像一块矿石一样,可以拿在手里观察和研究,或者至少像水一样,尽管不断流动,却也清清楚楚地呈现在我们眼前。但我们都知道,信息实际上并非如此,信息成为我们观察和研究的对象,离不开我们心智中的范畴,离不开思维的抽象。这种抽象的背景就是人类信息活动。沿着这样的思路考察,要真正认识信息,我们就要回归信息存在的具体完整性——人类信息活动。什么是信息社会? 信息社会就是人类信息活动的状态,是人类信息活动演化发展历史的特定阶段。从这个背景来看,信息社会同样是一种抽象。这里不妨借用语言学中的共时与历时来做方法论框架。共时与历时对举最早由语言学大家索绪尔提出。索绪尔之前的19世纪,历史比较语言学占据主流,语言研究更关注历史演化。索绪尔提出共时与历时两种研究,主张忽略历时演化,聚焦语言共时状态,以此确立语言学的研究对象。然而,共时也有共时的局限,经过一个世纪的共时研究,现代语言学正在重回历时,在历时演化中寻找更为科学的解释。沿着索绪尔的思路,我们也从共时与历时来观察信息社会。显然,信息社会是忽略了人类信息活动历时演化呈现的当下共时状态。我们把当下阶段更多视为状态,自然与我们自身认识的局限有关。我们知道，人类文明有数千年的历史，人类产生于大约四百万年前，而生命诞生的历史可以追溯到四十亿年前。在如此漫长的历史长河中，人类个体生命过程只有区区几十上百年，其认识的局限性是显而易见的。放眼地球之外的广袤宇宙空间，我们更感自身视野之狭小。就人类个体来说，我们的认识只是一个狭小的窗口，我们所知的世界，只不过是这个窗口呈现出的极小片段而已。尽管如此，我们仍然坚信，历史和世界能够为人类所认识。这当然不是说我们能够穿越时空，亲历人类演化的久远历史过程，而是这小小片段也是世界整体演化的一部分，包含着整体联系和演化信息的线索。我们常常就是从这个片段出发，从有限的证据出发，通过科学延伸，依靠逻辑推理，甚至借助想象和假设，来认识和把握世界的整体联系和演化的全部。为了使讨论更为具体一些，让我们聚焦一个较小的对象，比如一棵树和它的成长。我们观察一棵树，树便是我们探究的对象。要全面了解和认识它，我们大体上有两种方法可供选择。我们可以从它生根发芽开始，追踪观察每天每刻的生长，直到当下的状态。但由于我们自身的局限，追踪观察常常不是最佳选择。我们也可从当下状态开始，跟踪观察和描述它。但如果我们还想了解这棵树为何长成如此这般，那我们该怎么办呢？我们可以锯开树干，观察横断面上呈现的年轮，从这个断面了解其生长历史，从生长历史来解释当下的状态。第二种方法是可行的，因为断面虽然只是树木成长的片段，却是其整体成长的一部分，因而包含着成长的历史信息。从历史演化来解释现状，这就是历时研究方法。观察和探究信息社会，我们面临类似的选择。如果我们的唯一目的是观察和描述信息社会的当下，那么我们就对其加以观察和描述即可。然而，当我们不再满足于观察和描述，而是试图探索和解释现状的成因和机制，认识信息社会为何如此这般，预测信息社会未来如何发展，我们就需要超越共时状态，转向人类信息活动的历时演化，从中探寻科学合理的解释。

　　共时与历时方法虽源自语言学，其原理和意义却是普遍的。所谓转向历时，就是转向历史。从方法论来看，历史的方法就是历时方法。

人类文明史、人类社会史、人类思想史、考古学、宇宙起源研究、生物进化论、发生认识论等体现的都是历时方法。在这样的大背景中来看，信息和信息社会研究转向历时，具有普遍方法论根据和重要研究意义。转向历时就是转向人类信息活动的历史演化，从中探寻信息社会现状的合理解释。这里还有一个常被忽略的设定，我们所处的时代被称为信息时代，仿佛信息活动为我们时代所独有，而在之前的工业时代、农业时代，信息活动并不重要。恰恰相反，转向历时就是要强调，信息活动伴随人类产生和发展的全部过程，也伴随生命产生和演化的漫长过程，在这种过程中演化发展。信息社会是人类信息活动演化和积累的特殊阶段，是信息活动凸显为主要时代特征的阶段。上述讨论概括起来就形成了本书研究的基本命题，其主要内容在此略作陈述。信息活动是人类的基本活动，它贯穿于人类产生和发展的全部过程。信息时代到来的基本意义在于，信息活动超越人类物质能量活动的伴随状态，上升为人类的主要活动形式，塑造了这个时代独有的社会文化生态。人类传递信息的形式多样，但在各种信息活动形式中，语言无疑是人类最完备、最系统、最重要的信息形式，也是最接近人的本质特征的信息活动形式。语言是人类信息活动的最高级形态，语言与信息内在地联系在一起。确立了这样的概括，我们就有足够的理由说，观察和探究信息和信息社会，语言是最为重要的视角和切入点。为此，我们需要略微回顾一下语言学及其相邻学科，从它们的发展中进一步认识信息研究历时转向的背景和意义。

第二节 语言历时研究的思想传统

历时与共时的对立由语言学家索绪尔在 20 世纪初提出，但索绪尔当时并不是强调历时。恰恰相反，索绪尔是为了强调共时研究才提出这对关系的。索绪尔主张共时研究，目的是克服历史比较语言学代表的历时研究的局限，为语言学确立明确的研究边界。可以说，之后半个世纪的共时研究成就了现代语言学。然而，随着研究的深入，人们越来越深刻地认识到，共时现象由历时演化形成，要真正解释共时现象，最终需要回归历时研究。于是历时研究逐渐成为新世纪语言学的主流和趋势。不过，这里我们并不打算详述历时语言研究，而是择其主流和本质，由近及远略加回顾。我们的根本目的是，从语言的历时研究思想传统中获得启发，在语言历时发生和演化背景中探寻语言与信息的内在联系。

语言的历时研究已经相当久远，而近期最具代表性的研究要数克罗夫特（2000）语言演化的进化解释和吉冯（2000）提出的生物语言学（bio-linguistics）。从语言学角度看，两者都有现代语言类型学思想背景。克罗夫特是功能类型学的代表人物，而吉冯是美国功能主义语言学的主要代表。他们一位著书一位立说，显而易见都抱着语言学目的，但都不约而同地以生物进化论立论，无疑有其内在必然性。在语言研究中，对于生物进化论的钦羡，这两位并非最早。更早的可以追溯到 19 世纪的历史比较语言学。我们知道，1859 年达尔文的 *The Origin of Species*（《物种起源》）问世，之后不久德国语言学家施莱赫尔（Schleischer，1863）就发表了"达尔文理论与语言科学"（*Die Darwinsch Theorie und die Sprachwissenschaft*），成为历史比较语言学的集大成。施莱赫尔相信，语言同生物体一样，经历诞生、生存、死亡的过程。原始印欧语言和语言谱系便是从语言与生物的类比中引申建立的。经过 20 世纪的蓬勃发展，语言学无论观念和方法都发生了巨大变化，而生物进化论也随生物基因学的发展而发展，形成了各种新的理论形态，如新达尔文主义（neo-Darwinism）和广义进化论等。克罗夫特（1990：252 - 253）把语言与生物学进行类比研究，他提出的基本类比是：语言机构如同生物体一样进化而来，是适应生物环境的产物。克罗夫特（2000）以赫尔的广义进化论为框架，根据生物群体观念重新界定语句和语言，系统探索了语言结构形态的演化。吉冯（2000）则旗帜鲜明地提出生物语言学（bio-linguistics），探索基于生物进化的语言学新领域。吉冯与众不同之处还有，他试图在心智大脑与社会文化的关系中来解释语言演化，探索深层的语言生物学理论。除了这样那样的差异，他们都不约而同地选择生物进化论立论，可谓殊途同归。这其中包含的必然性就在于，他们追求的都是语言演化的功能主义解释。实际上，他们所说的功能主义，其核心就是语言的信息传递功能。克罗夫特（1990：253）认为，语言的主要功能是信息传递（the primary function of language is to communicate information）。语言类型共性合理的功能类型学解释是，类型共性是人类在实时线性媒介中对信息进行编码、传递、解码的最佳方式（the best means of encoding, transmitting and decoding information in a linear medium by human beings in real time）。所谓功能类型解释，揭示的是一种约束，这种约束要求语言必须能够满足基本信息交流需要，因而才有克罗夫特（1990：199）所说的语言的信息传递动因（the communicative motivation）。在他的生物语言学中，吉冯（2000：124）明确提出人类信息交流的功能适应理论。他指出，尽管人类语言发挥情感、社会及美学等功能，但信息表征和传递是两种核心功能，两种信息功能构成两大系统：认知表征系统（the cognitive representation system）和符号交流语码系统（the symbolic communicative code）。前者包括概念库（conceptual lexicon）、命题信息（propositional information）及多命题语篇（multi-propositional discourse），后者包括边缘感知语码（即语音表达形式）和语法语码。

　　从历时演化时段来看，类型学的演化解释对象只限于现代语言自身结构类型特征。然而，现代语言由何而来，又如何演化而成，则需要在更大的历时演化区间来考察。语言的起源可以说贯穿在语言研究的全部历史，乃至人类思想文化的全部发展过程。语言与人类的诞生和进化相生相伴。人类演化的探索艰难而曲折，语言起源的探索同样如此。也许因为这种原因，17世纪中叶，巴黎语言学会曾发布声明，禁止研究语言的起源，但研究者探索的脚步从未停歇。随着生物进化论、古生物学、考古学、人类学、脑科学的产生和发展，人们积累了越来越多的证据，初步构拟出了语言产生和演化的时间框架。按照福利（Foley，1997）的综述，黑猩猩到类人猿的进化大约在500万至700万年前完成，原始语言（proto-language）产生于250万年到200万年前

的能人（Homo Habilis）和直立猿人（Homo Erectus）时段，现代语言
的等价形式产生于 40 万年至 20 万年前的智人（Homo Sapiens）时段，
所谓准现代语言产生于 20 万年前。这样的时段构拟自然存在很多争
议，而争议首先源自语言自身的界定。例如，何为现代语言？现代语
言包括哪些基本特征？在流行的语言学教科书中，语言被视为人的决
定性特征（defining feature），语言是人区别于动物的根本特征之一。
如果现代语言理解为人类独有，那么人类之前的语言就没有理由视为
语言。显然，人类与其更早的动物祖先之间要建立相对自然连续的演
化链条，恐怕不能以语言能力为基础，而应以信息交流能力为基础。
按照严格的语言定义，我们只能说人类具有语言能力而动物没有，但
我们可以说，人类和低等动物都有信息交流能力。换句话说，人类与
动物连接起来，形成演化链条，信息交流能力是基本依据。我们在上
面指出，克罗夫特和吉冯在构建语言的生物进化理论时所走的路子并
不相同，在信息交流方面却殊途同归，在此我们找到了更好的解释。
语言与信息内在地联系在一起，而这种内在联系就在信息交流意义上
确立。这是语言和信息研究历时转向带给我们的基本启示。

第三节　历时转向中的演化链条及经验证据问题

从稍微具体的层面来看，历时研究就是在事物演化的历史链条中
探寻当下共时状态的解释。我们的基本认识是，历史演化链条在时间
维度上由多个状态节点相连而成。因此，链条的构拟面临诸多问题。
首先面临的就是起点问题。当我们追溯到链条的某个节点是，我们总
会面临该节点之前的演化，我们无法确信链条构拟可以到此为止。回
到上文的讨论，语言的起源可以追溯到动物（猿类）的信息交流行为，
但动物只是生命演化链条上的一个节点，我们凭什么认为，探索可以
到此为止呢？难道动物之前的生命形态没有信息传递吗？答案无疑是
肯定的，信息传递伴随着生命诞生、演化的所有形态和阶段。不过，
生命的所有形态意味着，语言历时演化链条的构拟不可能在单一层面

来完成，而要在跨物种（从人类到动物）和跨生命形态（从动物到有机物）的基础上完成。显然，除了物质能量基础外，信息传递是唯一能够跨越物种和生命形态的链条。只有在信息传递层面上，我们才能对生命产生之后演化链条的不同阶段和不同形态做出统一的解释。美国符号学家塞比奥克 20 世纪 60 年代提出生物符号学，可谓这种统一性解释的代表。塞比奥克（Sebeok，1968）相信，包括人在内的生物体信息传递的统一解释是可行的，而 Sebeok 选择在符号层面来实现这种统一性。经过深入研究和广泛的探索，Sebeok 开始确信，符号能力与生命同义。他认为，人类的全部信息传递能力包括两套系统：人类符号系统（anthrosemiotic），为人类所独有；动物符号系统（zoosemiotic），为生命演化序列的终端状态和结果。（见 Sebeok，1991，2001）到了 20 世纪末，跨物种和跨生命形态信息传递的统一符号研究逐渐走向深入和系统发展阶段。弗洛金（Florkin，1974）提出了分子生物符号学（molecular biosemiotics）（见 Emmeche & Hoffmeyer，1991）。德国学者威特苍（Witzang，1993）出版了 *Natur der Sprach-Sprache der Natur*: *Spracpragmatische Philosophie der Biology*（《语言的本质——自然的语言：生物学的语用哲学》）一书。在该书中，威特苍全面阐释了生命构成的信息传递统一符号观。他提出了三种信息活动类型：有机体内信息传递、有机体间信息传递和超机体信息活动，从而把语言、信息和信息传递统一于一种广义的"语言"（Sprache）符号观中。可以算作生物符号学的还有行为主义的符号研究，主要代表人物有奥格登和理查兹的意义理论和查尔斯·莫里斯的符号学理论。从总体上来看，行为主义符号学认为，心灵主义的符号语言被视为可直接观察的刺激—反应模式。在其名著 *The Meaning of Meaning*（《意义的意义》）中，奥格登和理查兹把符号行为看作有机体之间的活动。在查尔斯·莫里斯的符号学奠基之作 *Foundations of the Theory of Signs*（《符号理论基础》）和 *Signs, Language and Behavior*（《符号、语言和行为》）中，符号也是以有机体之间的刺激—反应为基础和条件来界定的。在这里，有机体是一个高度概括的概念，其外延涵盖了人类、低等动物及其他生命形态。

因此，行为主义符号学的跨物种和跨生命形态特征是显而易见的。我们知道，行为主义原是心理学的一个流派，后来进入语言学，成就了美国结构主义语言学的行为主义传统。在这一传统中，行为多在共时意义上理解，但行为主义者把人类行为还原为动物的刺激—反应，实际上跨越了人类与动物的物种界限，体现了一种历时观念。

构拟历时演化链条，连续性是面临的另一重大方法论问题。如果把演化链条上的节点比作平面上的点，那么链条构拟就是把这些点连接起来，形成光滑连续的线条。要把离散的点连接成线，点之间的间隔需要足够小，才能连成足够光滑的线，这便是连续性问题。在语言历时演化链条构拟中，我们同样面临连续性问题。实际上，围绕连续性问题学界早有深入探讨，但往往争论多于定论。丁沃尔（Dingwall，1987）对此做过详细论述。按照他的观点，人类信息传递行为研究呈现"非连续论"（discontinuity theory）和"连续论"（continuity theory）两种形态。"非连续论"的思想源头可以追溯到笛卡尔。笛卡尔认为，动物没有思维，思维为人类独有。如果思维是语言的基本条件，那么我们可以推断说，动物的信息交流与人类语言交流没有多少相通之处，两者也难以形成连续的历时演化链条。在现代西方语言学中，语言被视为人与动物的根本性区别特征。在中国传统思想文化中，我们也可找到类似的观点。我国战国时期的《春秋谷梁传》中就有："人之所以为人者，言也。人而不能言，何以为人。"从流派来看，乔姆斯基可谓现代语言学"非连续论"的代表人物。乔姆斯基直接继承了笛卡尔理性主义哲学观念，在连续性方面自然也一脉相承。在这一方面，乔姆斯基的观点非常鲜明：语言能力是人类与其他灵长类动物分离之后，经过很长时间才演化而来的能力，语言能力是人类独有的演化特征。（见 Dingwall，1987）

顾名思义，"连续论"就是强调人类与动物之间的历时连续继承关系。在"连续论"者看来，人类的信息交流行为由动物的交流行为演化而来，动物只需在已有性状基础上，再获得一些性状，就可逼近人类语言。人类语言能力是通过灵长目动物的性状的添加而逐渐获得的。

按照丁沃尔（1987）的综述，"连续论"以我们之后要详述的威尔逊（Wilson）为主要代表人物。威尔逊是社会生物学家，他的思想由达尔文的生物进化论衍生而来。威尔逊的思想是达尔文生物进化论与现代基因学结合的产物，因而也被称为综合进化论（synthetic evolution）或新达尔文主义（neo-Darwinism）。此外，现代意义上的进化论还有福利（1997）提到的"自然流动论"（natural drift theory）。两种衍生进化论的主要区别在于，前者强调基因在进化中的决定性作用，而后者更强调有机体与环境在进化中的统一性。人类信息传递行为的"非连续论"与"连续论"在认知科学的最新演化中又有新的解释。我们在导论中提到，乔姆斯基被视为认知革命的发起人，但在莱考夫和约翰逊（1999）看来，乔姆斯基语言学代表第一代认知科学。到了 20 世纪后半叶，认知语言学兴起，认知科学进入了第二代。二代与一代认知科学之不同，恰恰涉及人类与低等动物之间的联系，而判定这种联系的根本是理性。莱考夫和约翰逊（1999：3 – 4）指出，在两千年的西方哲学史中，理性一直被视为人的决定性特征（defining feature），而理性是宇宙和心灵的超验（transcendent）和无意识（unconscious）的普遍特征，心灵游离于身体之外（disembodied mind）。莱考夫和约翰逊（1999）对上述观念提出了挑战。他们认为，人类理性及其结构（包括语言）源于人类大脑、身体和身体经验的本性，人类理性形成于低等动物也具有的感知运动（sensory-motor）系统，心智是涉身的（embodied mind），这就是所谓体验主义的理性和心智观。而从柏拉图到笛卡尔、康德及近代分析哲学所代表的西方主流哲学，体现的是非体验主义或客观主义的心智观，其中主观与客观、心灵与身体、思想与现实、概念与感知、理性与情感的二元对立是这一主流哲学传统的基本设定和形态。在此意义上，涉身哲学主张的是心智与身体、思想与现实、概念与感知、理性与情感的统一。在我们看来，这种统一性有一个重要的方法论前提，即人类理性和心智是从低等动物到人类演化的产物。实际上，莱考夫和约翰逊的涉身哲学倡导的是一种"涉身实在论"（embodied-realism）（Lakoff & Johnson，1999：74），他们摒弃了笛卡尔式的身心分离观念，认为人类心智源于其成功生存的物质环境和身体经验，因而体现的是进化实在论。他们（Lakoff & Johnson，1999：4）认为，人类理性和心智从低等动物也具有的感知—运动形式进化而来，因而代表的是理性达尔文主义（Darwinism of reason；rational Darwinism）。显然，莱考夫和约翰逊的涉身主义哲学在动物与人类的演化链条中界定心智。在生命演化的漫长过程中，动物进化为人类虽然只是小小一步，但与第一代认知科学相比，第二代认知科学却有更多"连续论"偏向。

简要陈述了两种"连续观"的区别后，我们回到语言和信息交流的历时演化链条问题。我们知道，链条的科学意义归根结底在于它的连续性，连续性越好，链条的科学意义也越大。然而，由于连续性靠证据建立，取决于经验证据的多寡。因此，经验证据越充分，能够确立的节点就越密集，构拟的链条也更为连续，链条的证据意义也更大。我们也知道，历时演化是一个动态过程，而时间是演化链条的基本维度。在此意义上，链条的连续性就演变为节点之间时间间隔的大小问题。这种间隔可以是一年、十年、百年、千年、万年乃至百万年等。显然，在同等条件下，间隔越小，链条的连续性也越好，链条作为证据的意义也更大。确立了这样的基本认识，我们就可以重新审视人类语言历时演化链条，看它的经验证据意义如何。为此，我们不妨回到上述福利（1997）的相关综述。从福利的综述来看，语言起源和演化链条中最小的时间间隔也有 20 万年。那么放在生命演化的历史中来看，我们又能得到什么样的连续性呢？按照福利（1997）陈述的数据，生命诞生于 400 亿年前。显然，对于如此巨大的时段，科学迄今提供的证据显然非常贫乏，所能构建的演化链条的连续性也相当有限。人们对此持有疑问，原因并不复杂。语言起源和演化链条存在 20 万年的时间间隔，而迄今拥有的证据显然不足于填补这种间隔，无论如何也谈不上证据充足。科学靠证据说话，人们也常因为证据而纠结和争论，经验性证据也自然成为接受和拒绝一种科学理论的主要理由。然而，以上综述和讨论表明，人们虽然构拟了语言产生和演化过程，但这种演化链条仍有大量的缺失，很难形成足够连续和可靠的经验证据基础。

对于人类语言起源和演化的"实际"过程，任何构拟的演化链条充其量只能算作高度抽象和简化的模型。不过，这也加深了我们对科学假设、科学建构及科学模型的认识。在科学研究中，假设、建构和模拟的必要性恰恰就在于，距离事物的真实状态，人类所能获得的经验证据永远是贫乏的。如果是这样的话，语言起源和演化研究的科学性又该如何理解呢？我们认为，这只能从证据本身来加以解释。从相关的论述我们不难发现，现有的结论大多是间接证据上的推断。例如，人类与动物之间具有演化关系，其证据基础是两者行为结构关联的同源性（homology）（Dingwall，1987）。古生物学和考古学发现的化石（如人类和猿类的头骨和其他部位化石）是人类演化研究的主要证据。人们从化石了解到早期人类大脑尺寸和发声器官的解剖特征，然后与现存的猿类和现代人的大脑和发声器官进行比较，发现相似和差异，构拟出初步的演化链条。随着脑科学的发展，人们可以进行更为深层的比较，发现猿类和人类在脑化、侧化（大脑两半球功能不对称性）及语言区域方面的差异。生物基因学诞生之后，上述比较在基因层面展开。人们发现，人类与其最近的黑猩猩之间具有98%的基因相似度（Foley，1997：48），以此证实两者之间的演化关系。从真实性来看，古生物化石、大脑结构尺度、功能及基因都是实实在在的证据，从中得出的结论也远比猜测更具科学性。然而，问题也出在真实性上。化石、大脑和基因都是物质形态，而语言信息交流很难说是纯粹的物质形态。用现代科学眼光来看，心智、思维及语言是大脑的涌现特征（吕公礼，2011），很难简单还原为大脑的物质生理形态，两者之间其实存在巨大鸿沟。因此，这样的证据仍然是间接的。从连续性来看，面对生物演化的巨大时间尺度，区区几个化石或大脑解剖标本，远不能代表大脑的实际演化过程，因而也很难弥补演化链条上的巨大缺失。这样一番讨论之后，我们对实证性有了更合理的认识。在人类语言起源这类大时间尺度演化面前，经验证据和实证性尚且是贫乏的，更不用说人类和生命的产生和演化了。以上所述更多应在汇聚性证据（converging evidence）意义上来理解。所谓汇聚性，就是来自不同背景和层面的证据汇聚起来，指向某一种结论，为其提供了证据支持。既然实证不能保证构拟连续和接近真实的演化链条，那么假设、建构、模型及更为主观的思辨就是必要的，而哲学思辨和建构的意义就在于此。实际上，无论是语言学还是信息论，其发展无不充满了哲学思辨和建构。语言学有语言哲学和语言学哲学，信息研究有信息哲学，每种学科发展都显示了哲学建构的合理性。哲学研究自身也有选择上的差异，而基本出发点就是任何哲学思考首先要做出的选择。纵观信息研究历史，信息作为一个哲学范畴，历来在物质能量的背景中来理解。因此，我们确立"物质—能量—信息"的统一性，以此作为探寻语言和信息内在联系的基本思想框架，三个范畴也是建构语言信息理论的网上扭结。

第四节 人类信息活动历时演化的哲学重构

一 "物质—能量—信息"统一性：从 It 到 Bit

人类信息活动历时演化链条需要在实证基础上构拟。然而，上述讨论表明，对于人类演化这样的大时间尺度，任何构拟链条都会存在大量的缺失。这种缺失自然要靠更多证据来弥补，但更为主观的哲学思考和抽象建构也是必不可少的。实证是科学之本，但实证之实永远难以达到绝对。对于大时间尺度的演化，任何经验证据都是有限和贫乏的，而哲学概括恰恰是弥补经验证据的最佳途径。实际上，西方哲学自身的每次变革和转向都有深刻的科学和社会现实背景。无论是早期的本体论取向，还是之后的认识论转向，以及近代的语言转向，都有特定科学和社会现实动因。哲学总体发展如此，各种领域哲学，如科学哲学、数学哲学、文化哲学、心智哲学、语言哲学等，更是其特定问题思考向哲学层面升华的产物。毫无疑问，信息研究要实现高度概括，上升至哲学层面是重要选择。无论是西方的信息哲学，还是中国的信息哲学，都为人类信息活动的哲学建构提供了重要借鉴。实际上，按照肖峰（2008）的阐释和概括，科学哲学乃至哲学整体都已走上信息主义的道路。

　　哲学建构需要选择合理的范畴和概念框架，而任何选择都有风险和争议。人类信息活动的哲学建构也不例外。在诸多范畴中，物质、能量、信息是我们在本书中选择的基本范畴，而三个范畴的组合"物质—能量—信息"便是我们所要建构的最基本的概念框架。这样的选择主要有两方面的考虑。首先，这三个基本范畴是迄今争议最少、共识最多的。在这三个范畴上来建构信息理论概念框架，自然也是最好的理论选择。在西方学者中，维纳的论述最为经典、也最具启发性。维纳（1948，1965：132）曾经指出："信息就是信息，不是物质，也不是能量（Information is information，not matter or energy）。"总体上看，这是一个否定性的定义，意在强调信息不是什么，而否定的背景就是物质和能量，"物质—能量—信息"的概念框架已隐隐浮现出来，维纳的论述成为后来者讨论信息的基本参照。信息不是物质，也不是能量，那么信息是什么呢？维纳（1954：21）的确给出了一个正面定义："消息本身就是一种模式和组织形式。"（Messages are themselves a form of pattern and organization）无论早期的负面概括，还是之后的正面界定，都为后来者留下了思考和讨论的框架，也为进一步探索信息指出了方向。帕克（Parker，1974）明确在三个范畴框架内认识信息，提出了一种更为正面的信息界定："信息是物质能量的组织模式（Information is the pattern of organization of matter and energy）。"之后，詹姆斯·格雷尔·米勒（1978）出版了名著 *Living System*（《生命系统》），书中（Grier Miller，1978：121）也明确提出了信息的一种肯定性定义："信息是系统中物质—能量的模式"（Information is the patterning of matter-energy in system），其中包含着类似的概念框架。之后，杨（1987）全面考察了物理系统、化学系统、生物系统、人类生理系统、神经系统和心理过程，把信息界定为"形式的流动"（information as the flow of form），信息被视为"质量—能量形式的流动"（a flow of mass-energy forms）。其中，形式的具体形态包括：结构（structures）、模式（patterns）、安排（arrangements）（见 Young，1987：X）。杨（1987：60）还特别提到，"模式"一词在控制论的代表人物 Ashby 关于编码的一段论述中使用14

次之多。当代西方信息哲学的代表人物弗洛里迪（2004）认为，现实的最终本质是信息，信息对象是一种结构性存在，"信息实在论"（information realism）是"结构实在论"（structural realism）。国内学者在继承西方信息思想中不乏创新，但对信息的界定或多或少都未超出"物质—能量—信息"的概念框架。钟义信（1988：92）明确提出了物质、能量和信息的"三位一体"，并详述了三者的意义和关系。苗东升（2007：121）指出，"作为事物自我表征的信息是一种非物质的存在形式"，这一概括显然以物质为参照来界定信息。邬焜（2005：46）在其信息哲学论述中提出："信息是标志间接存在的哲学范畴，它是物质（直接存在）存在方式和状态的自身显示。"上述多种界定虽然不乏共识，却毕竟产生于不同的学术语境和思想背景，其中也有不少差异和分歧。不过，为了避免过多术语混乱和概念缠绕，本书并不打算简单照搬相关的定义，更要避免术语和概念的过多罗列和简单移植。在具体的阐释中，我们力求通过具体的科学实例来显示物质、能量和信息范畴的内涵和外延，并把"物质—能量—信息"的统一性贯穿于我们建构的语言信息范式之中。

我们做出上述选择也有另一个重要考虑，那就是简洁性原则。关于简洁性，西方思想史上早有所谓"奥卡姆剃刀"之说，其基本意义就是不要增加不必要的规则。用更直白语言表述，就是不要刻意追求完备和繁复。在现代科学观念中，这样的要求在很多研究者那里上升为一条美学原则。这一原则的核心就是雅致，最好的理论也是最优雅的理论，就是对这一原则的解释。那么，怎么来判断理论是优雅的呢？我们认为，简洁性是优雅的根本标准。简洁固然重要，但也只包含一半的道理。另一半道理就是高度概括，也就是要覆盖和解释大量的现象。综合起来，优雅的理论应该是这样的理论：它能够用尽可能简洁的理论概括来解释大量纷繁复杂的现象。换言之，好的或者说优雅的理论就是能够以简驭繁，而机制和原理是最佳理论形态。机制和原理虽然简单概括，却有以简驭繁、烛幽发隐之效，因而是本书研究的最大追求。毫无疑问，"物质—能量—信息"统一性为我们提供了建构优雅信息理论的最佳概念框架。

　　确立了"物质—能量—信息"统一性概念框架，但如何在此框架中认识信息范畴，却需要进一步深入探讨。为此，我们不妨重回前述各种信息界定。透过这些界定的表面差异，我们概括出信息的三个基本特征：非物质（能量）性，形式结构性和优先蕴含关系。首先我们探讨信息的非物质性。显然，维纳（1948，1965：132）说"信息就是信息，不是物质，也不是能量"，就是在肯定信息的非物质性。然而，信息不是物质和能量，它又是什么呢？这无疑是维纳那段概括留下的最大悬念。如前所述，后来的学者逐渐转向正面肯定性信息界定，如帕克（1974）、詹姆斯·格雷尔·米勒（James Grier Miller，1980）、杨（1987）及弗洛里迪（2004）的界定均属此类。国内学者也大都尝试正面界定信息。例如，苗东升（2007：121）的"作为事物自我表征的信息是一种非物质的存在形式"虽然用了非物质性的表达，但总体上是一种肯定界定，而邬焜（2005：46）的"信息是标志间接存在的哲学范畴，它是物质（直接存在）存在方式和状态的自身显示。"代表了更为完整的肯定界定。其中的"存在形式"和"存在方式和状态"是最直接的信息表述。如果我们回到其他西方学者的界定，我们会发现信息的第二个特征，即形式结构性。也许由于语言结构上的差异，西方学者的界定中包含了一个明确的表述结构：信息是 X。而这里的 X 分别是维纳"模式和组织形式"、帕克和米勒的"模式"、杨的"形式"和弗洛里迪的"结构性存在"。至此，我们逐渐获得了一种相对直接和清晰的肯定性信息界定。这里我们不妨再回到维纳的概括留下的问题。信息既非物质也非能量，那么信息究竟是什么呢？现在我们可以回答说，信息是组织模式和形式结构。最后，我们探讨信息与物质和能量之间的关系。形式结构虽然是抽象形态，但它是物质能量的结构形式，因而是以物质能量的存在为前提的。谈论信息必然蕴含着物质能量，而谈论物质却不以信息为前提。上面提到的信息界定大都体现了这种蕴含和前提关系。这便引出了信息的第三个特征：信息、能量和物质的蕴含关系。之后我们会看到，这种蕴含关系揭示了信息从物质能量中逐渐分化和涌现的过程。

这里特别要提到的是，惠勒（Wheeler，1990：5）曾经提出了之后被广为讨论的概括："万物源于比特"（It from Bit）。这一概括中的 It 指的是物理学中的微粒、力场、时空连续统等。在惠勒看来，物质形态的功能、意义、甚至本身存在都从信息的标准问题"是与非"（yes-or-no）的回答中衍生而来，也就是从二元选择意义上的比特衍生而来。换言之，物质世界中任何部分的深层都有一种非物质源头和解释。物质世界中的万物都基于信息，因而最终源于比特。我们之前论述了人类信息活动的演化，我们的基本认识是，生命从物质能量中进化而成，信息作为生命的基本标志自然以物质能量的存在为前提。如果我们用 It 代表物质能量，那么我们则提出一种新的概括"比特源于万物"（Bit from It），用来概括信息与物质能量的蕴含关系。在我们看来，世界是物质能量信息的统一体，随着世界的演化，信息从物质能量中逐渐分化和涌现而来。所谓蕴含关系，就是说谈论信息就意味着物质能量的存在。同样，能量也含于物质之中的，谈论能量蕴含着物质的存在，不存在没有物质的能量。以上概括可以更为形象化地用图 1-1 表示。

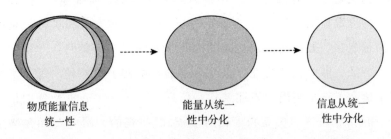

物质能量信息　　　　　能量从统一　　　　　信息从统一
统一性　　　　　　　　性中分化　　　　　　性中分化

图 1-1　信息从"物质—能量—信息"统一性中分化而来

这样的概括自然会引来不少争议，其中主要争议与信息主义相关。信息主义思潮在西方学界的表现可谓多种多样，但都可在惠勒的"万物源于比特"中找到解释。在这种思潮中，不仅计算是信息，物理化学过程、生命过程，宇宙都是信息。总而言之，世间万物无一不能划归为信息，可谓信息主义的核心观念。然而，信息何以走向信息主义，实际上离不开几个关键的假设和类比。所谓信息即计算是最流行的一个假设。既然世间万物都可以化归算法，都可以用计算机来模拟，自然就是信息了。然而，这一假设是建立在另一根本假设上的，这就是信息即比特。我们之后的论证表明，比特刻画的是信号的数值特征，而信号本质上是物质形态。在这个意义上，"万物源于比特"实际上等于说"万物源于万物"，或者"物质源于物质"。显然，这是一种没有意义的同义反复（tautology），而技术主义的信息泛化为信息主义，其根本原因就在于此。

信息不同于物质能量，却以物质能量为前提，是物质能量的组织模式和形式结构。这样的概括产生于20世纪，其本质特征却形成和植根于西方思想文化的长久历史之中。对大多数人来说，信息是一个现代概念，并没有多少历史纵深感。这样的状况并非没有理由，因为信息范畴常与经典信息论联系在一起，而经典信息论确实是20世纪才产生的。然而，一个范畴的流行有其特定的科学和社会环境，而范畴凝结的思想却需要长久的历史积淀才能形成。信息范畴也是如此，其源头与西方思想文化历史一样久远，可以追溯到古代希腊的哲学思想。彼得斯（Peters，1988）对于英语"information"所作词源学考证为此提供了重要线索：英语中的"information"源自拉丁语中的"informare"。在拉丁语中，"informare"由in + formare组合而成，意为"赋予形式或形状"（to give form or shape）或"心智、思想的形成"（a forming of the mind，idea），"information"作为"一则消息／知识"（an item of knowledge）流传至今。而在我们看来，语源关系的背后是拉丁语为标志的古代罗马文化对西方文化的深刻影响。因此，语源线索实际上是思想演化留下的痕迹。我们知道，古罗马文化与古希腊文化具有深厚的继承关系。因此，信息的形式思想源头可以进一步追溯到古希腊思想传统。亚里士多德哲学中的"形式质料说"（hylomorphism）就包含着重要的信息思想观念。按照彼得斯（Peters，1988）的重新诠释，"形式质料说"具有这样的意义：物质世界由浸透其中的形式或"essence"赋予形式，物体的可理解性在于，形式被赋予物体之中，即in + form。这样，"information"就涉及物质怎样被赋予可理解的形式结构。查阅布莱克本（Blackburn，1996）所编《牛津哲学辞典》（*Oxford Dictiona-*

ry of Philosophy），我们得到较为详细的解释："形式质料说"（hylomor-phism）中的"hyle"意为物质材料（即 stuff of material things 或 mat-ter）。在亚里士多德的观念中，"hyle"需要形式（即 morph）才能构成物体（thing）。综合起来看，形式质料说认为，每一种物体都是形式与质料的综合体（combination of stuff and form）。实际上，形式与物质的关系问题可以进一步追溯到亚里士多德的老师柏拉图的理念说，后者因其理念说被视为西方理性主义哲学思想的真正鼻祖。在柏拉图的理念世界中，形式是独立于感知世界的超验特征。感知世界变换无穷，而理念世界的形式恒定不变。上述考察表明，形式的本源是西方思想演化的核心问题。这里特别值得一提的是，理性主义与经验主义是西方哲学中的基本对立关系，而这种对立涉及的一个重要问题就是，形式内在于物质还是主体赋予物质的？彼得斯（1988）认为，形式之源从宇宙转向人类心灵代表西方思想历史的另一个重要转折，而康德的先验结构论是这一转折的根本标志。在西方哲学理性主义与经验主义的分野中，康德的思想被视为两大传统的中间道路。康德（Kant，1990［1786]）把质料（matter）与形式（form）视为一切思想的基础范畴。他指出："就一般事物来说，无限的现实是所有可能的物质，而限制（无限可能）的是形式。通过形式，事物按照先验概念而得以相互区别"（Kant，1990［1786]：292）。哲学是一种永不停息的思考和争论过程，信息范畴的哲学争论也不会停息，但我们对现状的概括和历史源流的追溯都表明，"物质—能量—信息"的统一性是探究和界定信息的最为合理的概念框架，而信息作为形式结构从物质能量系统分化而来。

二 回归信息演化自然形态：为信息而产生的信息系统

哲学以思辨著称，但哲学不是纯粹的思辨，更不是毫无现实动因的空洞思辨。信息活动的哲学建构为我们提供了高度概括的概念框架，但这种建构的动因却源自现实问题，因而最终要回归信息活动演化的现实自然形态。所谓回归现实自然形态，就是回归具体科学事实，在具体科学理论和发现中探寻"物质—能量—信息"统一性的意义，赋予这一概念框架具体的科学意义和内容。在科学的众多领域中,生物学、神经科学、大脑科学、认知科学无疑是上述框架最为重要的思想来源。毫无疑问,"物质—能量—信息"统一性更多是哲学建构和概括,因而更具共时静态特征。如前所述,共时与历时是对立中的统一。共时是忽略了历时动态演化的抽象规定,而历时是动态发生和演化过程的回归。在这个意义上,回归信息的自然形态,就是回归其历时动态发生和演化过程。正如语言起源和演化的讨论一样,我们也将在历时演化中探寻"物质—能量—信息"统一性概念框架的科学内容和阐释。之前的讨论已经表明,生物进化是动态历时演化解释的科学范式,其信息建构意义是不言而喻的。实际上,维纳(1954,1965)的几部控制论名作中都有大量的生物进化讨论。我们的基本认识是,生命产生和演化本质上就是信息从"物质—能量—信息"的统一性中分化、涌现和发展的过程,生命和信息始终在相生相伴中演化发展。

在讨论语言起源和演化时,我们已经展示了生物进化的宏观过程,这里我们转向生物学的微观形态,从细胞产生和演化展开讨论。现代生物科学研究表明,原始生命的雏形是由生物大分子形成的复杂分子体系"团聚体","团聚体"在界膜包围下形成细胞。细胞由细胞核与细胞膜构成,它是原始生命的基本形态。细胞是生物大分子形成的物质形态,这无须任何哲学论辩和建构。现代生物科学研究也表明,单细胞生物已经能够对机械、热、电磁、引力、化学等各种刺激作出反应。毫无疑问,这样的能量活动是细胞物质活动的必然延伸。细胞作为生命单位,必须从环境中摄取能量,才能维持其自组织结构存在。人类的生存与发展是生命体物质能量活动的高级形态。无论是哪种类型,有机体的存在也是能量交换过程,这同样无须任何哲学论辩和建构来说明。

无论是细胞的物质形态,还是其能量活动形态,都有大量的经验证据支持。那么,信息作为非物质形态,有无证据支持呢?其存在应如何解释呢?要回答这些问题,我们首先需要确定一个基本认识:信息活动的演化,本质上是从物质能量过程中的逐渐分化和特异化,这是生命体从低级向高级形态演化的最显著标志。然而，分化和特异化是以信息与物质能量的统一性为前提的，没有统一性就谈不上分化和特异化。统一性在演化不同阶段表现为不同形式。在无机状态下，物质活动表现为纯粹的物理化学过程，信息与物质能量完全同一。在简单的有机形态（如蛋白质）中，统一性表现为有机体与信息系统的同一，信息表现为生物化学分子本身的几何构形、排列顺序等结构形态。在原始生物体（如单细胞生物）中，统一性表现为信息与生物体的部分同一性。单细胞生物的界膜受到辐射、化学、机械的作用，相应的刺激在有些情况下通过原生质传递到整个细胞体，在其他情况下则传递到特定的感受结构。因此，原始有机物的信息活动是一种简单的刺激—感应过程。在原始生命体中，原生质具有接受和处理刺激的固有特性，这是有机体信息加工的物质基础。这种信息加工后来出现特异化，演化出了特定信息加工系统（如细胞信号分子），特定信息加工系统在此过程中出现。这是信息活动从物质能量活动中凸现和分化的最显著标志，也是信息与信息活动存在的有力物质证据。这里需要特别重述的是，细胞的特异化是有机体演化的基本过程，这已是无须特别强调的生物学事实。正是由于特异化，有机体才逐渐演化出具有特异功能的细胞组织，如组织细胞、器官细胞、运动细胞组、感知细胞组、神经细胞（神经元）等。其中，感知细胞和神经细胞就是专司信息处理的细胞形态。

我们近期的探索（吕公礼，2010）表明，在有机体的信息系统中，视觉是最重要的信息感知系统。希夫曼（Schiffman，1990：197）指出，在生物的多种认知系统中，视觉是获取环境信息的关键系统，物体的位置、形状、质地、大小、距离、亮度、颜色、运动等都需要通过视觉来感知和范畴化。在人类多种认知系统中，视觉占据着核心地位，因而被称为五官之首。据估计，人类认知活动的80%—90%与视觉有关，而人类大脑皮质的60%也与视觉信息处理有关（汪云九，2006：206）。早在20世纪50年代，杜克艾德勒就指出："我们是高度视觉化的动物。"（见Schiffman，1990：198）。由于上述原因，视觉近来备受认知科学的关注，而认知语言学更把视觉看作探知语言范畴的最重要的窗口。毫无疑问，探索信息从"物质—能量—信息"统一性中的分化，视觉为我们提供了经典证据，视觉系统的演化值得我们在此详细考察。为此目的，我们再回到生物演化过程。生物学研究表明，原始有机体的"视觉"是分散在有机体表面的感光细胞（photosensory cell），感光细胞的聚集构成了所谓"眼点"（eye spot），进一步聚集和排列形成了视网膜。有机体的"视觉"系统经历了平眼、杯状眼、穴眼、胞状眼到球形（透镜眼）的进化。其中，杯状眼具有了明显的入孔，而透镜眼则有了晶状体（见王谷岩等，1984：33）。我们看到，视觉本来为接收环境对象的光波信号产生，是专司信息的有机体系统。视觉本身从简单的感光细胞演化为复杂的光学信息接收和处理系统，显然是信息从"物质—能量—信息"的统一性分化并进一步专门化的过程。分化是初始步骤，而专门化则使视觉成为高效处理复杂光学信息的信息系统。图1-2是眼睛的进化过程示意图，而信息显然是眼睛进化的根本动因。

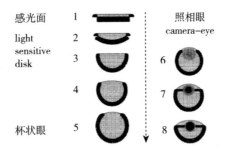

图1-2　眼睛演化和形成的信息动因

　　有机体信息活动的演化也表现为信息系统特异化基础上的多模式化和复杂化，而神经细胞和神经系统的出现是有机体信息活动演化的必然产物。原始单细胞生物体中不存在专门处理信息的系统，而从腔肠动物开始，有机体内出现了专司信息处理的（神经）细胞（informational molecules）（Young，1987：17），包括核酸（DNA和RNA）、荷尔蒙、蛋白质、神经递质等。这些细胞的出现标志着信息活动从"物质—能量—信息"的统一性中正式分化出来。有机体信息活动的进一步演化则经历了从神经细胞到神经索、再到神经节的演化，形成了专司特定外来信息（如光信息）的感受和感知系统，也形成了专司内在信息传递、表征、存储、记忆和加工的脑化（encephalization）和皮质化过程，最终实现了信息活动从"物质—能量—信息"统一性的系统分化。人类与低等动物的差异也许是信息与信息活动凸显和特异化的最好体现。在效应系统（如肢体）功能方面，人类无论在力量、速度、还是敏捷程度等方面并没有比动物有质的超越。人类高于动物，恰恰在于其高度发达的复杂信息（包括语言信息）处理系统与功能。蓝根（Langan，1996）指出，在已知的复杂存在现象，即地球人类社会中，信息的生成、传递和存储占用了人类工作时间的60%，充分说明了信息和信息处理在人类生存中的核心作用。

至此，我们基本完成了生物演化的信息阐释。我们要特别强调的是，虽然这种演化早已为大量科学事实所证实，但其独特信息意义仍然值得进一步阐发。我们在前面多次提到，信息所以是信息，就在于其非物质形态。也许由于这一特征，信息可谓最具神秘色彩的范畴，引发了无尽的争论，而质疑信息存在的声音也不时听到。然而，有机体在自身物质能量组织之外，演化出了信息细胞、神经系统及大脑，而这些系统存在的唯一理由就是信息，是专为信息而产生和演化出来的。面对信息细胞、神经系统和大脑的真实存在，我们能有多少理由继续质疑信息的存在呢？就其存在的功能和理由而言，信息细胞、神经系统和大脑具有信息意义，自然不同于一般细胞和有机系统的物质和能量意义。一般细胞和有机系统为物质能量的存在而存在，而信息细胞、神经系统和大脑却全然不同。信息细胞、神经系统和大脑自身虽然也是物质能量形态，却不是为物质能量而存在，而是专为信息传递、加工和存储而产生、演化和存在的。在更为广阔的科学文化中来看，与神经系统和大脑相连的还有刺激、反应、感知、知觉、认知、意识、心智、思维、认识等。人们从这里很自然得出结论说，与神经系统和大脑相关的还有如此多的范畴，有什么理由特意选择信息范畴呢？信息范畴是否只是已有范畴的另一种说法而已？坦率地说，上述范畴的科学文化根底远比信息范畴深远，详细系统的论述肯定远超本书范围，而且往往会陷入无谓的概念缠绕。但这里要强调说明的是，信息范畴无论内涵和外延都是上述传统范畴所无法比拟的。在大时间尺度上，物质世界经历了从无机到有机、从低级到高级的漫长复杂演化过程。传统范畴大多针对演化链条的高级阶段提出，用刺激反应来解释低等生物的活动已经勉为其难了，更不要说更为久远的演化阶段了。在大空间尺度上，有机体作为自组织系统在与环境形成的复杂结构耦合（structural coupling）（Foley，1997：45）中存在。这种结构耦合传统范畴没有一个能够加以科学解释和概括，而信息在这里成为唯一的选择。正是信息的输入、输出及中心加工处理构成了生物与环境的耦合系统，而在这一系统中，神经系统和大脑都能得到科学的定位。例如，感知神经构成信息输入系统，运动神经构成信息输出系统，大脑则是神经系统的中枢，是各种信息集成和加工的中心系统。在这个意义上，信息范畴的产生有其充分的科学发展必然性。

三　信息演化对应律：信息与信息系统

为了讨论方便，以上我们主要从信息系统的产生与演化探讨和阐释了信息活动从物质能量活动中的分化。实际上，有机体信息系统并非独自衍生出来，而是在物质能量信息的整体演化背景中演进的，其中的信息类型、信息表现形态、信息传递及信息加工形式的演化之间表现出明显的对应关系。在信息感知（输入）层面，环境对象的颜色和形状表现为光波形态，与此相对应的则有视觉信息感知和视觉神经系统。环境对象的振动信息表现为声波形态，而有机体则有听觉信息系统和听觉神经系统相对应。其他信息活动类型也存在相应的对应关系。我们之前已经提到大脑的整体进化。实际上，大脑本身并非一次成形，而是经过长时间逐渐演化而成。如同树桩横剖面包含着树的成长过程一样，大脑解剖显示的共时结构也包含着大脑从低级向高级的历时演化过程。大脑的演化历史为认识信息活动的对应律提供了实实在在的证据支持。这方面最重要的证据是麦克莱恩（Maclean，1990）提出的大脑三位一体理论（Triune Brain Theory），杰·布朗之后对该理论进行了扩展。在扩展的理论中，人类大脑被分为四个基本演化阶段（见图1-3和图1-4）：鱼脑（fish brain），爬虫脑（reptilian brain），哺乳动物脑（mammalian brain）和人脑（human brain）（见 Maclean，1990，桂诗春，1991，Carter，1998）。在我们看来，四个基本演化阶段有其重要的信息演化意义。它们与有机体的信息活动形态大体呈现以下对应关系。鱼脑对应光信息的感受和气味（化学分子）信息的识别。爬虫脑对应感知—运动（sensori-motor）信息活动，该阶段被视为认知产生的初始阶段，知觉和动作围绕身体空间进行。哺乳动物脑分为旧哺乳动物脑和新哺乳动物脑两个阶段。前一阶段产生了初级的皮质，相应地则有对视觉、嗅觉和听觉刺激的整合反应、初级的情感、记忆和意识等信息功能，该阶段也称为边缘系统—表征（limbic-presentational）阶段。（桂诗春，1991）新哺乳动物脑是高级哺乳动物和人类大脑，以皮质的增大和两半球的信息功能分化为基本标志，相应地则有思维、计划、组织、交流和语言等高级信息认知功能，而新皮质与次皮质及其他层次的联结也意味着情感和其他低等信息功能的存在。

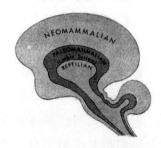

图1-3　麦克莱恩的大脑三位一体理论图示

需要指出的是，人类大脑是信息加工的物质能量基础，但却不是对有机体神经系统低级形态的简单取代，而在低等信息功能的基础上演化而来。大脑的共时状态既包含了有机体信息处理系统从低级到高级的全部历时演化内容，其信息功能又高于低等生命系统的信息功能。在这个意义上，信息活动的分化和特异化形式才有以下的演化过程：物理化学过程→刺激感应→动物感知→人类认知。显然，这种演化模

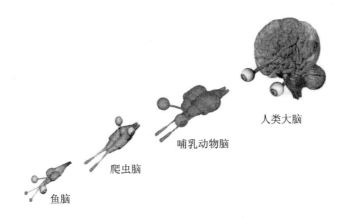

图 1 - 4　大脑的历时演化阶段（另见 Cater，1998：12）

式体现的是一种逐层包含关系：低等生物刺激感应源于物理化学过程，包含物理化学过程，但又高于物理化学过程。动物的感知源于刺激感应，包含刺激感应过程，但又高于刺激感应过程。人类的认知思维源于动物的感知，包含动物的感知，但又高于动物的感知。概括起来看，上述逐层包含过程体现了"物质—能量—信息"的统一性，而人类大脑结构包含的演化层次是这种统一性的有力物质证据。伴随有机体信息系统的演化，有机体物质能量结构形态也逐渐趋向多样化、多量化和复杂化。"物质—能量—信息"的统一性表明，有机体信息系统演化的高级形态体现了信息类型、信息物质能量基础、信息处理方式和信息系统的高度和系统的对应关系。换言之，有什么样的物质能量形态，就有什么样的信息形态、信息处理方式及信息处理系统。人类信息感知与大脑内在信息组织相互塑造，为这种对应关系提供了科学解释。

　　卡特（Cater，1998：19）通过图 1 - 5 展示外部刺激对后续感知方式的影响，而这对我们认识大脑认知系统与环境信息的相互塑造关系极具启发意义。设 A 为大脑认知系统，O 为外部环境，它们构成主客体关系。A_1 受到来自 O_1 的刺激信息，A_1 组织结构发生变化。这种信息过程通过一定量的积累产生新的组织结构 A_2。与 A_1 相比，A_2 包含了更多更复杂的组织结构，由此改变了 A 感知 O 信息的方式，从而导致主体信息系统的变化，以适应新的主客体信息关系。因此，主客体

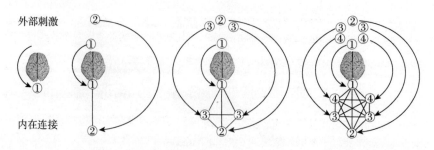

图 1 - 5　外部刺激对后续感知方式的影响（引自 Cater，1998：19，略有改动）

在信息关系、信息类型及信息系统上的对应是"物质—能量—信息"的统一性在物质演化高级形态的基本表现形式。这里值得一提的是，认知语言学确立了基本层次范畴，为信息演化对应律提供了重要证据。莱考夫和约翰逊（1999：27）在论述基本层次概念系统时指出，部分出于生存原因，部分出于发展原因，涉身概念系统在进化中演进，使其与人类身体与环境的耦合方式相吻合。

四　主客体分化与信息传递的符号化

前面我们提到，生命产生和演化，本质上就是信息从"物质—能量—信息"的统一性中分化、涌现和发展的过程，生命活动与信息活动始终相生相伴。因此，回归信息演化的自然形态是赋予"物质—能量—信息"生命自然演化内容的过程。不过，生命诞生和演化是一种生物学过程，但又不仅仅是一种生物学过程。生命诞生和演化的意义远超生物学层面，需要重回哲学层面加以阐释。我们之前关于语言起源的讨论表明，人类语言信息活动是生物演化的产物，其源头可沿生命演化链条追溯到细胞的信息过程。然而，人类语言信息活动与细胞信息传递之间毕竟存在本质差别，把两者简单对应起来无疑有违科学常识。语言学的基本知识告诉我们，语言信息交流活动至少需要具备两个基本特征：语言信息交流是主体间的意向性活动；人类语言是高度符号化的信息系统。显然，这两个特征不是原始细胞信息过程具备的，即使更高级生命系统信息过程也不具备。我们有理由相信，生命诞生和演化还伴有更为深刻的变化。主客体关系和主体间关系的产生和演化无疑是最为重要的变化，伴随两种关系的形成，信息活动形态最终演化为符号系统。

为了认识主体间性的产生演化和信息活动的符号化，我们不妨回到生命演化历程，重新审视有机体与环境关系的演化。如前所述，无机状态的世界是"物质—能量—信息"的同一，生命产生和演化意味着，有机体从这种同一性中分离出来，形成有机体为主体、环境为客体的关系。我们知道，生命诞生在海洋之中。在生命诞生之前的长久演化历史中，无机小分子呈现为相对均匀连续的状态。生命体从无机小分子到有机小分子、从有机小分子到生物大分子、从生物大分子到多分子体系、再到生命体最基本的单位细胞，其演化呈现为物质缩合或聚合的过程。例如，氨基酸缩合形成蛋白质，核苷酸聚合形成核酸分子，生物大分子浓缩形成"团聚体"，"团聚体"和界膜及细胞膜形成细胞。这里我们要特别追问的是：究竟什么是界膜呢？界膜顾名思义是一种膜，而由于这种膜的存在，有机体形成了边界，界内是有机体内部，界外是有机体存在的环境。因此，界膜的存在划定了有机体内部与外部。在这个意义上，有机体实现了生命演化的一个重要的跨越，形成了生命体与环境的分离，而生命体与环境的结构耦合（structural coupling）成为生物进化的基本依据。（Foley，1997：45）

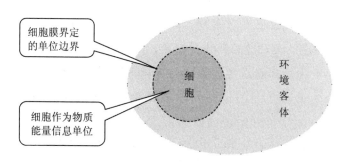

图 1—6 主体边界与主客体关系的形成

从信息的角度看，这种系统和关系的形成是信息主客体关系的原始形态。如上所述，在物质的低级形态，主客体关系处于"物质—能量—信息"的完全同一状态，主客体处于直接和零距离的"物质—能量—信息"过程之中。无机物和有机体分子与外界的能量信息过程总体上表现为直接物理化学能量的交换。随着生命体的产生和演化,信息从"物质—能量—信息"的统一性中分化出来,主客体关系也随之分离并不断发生变化。有机体自身的演化形成了更为复杂的"物质—能量—信息"系统,而有机体与环境的"物质—能量—信息"关系也经历了从单一到多样、从简单到复杂、从直接到间接的转变。其中,直接到间接是最为显著的转变。在直接关系中,有机体与环境交换物质能量,交换仅限于物质能量自身。在间接关系中,有机体与环境除了直接交换物质能量外,还有部分物质能量交换并非物质能量自身,而是物质能量自身之外的对象。例如,单细胞生物的界膜受到环境中的光辐射、化学反应、声波振动的作用,细胞与环境间的交换就是物质能量自身的交换。在生命演化的高级阶段,细胞与环境间仍然需要物质能量自身的交换,但同时也进行物质能量之外的交换。换言之,细胞与环境间的部分物质能量代表和传递的并非自身的物质能量形态,而是自身之外的对象的物质能量形式。例如,动物感受到环境中的光的辐射,但动物显然不仅接受光能量本身,而是获得了光辐射代表的环境对象(如太阳、月亮、大地、河流、树木和其他动物)的内容。动物和人类视觉是获取环境信息的关键系统,环境对象的位置、形状、质地、大小、距离、亮度、颜色、运动等都通过视觉来感知。显然,位置、形状、质地、大小、距离、亮度、颜色、运动等并非物质自身,而是物质自身存在的间接显示。

　　这种间接化意味着,生命主体与环境客体间的关系逐渐走向虚化。虚化意味着主客体之间的信息流动需要通过更多的"中介"来实现,这种"中介"就是符号系统的原始形态。为了更好地认识虚化和"中介"向符号系统的演化,我们对现代符号学的两个奠基性理论略作介绍。首先是索绪尔的符号学理论。索绪尔符号学的基本观念是,一个符号是声音意象与概念的结合体,前者称为能指(signifier),后者称为所指(signified)。这样来理解,我们就会意识到,单独一个信号并不能构成符号。只有这个信号指向和代表自身之外的对象时,信号才具备符号的资格。例如,我们看到绿色或红色灯,我们接收到了颜色信号。在颜色没有与任何概念结合之前，颜色也就只是颜色信号而已。我们了解交通指示灯，知道绿色有通行的概念与其对应，红色有禁止通行概念与其对应。这些颜色与这些概念结合起来，便形成一个符号。我们听到一个语声信号"tree"。假如它没有与任何概念结合，那它就只是一个声音信号，而不是真正的语言符号。而我们学了英语，知道这个声音有一个树的概念对应。这个声音和这个概念结合起来，便形成一个符号。20 世纪末期，认知语法学家兰盖克（Langacker，1987：11，76）对索绪尔的符号概念进行了引申，把索绪尔的符号概念系统扩展为语音极和语义极两极符号系统。另一种为人们广为引用的符号理论是皮尔斯（Peirce）的符号三分说。按照皮尔斯的符号说，符号可分为三类：象似符（icon）、索引符（index）及纯符号（symbols）。（Peirce，1931）象似符（icon）以相似性为基础，如图片与其所描绘的事物形成的符号；索引符以相关性为基础，如脚印与人之间关联形成的符号；纯符号是约定俗成意义上的符号。皮尔斯的符号三分说在之后的相关部分会有讨论。这里，我们把索绪尔符号概念和兰盖克的引申综合起来形成图 1 - 7。

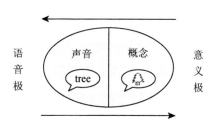

图 1 - 7　语言的双极符号构成

　　对符号学基本理论略作了解后，我们可以更好地认识信息活动演化中的符号化过程，进而认识生命主体信息活动最终演化为语言信息活动的内在动因和必然性。在低级生命形态中，主客体关系表现出很大的连续性和同一性，而到了动物阶段，主客体关系（如动物（主体）与食物（客体）之间的关系）以相互分离的状态存在。对此纽曼（Neuman，2003）有独特概括：生命系统中的心智、交流及存在通过一种划分过程形成了自我与环境两个清晰的单元，称为"基本划分"（primary distinction）。显然，所谓"基本划分"就是主客体的分离，而处于分离状态的主客体必然是虚化的关系。由于动物主体与环境客体的分离，动物主体与环境客体间的耦合完全虚化。例如，动物与食物并非同一的，而是相异和分离的，动物是动物，食物是食物。动物获取食物是一种物质能量交换，但却无法直接以物质能量形式实现，而是需要通过一定"中介"间接实现，如食物的外在和部分信息，以此为"中介"才能趋向和摄取食物。这些"中介"包括食物外在颜色、气味、形状、位置等。动物与食物对象的间接虚化关系是显而易见的。动物最终要获取的是食物本身的物质能量，而不是颜色、气味、形状、位置等，后者只是获取食物的"中介"。在客体的物质能量本体信息基础上，"中介"本身也可能形成新的信息需求，它们包括客体以光波呈现出来的颜色和形状属性，通过声波呈现出来的振动特性，通过"结果"呈现出来的"原因"属性。信息的中介化是有机体和人类信息传递符号化的原始形态。例如，声波振动成为语音符号的原始形态，光波成为文字符号的原始形态。没有声波"中介"，就无以形成语音符号形态，没有光波"中介"，也无以形成文字符号形态。在符号化过程中，感知模块（module）表现出不同的信息传递意义。吉冯（2002：56）指出，在人类信息传递演化过程的早期，视觉—手势信码形式处于支配地位。这种地位具有相应的神经—认知基础：在脊椎动物、哺乳类动物及灵长类动物中，视觉信息处理已经演化为最主要的感知模式。在进一步的适应性演化中，信息传递发生了从视觉—手势信码形式向听觉—口头信码形式的转变（shift）。从皮尔斯的符号三分说看，信息"中介"的演化表现为象似符向象征符的转变。其他证据显示，蜜蜂的信息传递也遵循相似的演化规律。（Givón，2002）上述演化具有相应的信息背景。象似符的基础是客体外在属性（如形状），索引符的基础是部分—整体和结果—原因等相邻关系，而人类语言符号是在象似符和索引符性基础上衍生出的结构象似性，这种象似性以客体组织结构（如组成、顺序、多少等）等内在特征和人类运动感知及认知条件为基础而形成。因此，主客体关系从实在向虚拟的演化，实际上也是其信息联结方式从同一性向同构性的演化。在物质低等形态的信息过程中，物自身就是符号，符号与物自身是同一的。随着物质从低级形态演化为高等生物（特别是人类），客体的属性（如光波和声波）也逐渐从物质能量的本体中分化出来，并通过中介化演化为符号。人类语言就是这种符号化过程的高级形态。在这里，同一性也逐渐演化为同构性。同构性归根结底是建立在物质能量结构形式基础上的，是物质历时演化的共时信息状态。人类认知思维是物质演化的产物，人类认知思维和语言符号系统与物质世界的同构是必然的。同构不是物质能量形态的简单等同，而是杨（1987：29）提到的消息结构形式与接受者本征形态（eigenforms）间的拓扑（topological relations）。这一点我们在信息真实性一章还要深入探讨。结构关系的对应充分表明，同构的动因和基础最终可以归结为信息从物质能量中的分化和演化。

五　信息的历时传递：从生物基因到文化基因

主客体关系是对一切有机体形态与环境关系的哲学概括和抽象，而主体间性是一切有机体单位之间联系的哲学概括和抽象。在有机体信息活动层面上，主体性是一切有机体信息单位形态的概括，主体的具体形态可为单个细胞、多细胞系统结构或动物乃至人类生物个体。但无论在何种层次上，有机体都是"物质—能量—信息"统一性。一方面，系统的存在取决于内在的恒常和稳定状态（即内稳态），系统的自组织及与环境的调节和适应是保持系统内稳态的基本方式。另一方面，有机体类的存在需要自身复制才能实现历时状态的延续。显然，群体是有机体基本的存在形态，群体存在形态早在有机体低级演化阶段就已经产生了，如原生物（细菌）的局部组队（local team）及超级生物体（super-organism）等（Sebeok，2001）。人们常把有机体视为单位信息主体，好像只有主体间才有信息传递活动。实际上，现代生物学研究早已表明，在有机体内部也存在信息活动，信息传递在有机体内各个组织层面都普遍存在。信息的传递不仅在细胞之间、单细胞生物体、多细胞生物体之间存在，而且在专司信息传递的神经细胞间也普遍存在（参见张惟杰，2004）。毫无疑问，群体靠信息传递活动形成和维系，信息传递是系统元素相互协调从而形成整体功能的前提。在生物进化学中，物种问题（species problem）一直是最有争议的复杂问题，体现为生物进化的本质和原因（Wilkins，1998）。在根本意义上，物种个体间的主体间性是种系存在的基本条件和形态，没有任何有机体能够离开物种群体存在和演化，而主体间性归根结底在信息活动基础上实现。毫无疑问，生命有机体作为种系的演化是物质能量过程，但同时也是其性状信息的不断传承、积累和放大的过程，遗传基因存在的意义就在于此。在单位个体层面上，生命体的信息机制是有限的系统，种系信息的传承、积累和放大远远不能在此系统中实现。显然，种系内个体之间形成的主体间性是生命信息传承、积累和放大的根本方式，而主体间性恰恰通过其间的信息传递来实现。

那么，主体间的信息传承、积累和放大在何种意义上解释呢？在本书研究中，信息在共时历时意义上界定，而上述问题同样要在共时历时意义上来阐释，具体分为两方面来认识。一方面，信息的传承、积累和放大在历时和共时两个轴线上展开。在历时轴线上，物种组代与子代构成的纵向（vertical）线性延续形态（lineages）；在共时轴线上，物种群体在特定时段内形成横向（horizontal）共存关系（参见Wilkins，1998）。在历时过程中，生物体一代一代繁衍，实际上是信息不断传承和积累的过程；在共时层面，信息在主体间传递和共享，不断得到放大增值。在这两种过程中，信息获得了远大于个体信息系统所允许的信息放大和增殖效果。另一方面，前面提到细胞膜对主客体分化的意义，这种分化以生命机体为界面，形成内部与外在的划分，而信息的传承、积累和放大也以内外两种形式实现。显然，基因机制（genetic mechanism）是内在形式，是信息传承、积累和放大的生物化学物质基础，称为有机演化（organic evolution）；与内在形式对应的是外在形式，而外在形式是非基因方式（non-genetic channels），在生命机体之外实现，也称为机体外演化（exosomatic evolution）（Jean & Medawars；Langrish，1999）。所谓机体外演化，就是生命的外在行为和生存方式的演化，这种形态演化到高级阶段，就形成群体社会文化形态。显然，现代生命科学和基因科学的发展为内在信息传递提供了充足的证据，其中基因就是最为重要的信息传递载体。相比之下，外在社会文化形态的演化则没有基因那样的物质载体。社会文化信息如何传承，成为社会生物学等学科长期探索和争论的重大问题。也许由于这种背景，一种泛基因观念在社会学中形成，这就是所谓社会文化演化的生物决定论。20 世纪 70 年代，社会生物学家道金斯（Dawkins，1977）的 *The Selfish Genes*（《自私的基因》）一书问世，成为泛基因观念产生的早期重要标志。在这一方面，威尔逊对人类的各种社会文化形态进行系统的社会生物学解释，可谓生物决定论的代表人物。拉姆斯登和威尔逊（Lumsden 和 Wilson，1981）出版了 *Genes, Mind and Culture: the Co-evolutionary Process*（《基因、心智和文化的共同演化过程》）一书。按照作者的观念，社会生物学是行为生物基础的系统研究，其基本意义是弥补所谓物种基因构成（genotype）与生物群体共性表现特征（pheneotype）的空缺（另见 Flanagan，2001）。生物决定论试图对社会文化形态进行生物学解释，带有明显的还原主义倾向，其结论也失之简单，弗拉纳甘（Flanagan，2001：33 - 34）对此进行了中肯的批判。生物决定论显然大大低估了人类心智的重要性，也低估了文化演化与生物演化的相对独立性。人类的社会文化行为大都在后天学习和社会互动中形成，基因充其量只提供社会文化取向选择的可能性。

尽管如此，社会生物学家的研究也不无合理之处，其信息意义最值得我们关注。其中最为学界津津乐道的是道金斯（1977）的文化基因（meme）和"文化基因学"（memetics）。生物基因是物质能量形态，其科学性较少争议，而"文化基因学"缺少物质能量特征，一直颇多争议。在道金斯（1977）最初的思想中，文化基因显然从生物基因类比而来，主要指文化传递内容，其外延包括任何社会文化层面和形态。文化基因外延广阔、形态多样，但正如生物性状的多样性可以归结为基因编码的信息一样，文化基因虽然承载的是多样的社会文化内容，归根结底也统一于信息。这一结论为多种研究和界定所广泛印证和认同。格兰特（Grant，1990）所编词典提供了这样的定义："文化基因是传播性的信息模式（contagious information pattern）"，"所有传递的知识均具有文化基因性"（All transmitted knowledge is memetic）。另一位学者威廉姆斯（Williams，1992）则认为，基因是一种控制论现象，因而是一种编码系统（codex），它传递的是某种"结构"，不依物质基础而存在。在威廉姆斯看来，存在一种"信息世界"（message world），而生物基因和文化基因只不过是"信息世界"的两种信息传递形态而已。威尔金斯（1998）全面回顾了"文化基因学"的产生背景和发展过程，并在此基础上提出了一个较为全面的定义："文化基因是相对于选择过程的最小社会文化信息单位（the least unit of sociocultural information）。选择过程呈现有利或不利的取向，这种取向超越了内在和自生变化倾向。"而在道金斯本人的思想中，文化基因也从最初松散的外延界定逐渐凝结为明确的内涵式信息定义。他在（Dawkins，1982：109）1982年出版的 *The Extended Phenotype*（《表型扩展》）一书中认为，"正如基因信息储存在 DNA 中一样，文化基因应视为存在于大脑中的单位信息"（A meme should be regarded as a unit of information residing in the brain…just as genetic information is stored in the DNA）。以上综述和讨论表明，"文化基因学"的本质就是文化信息的传播，其信息意义不言而喻。文化基因是文化信息单位，而文化信息在道金斯的观念中以多种形式传递。而在语言学背景中看，自然语言是最基本的系统，也是最高级的文化信息传递形式。在此意义上，自然语言单位是最重要的文化基因。这里需要特别指出的是，自然语言不仅被视为文化基因形态，生命系统的信息本质常被类比为自然语言符号的信息特征，生物基因的论述中也充斥着各种语言类比。林奇（Lynch，1998）明确把 DNA 链的序列视为生物科学家的"自然的语言"（natural language）。尼伦伯格（Nirenberg，1963）指出，核苷酸基形成的符号系统具有"字母"、"语词"、"语句"、甚至"标点符号"之类的书面语言系统特征。比德尔（Beadle，1963：3－4）认为，人类细胞染色质

（chromatin）中有 5 亿（billion）个核苷酸基（四种类型），其中的密码子（codons）可传递多达 3 亿个单词的信息，相当于每页 500 个单词，60 万页的书面文字信息，或传递每本 600 页，多达 1000 卷的书面信息。生物基因可以视为一种语言，这种语言传递生物遗传信息，而人类自然语言传递文化信息，就是无可置疑的。20 世纪 70 年代，吉恩和梅德瓦（Jean & Medawars）关于文化演化的论述包含了类似的观念，他们曾经明确指出："普通有机体的进化以基因为中介进行，而外在进化因信息从一代向另一代的非基因形式的传递成为可能。迄今最重要的非基因传递形式就是语言。正是由于语言的基本地位……外在进化常被视为文化或心理社会的进化"（Langrish，1999）。"文化基因学"家谈论语言，显然更多是一种类比，其科学性自然不能与语言学家心目中的语言等同，但其观念完全契合语言信息学的本质特征。实际上，语言作为社会文化的基本载体早已成为现代语言学众多流派的共识。（吕公礼，2007）

综上所述，语言是社会文化信息的最高级和最典型的"基因"形态，社会文化信息恰恰通过这种"基因"传承、积累和放大。在我们看来，内在积累遗传是种群生物性状信息的继承和放大，而外在积累遗传则是群体社会文化信息的传承和发展。基因中包含专司信息传递的 DNA，DNA 序列是信息作为"形式结构"独立存在的有力证据。人类种群社会文化信息积累和遗传靠自然语言来实现，自然语言是信息高级演化形态的有力证据。其他学者的研究表明，自然语言与生物基因的信息特征，并非完全基于类比。自然语言与种群内在积累遗传信息载体 DNA 具有相似的信息编码原理（袁毓林，1997），而威尔金斯（1998）的研究则表明，生物基因、"文化基因"及语言之间存在更为系统的对应关系。语言类型学家克罗夫特（2000）对语言进行了系统的生物演化解释，而功能语言学家吉冯（2002）则明确提出了生物语言学。这些研究从语言学的角度表明，语言的演化与生物的演化之间，不仅仅是一种类比关系。在我们看来，语言是人类社会文化信息传承的基本形态，归根结底是信息演化和发展的产物。我们之前指出，低等有机体间的信息传递主要是一种直接的物质能量交换，信息交换对群体的意义还没有显现出来。当生物有机体演化到人类高级阶段时，主客体和主体间的关系也演化为非常复杂的需求关系，低级的信息传递形式已远远无法满足主体生存与发展的需要，人类主体的信息活动形式需要更为复杂的符号系统来实现。这种符号系统以信息的内在与外在、共时与历时统一性为基本特征。人类语言的产生与演化是主体间信息需求演化的必然结果，而主体间性、主体信息系统内在与外在、共时与历时的统一性在语言信息活动中得到最为系统的体现。

第二章

转向语言：走出技术主义信息困境

第一节　信息研究的基本取向：技术主义与人文主义

　　语言从人类信息活动中演化而来，语言是人类信息活动的高级形态，语言与信息天然联系在一起，这是我们在导论和第一章确立的基本认识。我们之前的讨论也得出一个基本结论：语言符号系统以信息的内在与外在、共时与历时统一性为基本特征，语言信息活动包含着人类信息活动的物质、能量、生理、心理、认知、社会和文化经验的全部，是人类信息活动的具体完整形态。无论任何信息观念、研究和理论，只有置于这种具体完整性中，其地位、意义和局限才能得到充分合理的认识和评判。经典信息论是信息研究的基本范式，其充分合理的认识和评判也不例外。我们知道，通信信息论的创立者香农出身通信工程，通信信息论研究信号的传输问题，要解决的其实是纯粹的技术问题。正如香农（1948）那篇经典论文标题（A mathematical model of communication）和香农和韦弗（Shannon & Weaver, 1949）的著作标题（A mathematical model of communication）所示，通信信息论试图建立的是"通信的数学模型"，而该模型专注于信号的概率刻画，是概率统计意义上的信息理论。之后的语义信息论继承了这种数值刻画，并引入了基于真值语义学和经典集合论的形式化逻辑系统。毫无疑问，在经典信息论中，信息在纯粹技术意义上界定。在技术意义上界定信息，其最大的优势显然是便于转变为技术形态，而计算机和现代通信技术就是经典信息的核心技术形态。实际上，借助计算机和现代通信技术，经典信息后来衍生出更为普遍的技术形态，我们称之为技术主义信息。顾名思义，技术主义的信息就是由技术问题驱动，专注于信息的纯技术属性，服务于纯粹的信息技术操作，从而形成的信息理论和实践。显然，技术主义信息的确立意味着，人类信息活动的心理、认知、神经、社会、文化等非技术属性必然被完全忽略。在这个意义上，技术主义的信息是人类信息活动具体完整形态的抽象规定。要实现这种抽象规定，研究者需要从某种假设出发。技术主义信息论内含的一个基本假设是：信息是信号的纯粹物质形式特征，可在纯粹概率、逻辑和真值意义上刻画。从这一假设出发，我们可以得出几种推论：信息就是比特，信息就是逻辑真值，信息就是符号操作。这样的假设显然有悖人类信息活动的常识，因而是与人文主义的信息相对立的信息形态。人们会问：人类信息交流是在交流比特吗？人类信息活动只限于真假问题吗？人类是用形式化逻辑符号交流信息吗？苗东升（2007：120）指出："就人文社会系统来说，信息是个人或人类群体要表达的认识、思想、感情、意志等非物质的东西，须借助语言文字的表达才能有效地传播和交流。"这一论述实际上为上述问题提供了明确答案。同样，计算机和通信系统按技术信息建构，其先天缺陷是不言而喻的。计算机诞生后不久，人工智能和自然语言理解便成为科学技术的重要目标，为众多研究者所不懈追求。然而，真正达到人类智能、贴近人类真实信息交流的技术系统还远远没有变为现实。人就是人，人类信息交流就是人类信息交流，这种交流并非以比特为内容，并非局限于真假问题，也并非纯粹的形式符号逻辑过程。面对人类信息活动的具体完整形态，经典信息论的技术主义范式难免陷入困境。在这一方面，维纳的控制论所展现的视域要宽广得多，其信息观体现了更多的具体完整形态。维纳青少年时代接受的是通才教育，大学初期虽主修数学，后来也修读了物理、化学、哲学、心理学、生物学、数理逻辑等多种跨学科领域。翻阅维纳（1954）出版的 *The Human Use of*

Human Beings (《人有人的用处》) 和他 (Wiener, 1961) 出版的 *Cyber-netics, or Control and Communication in Animal and the Machine* (《控制论或动物与机器中的控制》) 两部著作，我们看到的思想背景之深远、涉及问题范围之广泛，令人十分惊叹。仅从两部著作的标题就能看出，维纳的控制论虽始于机器系统的控制，却远远超越机器系统，其探索范围涉及生物、人类个体、工程技术、社会、政治及历史现象和问题，具有深厚的人文社会背景。在微观层面上，维纳探索的问题涉及物理学、化学、生物学、生理学、神经科学等几乎所有科学领域。毫无疑问，自然语言也理所当然成为维纳关注的核心问题，他在两部著作中都有专门章节论述语言和信息问题，而且是在更为广阔的人文社会背景中进行探讨的。这样宽广的视域和思想背景，按理说有助于产生有具体完整意义的信息观念和理论。然而，维纳的基本动因毕竟是工程控制问题，思维深处具有更多数学家的特质，他也致力于在概论统计意义上界定信息。因此，维纳与香农的信息刻画最终殊途同归，因而并未从根本上超越技术主义的局限。

上面的讨论表明，技术主义的信息实际上就是形式主义的信息。在莱考夫和约翰逊 (Lakoff & Johnson, 1999:444) 看来，形式主义哲学 (Formalist Philosophy) 是西方思想文化的基本传统。经典信息范式的技术主义深深植根于这一传统。形式主义传统可谓影响深远。深就是根深蒂固，形式主义是现代西方思维的深层形态；远就是历史久远，其源头可以追溯到古希腊柏拉图的理性主义观念。到了18世纪，法国哲学家笛卡尔二元论哲学确立，西方理性主义达到了顶峰。在笛卡尔的观念中，心智与身体经验完全分离，而语言如同数学一样是思想中的形式符号系统 (Lakoff & Johnson, 1999:440)。形式主义思想在20世纪的分析哲学中达到极致。分析哲学的先驱是德国人弗雷格。作为哲学家和逻辑学家，弗雷格关注的是数学普遍性和绝对性问题。他认为数学是独立于心智的现实存在，因而拒斥"心理主义"，因为"心理主义"把数学视为心智结构。"心理主义"的心智是个体的心智，其中充满了意象、主观观念和情感因素。(Lakoff & Johnson, 1999) 分析哲学不同于之前的本体论和认识论哲学传统，分析哲学家专注于语言分析，试图在语言分析中寻找哲学问题的答案。实际上，语言分析是语词和语句意义的逻辑分析，而真值语义学无疑是这一哲学传统最重要的发展，之后影响广泛的形式化人工逻辑就是在真值语义学基础上建构的。在莱考夫和约翰逊（1999：444）看来，形式主义哲学产生于弗雷格和罗素对数学基础的研究，而逻辑和集合被视为所有数学的基础。数理逻辑就在这种研究传统中逐渐发展成熟，并成为分析哲学和其他众多学科的主流思维形态。

从学科背景看，经典信息论诞生于通信工程和控制，而不是形式主义哲学传统。但正如上文所述，经典信息论关注的是信号的概率特征。其中，信息按不确定性界定，而信息量就是消息减少的不确定性，其度量单位称为比特。一个比特是信号可能选项（alternative）压缩一半所需的信息量，即有 H（1/2，1/2）＝1 单位信息量。由于 H 是标准的二择一问题，它的单位就叫作二进制单位，即英文"Binary Dig-it"，简写为 Bit（钟义信，1986）。在这个意义上，经典信息论刻画的是信息形式的纯数值特征，而纯数值刻画和处理只能在形式层面实现，因而属于形式主义的信息形态。实际上，香农（1948）撰写的那篇经典论文中也明确把消息的意义排除在外。在我们看来，排除意义内容的信息就是形式主义的信息。我们知道，信息内容归根结底由信息主体来把握。因此，排除了信息内容，实际上也就抽掉了信息活动的主体及主体的生理、神经、心理、认知、社会、文化等大量属性，因而是人类信息活动具体完整性的抽象规定性，其信息界定也以此为前提确立。经典信息论在工程技术背景中产生，而后续研究也大都借着技术主义的惯性而发展。之后，语义信息论者认识到了形式主义信息的局限，转向了信息的语义内容。

信息研究为何转向信息内容，欣蒂卡（Hintikka，1970：3）给出了明确答案。欣蒂卡指出，语义信息论产生的一个基本动因在于，通信信息论所依托的统计信息对"最重要意义上的信息"研究没有多大作为，甚至可以说没有多少联系。那么，何为"最重要意义上的信息"呢？欣蒂卡的解释也很明确，就是"有意义的句子和其他类似符号组合对能够理解这些句子的组合所传递的任何（内容）"。实际上，在欣蒂卡之前，麦凯（1969）撰写了 *Information，Mechanism and Meaning*（《信息、机制和意义》）一书，对经典信息论进行了全面评述，表现了明确的意义研究取向，并试图建立一种包含意义的信息理论。苗东升（2007：120）按照语法、语义、语用三分法评价技术信息论，得出了相似的结论。他指出："仅就通信技术看，信息的内容、意义无关紧要……至于消息的语义和用途，不是通信技术考虑的问题，通信科学把这种信息称为语法信息。但如果走出通信技术范围，只考虑语法信息概念就不够了，还必须考虑信息的意义'内容'和价值。前者叫作语义信息，后者叫作语用信息。无论语义信息，还是语用信息，都有消除不确定性的作用……但语义信息和语用信息所消除的不确定性跟随机性关系不大，仅就随机不确定性来理解信息概念远远不够，必须加以扩大。"显然，超越经典信息论的技术主义信息观，是信息研究发展的必然选择，而这已成为学界的共识。然而，要真正超越却并非易事。语义信息论致力于语义内容研究，无疑是积极的发展。然而仔细审视会发现，语义信息论自身并未真正摆脱经典信息论的技术主义老路。欣蒂卡对早期语义信息论的认识无疑是准确的，而他的相关评价看来也应得到肯定。但从欣蒂卡（1970）的陈述来看，语义信息论关注的是语言表达式所能区别的不同选项（alternatives）。按照语义信息论，一个句子包含的选项越多，在逻辑上就有更大概率；相反，句子容许的选项越少，它留下的被限制的可能性就更为狭窄，因而也具有更多信息（informative）。同样，麦凯出身物理学学术背景，其语义信息理论也未彻底摆脱技术主义的局限。

语义信息论的局限并非没有原因，这主要表现在三个方面。首先，语义信息论产生于科学哲学，由科学哲学家和逻辑学家提出。我们知道，科学哲学关注的不是纯粹的信息问题，而是科学假设和陈述证实的逻辑问题，特别是归纳方法的逻辑问题。其次，语义信息论所说的信息量仍在概率意义上界定，因而并未超越经典信息论的形式信息。最后，语义信息论所谓的语义内容大多按真值语义来理解，远非人类语言信息交流的意义内容。因此，语义信息论虽然致力于研究信息内容，但并未从根本上摆脱形式主义的局限。前面我们提到，现代计算机是信息的技术形态，而计算机系统按 0、1 二进制设计建构，其逻辑原理是真值语义学的真假二值逻辑。显然，无论在观念还是设计上，现代信息研究和实践大都在技术主义轨道上发展。建立面向人类信息活动本体的信息学科，技术主义信息之路无法走通，而转向人类自然语言才是必由之路。

转向语言是回归人类信息活动自然本体的第一步，而要建构科学的语言信息理论，我们还要选择合适的语言学理论形态。经典信息论对语言有其自身的理解，但从专业语言学角度看，这些语言观具有明显局限性，最多只能算一家之言。如前所述，现代语言学流派纷呈，而每种流派就有其独特的语言观念。在很大程度上，现代语言学的发展就是语言观念的演化。就思想文化背景而言，现代语言学理论大多源自西方，其演化同样可在技术主义与人文主义的对立中来概括。在技术主义的传统中，语言被视为形式化符号系统，如同数学公式一样，可以进行逻辑刻画和推演，因而具有强烈的形式主义色彩。而放在人文主义的传统中看，语言在人类信息活动中产生演化，在人类信息活动的具体完整性中自然形成，是人类信息活动的自然本体形态。显然，形式化逻辑是抽象和技术化处理的产物，无法真正反映人类信息活动的自然本体形态。在这个意义上，转向语言就是回归自然语言的具体完整形态，而这是真正认识和把握人类信息活动的必然选择。纵观现代语言学的整体发展，技术主义在早期语言研究中位居主流，之后人文主义逐渐占据上风。为了弄清思想源流，我们话分两头，首先陈述语言哲学传统，然后述说语言学核心领域的发展。现代分析哲学可以说是语言技术主义的主要哲学源头。分析哲学的产生始于数学基础问题研究，但这一传统代表的"语言转向"使哲学与语言结缘，语言自此成为哲学的核心问题。有趣的是，"语言转向"出于哲学目的，但之后的发展成为所谓自然语言"缺陷"的再发现。为了克服自然语言的"缺陷"，哲学家们走上了技术主义的道路，试图人工建立一种精确完美的形式化语言，用来取代自然语言。显然，哲学的技术主义实质上就是形式主义。然而，形式化的逻辑语言毕竟靠人工技术建构而成。无论多么精确完美，它都无法完全取代自然语言。哲学选择了形式主义道路，但这条路走到极端必然走向反面，结果日常语言哲学随后兴起。在日常语言哲学家看来，自然语言用于哲学和科学也许不够精确和完美，但自然语言有自然语言的用场。自然语言的价值和意义是在具体完整的语言信息交流活动中实现的，因而有其不同于形式化逻辑的逻辑。日常语言哲学家中，维特根斯坦（Wittgenstein），斯特劳森（Strawson），奥斯汀（Austin），格赖斯（Grice）在这一方面各有贡献。其中，奥斯汀和格赖斯分别建立了具体的理论模式，并为语言学语用学所普遍接受。奥斯汀的最大贡献是言语行为理论（speech act theory）。他明确表示要研究"完整言语环境中所作的完整言语行为"（Austin，1962：148）。毫无疑问，奥斯汀的言语行为论最为人称道之处就是行为句的提出。在奥斯汀看来，语言本质上是行为，语言不是用来说事，而是用来做事的。行为不能论真论假，行为只有合适性，因而要按合适条件（felicity conditions）来刻画，而合适条件概括的就是语言的具体完整性。格赖斯的理论称为"会话逻辑"（conversational logic），主要在 1975 发表的 Logic and Conversation（《逻辑与会话》）一文中得到完整阐述。在这篇文章的开头，格赖斯就明确区分了形式派与非形式派（formalist group vs. informalist group）。形式派在哲学上属于分析哲学家，他们出于哲学科学目的和考虑，认为自然语言不够完美（imperfection），致力于建构一种基于形式手段（formal devices）的理想化语言，其中的语句具有确定的真值。而在非形式主义者看来，自然语言除了用于科学外，还用于很多目的，一种非简化（unsimplified）也不够系统的形式手段对应的自然语言逻辑（natural counterparts of the formal devices）应占有一席之地。就研究对象而言，格赖斯的"会话逻辑"明确把信息（information/informative）和"信息交流"（communication）作为主要对象和范畴，是本书研究构思的出发点。格赖斯的做法为后来者斯博伯和威尔逊（1986/1995）所继承和发展，并上升到人类信息交流和语言本质层面。（吕公礼，2005）在 *Relevance：Communication and Cognition*（《关联：交流与认知》）一书中，斯博伯和威尔逊（1986/1995）展现了更为开阔的视域。斯博伯和威尔逊（1986/1995：2）关于"信息交流"区分了两种理论模式：信码模式（the code model）和推理模式（the inferential model）。斯博伯和威尔逊（1986/1995：2－3）认为，上至符号学传统，下至索绪尔结构主义语言学，特别是乔姆斯基转换生成语法，都属于信码模式，而格赖斯开辟了语用学推理模式的先河。这里特别值得强调的是，斯博伯和威尔逊关于"communication"（"信息交流"）的评述也把通信信息论纳入其中。在讨论信码模式时，斯博伯和威尔逊（1986/1995：3－5）就论及莫尔斯电码、特别是香农和韦弗（1949）的通信信息论，把它们视为信码模式的主要理论范例。斯博伯和威尔逊（1986/1995）关联理论的信息取向值得肯定，然而该理论关注的更多是人际交流中的理解和推理问题，并试图用单一的"关联原则"来概括。这种概括放弃了格赖斯的理论中的具体准则和范畴，语言信息的诸多具体规定性也失去了应有的地位，更不用说对其进行充分理论概括和刻画了。

　　鉴于上述原因，我们（吕公礼，1999；2000；2007）对格赖斯的理论进行了系统梳理，提出了重构的理论模式。毫无疑问，重构的模式把人类语言信息交流作为基本研究对象，并在重构的语境范畴中把握其具体完整性。在整体把握的同时，我们确立了信息的具体构成和展开机制，包括信息"形式—内容"双极构造，信息内容关联、质性、量性三种基本规定性及它们的优先展开原理。我们提出重构模式，实际上是对格赖斯理论代表的非技术主义取向的发展。在我们看来，这种取向有三个独特优势。首先，形式化逻辑以真值语义为基础建构，真实性成为信息的唯一规定性。在重构的模式中，除了形式外，信息内容还在关联、质性、量性方面得到规定，显然要比技术主义的信息更为完整。其次，经典信息论研究的是信息的物质形式特征，信息内容的缺失是其最大先天不足。在重构的模式中，信息是形式与内容的统一体。我们曾经指出，经典信息论界定的不是信息自身，而是信息形式（即信号）的数量。在重构的模式中，我们提出了完全基于语言信息内容的信息量理论。在我们看来，人类信息交流归根结底追求的是信息内容，而信息内容数量才是信息研究真正要关注的信息量。最后，在真值语义逻辑形式中，真值为真才是逻辑的根本，而假是没有地位的。在重构的模式中，信息的规定性分为无标记和有标记形态，而真实性呈现真实与非真实二元形态。这种二元形态把背离真实性的信息形态纳入其中，人类信息交流真实性的多样形态因此得到全面概括和解释。

实际上，在语言学核心领域，现代语言学也经历了从形式主义向非形式主义的转变，而转变的实质就是"语言的具体完整性"追求。（吕公礼，2011）在莱考夫和约翰逊（1999）看来，现代语言学的形式主义传统可以追溯到笛卡尔的身心二元论，而乔姆斯基无疑是这一传统的主要继承者。乔姆斯基信奉笛卡尔理性主义心智观，从人类心智共性解释语言的形式主义本质。在理论形态上，形式主义语言观以高度抽象和理想化为追求，而经典集合论为基础的二值逻辑系统是其基本技术工具。形式主义的理论选择必然忽略人类语言信息交流的具体完整性。之后，功能主义和认知语言学兴起，语言学回归"语言具体完整性"追求。（吕公礼，2011）在某种意义上，认知语言学代表语言研究对"语言具体完整性"的全方位追求。在哲学上，莱考夫和约翰逊（1999）主张摒弃影响西方思想几千年的理性主义哲学传统，回归人类身体经验和大脑神经结构，从中探寻心智和语言的源头。抱着这样的哲学观念，认知语言学家也摒弃了乔姆斯基代表的形式主义语言学。可以说，回归"语言具体完整性"是包括认知语法和构式语法等理论的共同理论追求和发展轨迹。在理论形态上，认知语言学也摒弃了经典集合论的二值范畴观，转而倡导类典型范畴观，语言的渐变性和多样形态得到更好概括。按照莱考夫和约翰逊（1999：75–77）的理解，认知科学分为第一代和第二代。乔姆斯基语言学理论代表的是第一代认知科学，而认知语言学属于第二代认知科学。认知就是信息加工，这是认知科学关于认知的最基本观念。我们之前也提到，认知科学也围绕信息问题产生和发展。在此意义上，认知语言学乃至语言学整体与信息科学实际上存在深厚的渊源关系。综合起来看，语用学的基本研究对象是人类主体间的信息交流，而认知语言学研究人类主体与环境世界的信息认知和变换过程。这样，语用学的认知取向和认知语言学就成为本书研究确立的语言学理论起点，这样的语言学理论选择无疑有助于建立更为完整的信息范式。这种范式覆盖了从世界到认知再到主体间的完整信息过程。

第二节　经典信息论的技术主义本质及局限性

我们之前的考察表明（吕公礼，2007），信息不是信息时代才有的全新范畴，而是发源于西方古典思想传统，又经历人类思想历史全部沿流，在不断冲刷和沉淀中形成的。既然信息思想不是无源之水，那么信息范畴注定要从人类认识的沿流中涌现出来，从朴素的前科学观念上升为科学范畴。毫无疑问，经典信息论之独特贡献就在于，它为信息观念的涌现提供了机遇，信息从此进入了科学范畴行列，而经典信息论也成为信息研究的基本范式。在库恩（Kuhn，1996）的科学革命理论中，范式就是范例和模式，它包含着科学的典型问题，观察和赋予问题结构的方式、科学研究结果的解释方式、科学实验的进行方式等。既然是范例和模式，自然为科学共同体所普遍接受，暗含着一套默认的科学设定，成为科学共同体钦羡的摹本。回顾信息理论和实践的发展过程，经典信息论的确发挥了范式的作用，其影响深刻而久远，在包括语言信息在内的广阔领域持续至今。比特在当今信息技术和信息文化领域的广泛流行就是例证。上面提到，比特原本是信息度量的标准单位，现在却成为信息时代的文化符号。范式在特定科学背景中产生，范式的局限也会随着科学的发展暴露出来。站在 21 世纪的科学文化高度看，经典信息论有其先天局限性，因而也日益成为信息研究的桎梏。为了认识这些局限并有所超越，我们首先重回经典信息论产生的原点，追溯和澄清科学信息的本来含义。

首先，我们需要重提的就是香农通信信息论产生的具体学科背景。

我们知道，香农是美国贝尔实验室的通信科学家，而通信科学原本属于纯粹的技术科学。特殊的技术科学背景意味着，香农的通信信息论有其特定的对象、性质、方法和理论形态。该理论也的确如此，它以信号的编码、传输容量、传输的有效性和可靠性为动因和研究对象。为了认识香农通信信息论的研究对象，我们不妨重回香农的信息通信模型。我们参照香农和韦弗（1949）和 *Stanford Encyclopedia of Philosophy*（《斯坦福哲学百科辞典》）把该通信模型重绘如图 2 - 1。

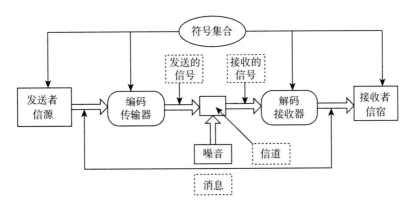

图 2 - 1　信息通信模型

以上模式展示了通信的基本要素和过程。我们看到，通信是信息从信源到信宿的传递过程。信息从信源发出，编码后经信道传递，然后经解码为信宿所接收。信息传递的预先条件是信息发送者和接收者共有相同的符号集合，信息在传输过程中也会受到噪音干扰。这里需要特别强调的是，通信信息论不是科普知识。在真正的学术讨论中，上面的模式远远不够充分。正如香农（1948）发表的那篇经典论文标题所示，通信信息论要建立"通信的数学理论"（A Mathematical Theory of Communication）。这个理论研究的基本问题是信道（channel）（如电话、电报的线路）传输信息的最大容量（maximum capacity），主要涉及消息（message）编码方式、噪音及信息的容量三个要素之间的关系。显然，作为一种数学模型，其基本任务就是对信道容量进行严格的数学刻画。因此，通信信息论并非研究信息是什么，而是信息如何度量，即信息量问题。信息度量以概率为数学基础，而热力学中的熵（entropy）概念提供了一种现成数学表达。这个数学表达就是哈特莱（Hartley）提出的公式：

$$H = - \sum p\,(i)\,\log_2 p\,(i)$$

香农沿用了哈特莱的公式（Ritchie，1991），用以刻画某元素集合的随机程度。其中，H为从1到N的符号，而p（i）是典型消息中第i个符号出现的概率。上述数学刻画与维纳的刻画总体上是一致，构成了我们称之为经典信息论信息范式的理论形态。这种理论范式成为之后信息论发展的基础，在此基础上形成了一般信息论及其应用研究。不言而喻，这个范式和后续的具体研究内容大都以繁复的数学形式呈现。然而，我们在此关注的不是其数学刻画，而是这种刻画背后的信息观念和概念依据。举例来说，从A到Z为英语字母表元素构成的集合，在某容器中的原子可实现的运动（位置和速度）构成的热力学状态集合的元素。上面公式中H的意义在于，集合元素的数目越大，H的值也越大。这样，对于给定的元素数，若每一元素出现的概率相等（平均概率），那么H的值最大。由于元素出现的顺序由系统的组织和结构（即有序性）（如英语的拼写规则）制约，H因此被视为无序性的度量。一个系统的有序程度越高，H的值就越小。我们由此得知，经典信息论范式中的信息实际上是系统的有序程度。至于系统的有序程度为何要用"熵"（entropy）来表示，就涉及概念依据了。我们从相关论述得到的答案是，系统有序度与热力学中"熵"的意义是一致的，"熵"的数学表达自然成为有序性程度（即信息量）的代名词。式中的底数2指元素数为二元（binary）的源信码，H表达的是二元数字（binary digits）的数目，这种数目即所谓比特数。

以上是对经典信息论的正本清源，而经典信息论的扩展和应用如何，特别是如何用于语言信息问题，才是我们在此要重点探讨的。纵观语言学和信息研究的思想传统，语言和信息实际上历来相生相伴。我们之前指出，语言的确是香农通信信息论的重要问题，而控制论的创始人和信息论的另一先驱维纳的相关论述则最为直接鲜明。维纳

（1954）出版的 *The Human Use of Human Beings*（《人有人的用处》）和他（Wiener, 1961）出版的 *Cybernetics, or Control and Communication in Animal and the Machine*（《控制论或动物和机器中的控制》）两部著作，用了不少篇幅论述语言问题，其中有两章专门论述语言通信问题。维纳（1954：74）在论及通信与语言的关系时指出："自然而然，没有一种通信理论能够回避语言的讨论。事实上，从某种意义上来说，语言就是通信自身的别称，也是用以描述通信借以发生的编码的名称（Naturally, no theory of communication can avoid the discussion of language. Language, in fact, is in one sense another name for communication itself, as well as a word used to describe the codes through which communication takes place）。"按英文本义解释，通信"communication"就是信息传递（transmission of information）。如果说之前的信息思想过于朴素，那么经典信息论的诞生则标志着科学信息论的诞生，经典信息论信息界定和刻画为核心的信息模式也因此成为后续信息研究的理论范式。也许由于范式的惯性效应，经典信息论多被直接应用于语言研究。在狭义层面上，经典信息论在语言领域的扩展与应用主要表现在语言信号的数学刻画。所谓语言信号并非语言传递的意义内容，而是语言信息的形式，即语音和文字。在语音层面，信息量研究就是把语言声音信号数字化。按照马大猷（1987）的论述，所谓数字化简单讲就是把语音信号的波形用脉码表示。假设信号的频率为 F，延续时间是 T，那么在信号波形上等距离地取 2FT 个样点，就可代表该波形，知道样点的值就可以算出整个波形。运用采样定理，连续的语音模拟波形就可用间隔时间 $\tau = 1/2F$ 的 2FT 个样值（幅值）数列代表。每个样点上的样值可量化为 n 的大小，这时就用通道容量公式 $C = \log_2 n / \tau$. 代表信息量。在文字层面上，字母的信息量是香农（1948）本人关注的重要问题。字母信息量按照其在每一时刻的函数值的概率分布来刻画。具体来说，根据前面的字母成分预测下一个字母出现的随机试验的不定度，就得到字母的信息量。随着（马尔科夫）链重数的增大，试验的不定度越来越小。（参见 Shannon, 1948；冯志伟, 1985）随机试验不定度的大小就是信息量的大小，也就是"熵"的取值。在接收到语言符号之前，语言符号数目和出现概率不同，"熵"的取值也有不同；在接收到语言符号之后，不定度被消除，"熵"等于零。根据经典信息论的界定，信息量等于被消除的"熵"。因此，只要测出了语言符号的"熵"，也就获得了该语言符号系统所包含的信息量。

在更为广义的层面上，信息论也曾在语言学中掀起过不小研究热潮。颇为遗憾的是，经典信息论依然多被视为理论范式，借以观察和认识语言系统本身的结构系统。这方面的研究者不乏哈里斯（Harris）和雅各布森（Jacobson）这样的语言学大家。哈里斯是美国结构主义语言学家，雅各布森也是影响深远的语言学家。前者是美国结构主义的主要人物之一，也是乔姆斯基的老师，而后者对乔姆斯基语言学也有较大影响。哈里斯（1988）从信息容量的角度阐释语言信息，而雅各布森（1990）曾用通信信息论来阐释语言使用的基本组成要素。雅各布森分别用冗余特征（redundancy features）、信码—信息单位（code-message）、编码者—解码者（encoder-decoder）及编码—解码（encoding-decoding）来阐释语境变体（contextual variations），语言—言语（langue-parole）、发话人—受话人（addresser-addressee）、言语产生—理解（production-comprehension）。应用性扩展也好，概念性阐释也罢，在科学研究中都是常有的做法。真正的问题在于，这些扩展和阐释并非立足于语言与信息的内在联系，它们大多是某种比喻和类比性引申。里奇（Ritchie, 1991：9）对此有精辟概括。他指出，信息传播研究中流行的一个基本隐喻是："信号传递是信息传递（Signal transmission is communication）。"这样的表达实际上包含一个等式，而等式两边成分调转过来就有，"信息传递是信号传递"（Communication is signal transmission），从而把一种隐喻性转换变成一种没有争议的理论延伸。实际上，"熵"原本是热力学范畴，而经典信息论把"熵"引入信息刻画，实际是热力学向信息刻画的一种隐喻性转换。现在，语言学家借助相似的等价关系，把信号传递向语言信息传递进行隐喻性转换，显然也无可厚非。而问题在于，经典信息论对于信息的界定原本先天不足，这种不足也延伸到语言的通信信息论研究，进而成为后天的缺陷。经过以上正本清源，我们现在对此有了更清晰的认识。语言信息研究从前科学向科学阶段的发展，经典信息论产生了重大的影响，其贡献有目共睹。然而，经典信息论产生于技术和工程背景中，而技术主义的局限性今天来看尤为明显。概括起来说，语言的信息论研究有三个方面的缺陷。第一，经典信息论其实并没有解决信息是什么的问题。经典信息论所界定的只是信号的信息量，而不是信息本身。信息量是信息量，是信息的定量化，信息量不等于信息。关于这一局限麦凯（1967：56-57）的相关论述可谓切中要害：通信信息论的问题在于，它"把信息概念与信息内容混淆—把物体与物体的度量混淆了"（a confusion of the concept of information with that of information-content—the confusion of a thing with the measure of a thing）。他甚至明确指出，"通信工程师根本没有提出信息概念"（Communication engineers have not developed a concept of information at all）。我们不妨对此进行更为通俗的解释：正如我们不能把苹果的数量等同于苹果本身，或者把房子的大小等同于房子本身一样，经典信息论把信息量等同于信息并没有解决信息问题。那么信息究竟是什么？这一问题其实在信息论中被回避了。信息形式等同于信息内容，对象的量性特征等同于对象本身，可以说是经典信息论在语言信息研究方面的最大理论误区。第二，经典信息论究竟研究什么，我们只需看看香农（1948）发表的那部经典论文的标题，就已知其大略了。这部经典论文题为"通信的数学理论"（A *Mathematical Theory of Communication*）清楚地表明，通信信息论是通信的数学研究。文中具体的数学刻画也表明，香农界定信息的数学基础是概率统计。我们知道，维纳同样在概率统计意义上界定和刻画。在此意义上的信息理论也因此被称为统计信息论（statistical information theory）。我们在上文的讨论表明，概率统计是一种数值方法，只能刻画语言信号物质形态的数值特征，解决的是语音和文字的统计特征及信号传输问题。换言之，经典信息论的影响虽然延伸到语言信息，但实际上只涉及语音和文字信号，而语音和文字形式传递的语义信息内容完全被忽略了。从前述语言符号构成来看，经典信息论只触及语言符号的形式，而与语言符号的语义内容没有任何关联。我们在前面提到，关于这一点，香农（1948）自己有明确限定和说明，而信息论的另一位先驱韦弗（1948：8）也曾明确提醒道："在该理论（通信信息论）中，信息一词是在特殊意义上使用的，不应与日常用法混为一谈，尤其不应与意义混为一谈。"令人遗憾的是，这个关键的提醒完全淹没在之后的信息研究和信息技术发展大潮之中。第三，我们回到香农通信信息论的通信模型，对该模型与语言研究的关联、特别是与语言交流的根本差异进行分析。在某种意义上，该模型是对通信信息论的最直观展现，而圈外人也多从该模型认识香农通信信息论。也许由于这个原因，这个模型也为语言学家所普遍认可和引用。前面提到的语言学大家哈里斯（1988）和雅各布森是早期的例子。在 20 世纪末产生的关联理论（Sperber & Wilson，1986/1995）则直面语言信息交流，而香农通信信息论模型再次被提及，并与其他语言学理论模式一并概括为所谓"信码模式"（the code model）。（Sperber & Wilson，1986/1995：2）在通信工程中，这样的模型可极大简化研究对象，并以直观和简洁的方式呈现出来。在科学研究中，理论模型的跨学科延伸本身也无可厚非。然而，原本是工程领域的模型，扩展到语言学这样的人文学科领域，弄清延伸对象的特征尤为重要。也许，在当时的科学文化氛围中，香农通信信息论模型为语言学家所青睐，也属正常学术现象。不过，在今天的科学文化背景中看，这个模型究竟在多大程度上适用于语言信息交流，却是需要重新思考的重要问题。其实，关于语言信息交流，语言学传统并非没有自身的模型。早在 20 世纪初，索绪尔就已经建立了一个基本言语模型。为讨论方便，我们把索绪尔的模型重新加以引述（见图 2 - 2）。

我们从这个模型看到，言语过程至少包含两个基本部分：说话人 A 和说话人 B。言语过程是这样展开的：A 大脑中有某种思想，这个思想转换为说话的发音动作，发音动作产生声波，声波传到说话人 B 的耳朵，声波经过听觉转换为神经信号，传递到大脑中枢，B 理解了 A

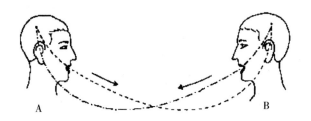

图2－2　索绪尔的语言模型 (Saussure, 1983 [1922]: 11)

的思想。该模型中的两个箭头表明,上面的过程也可从 B 到 A 展开,以双向过程实现。索绪尔的语言模型与香农的通信模型加以比较,我们会发现不少差异,也会认识到通信信息论的根本局限。正如图 2－2 所示,言语是一种双向过程,同一说话人可以是信源,也可以是信宿。我们看到,香农通信模型刻画的是一种单向过程,显然无法覆盖语言信息交流的全部。更为关键的差异在于,在言语过程中,信源和信宿是具有主观意图的人类主体。语言信息交流始于一主体的思想,期间经过心理、神经、生理、物理等多重复杂变换,止于另一主体的思想。实际上,信息论的另一先驱维纳的相关论述的确体现了更为广阔的信息背景。维纳 (1954) 在 *The Human Use of Human Beings* (《人有人的用处》) 一书的第一章有这样的论述:"这本书的大部分讨论涉及个体内部和个体之间的通信。人浸没在自身感知器官感知到的世界中。人接收到的信息经过大脑和神经系统的协调,之后经过适当的存储、配置、筛选,出现在效应器官,总的来说出现在肌肉中。这些效应器官作用于外部世界,同时也通过接收器官反作用于中枢神经系统。接收器官包括运动末梢,而运动器官接收的信息与已经储存的信息结合,影响未来的行动。"[1] 从图 2－4 可以看到,香农的通信信息论模型专注于信号特征,其实只相当语声信号在空气中的传播,覆盖的只限于语言信息交流的物理层面,而上述其他多重复杂因素则被完全忽略。香农的通信模型用于语言信息交流,其局限性就显而易见了。

---

① Wiener, N., *The Human Use of Human Beings*, Eyre and Spottiswood, 1954, p. 17.

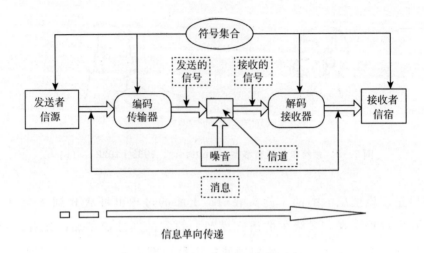

图 2-3 通信信息论模型

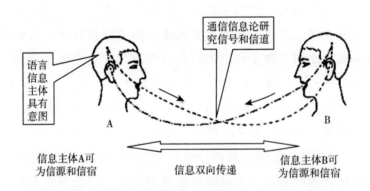

图 2-4 通信信息论与索绪尔语言模型的比较和定位

　　最后再回到索绪尔的语言模型，并对上述结论进行系统概括。我们曾经论证指出，索绪尔以语言学的界定为己任，而他最感困惑的恰恰是言语涉及的复杂因素和过程。（吕公礼，2011）索绪尔（Saussure，1983 [1922]：9）的困惑就在于，言语活动的完整状态具有很多不同的和性质复杂的方面，语言现象总是同时包含着物理、生理、个体、社会、系统及演化等多个方面，它们相互补充、相互决定，形成了多种难以截然分开的二重关系。显然，任何信息模型要成功延伸到语言，就要面对语言活动的具体完整状态，而这在香农通信论模型中是根本无法实现的。实际上,如图 2-5 所示,人类信息活动还包括认知世界获取信息的过程,这同样也是香农通信论模型难以概括和解释的。综合起来看,经典信息论用于语言信息具有先天不足,而这些不足归根结底源于其科学技术背景,也与当时更大的技术主义思想环境不无关系。

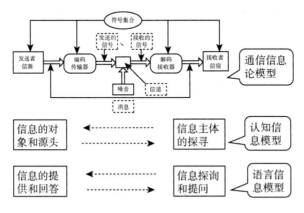

图 2-5 通信、认知、语言信息模型比较

第三节 语义信息论:走出哲学科学活动

经典信息论与意义无关,自然也与语言的意义内容无关。这一点香农(1948)早有说明,而韦弗(1948)也有提醒。然而,20 世纪前期,人类社会的信息化初现蓬勃之势,而经典信息论的诞生恰逢其时,为其提供了科学范式。之后,经典信息论日益成为显学,加之计算机和现代通信技术所展现的美好信息技术前景,创立者虽早有说明和提醒,却难免淹没在之后的信息革命浪潮之中。科学新范式和范畴诞生之初,跟风甚至狂热是难免的,结果往往会掀起巨大和持久的思想学术浪潮,但风平浪静之后总会出现反思。对于语言符号形式背后的语义内容,任何信息研究都不可能永远视而不见。经典信息论之后,卡尔纳普(1948)和巴希勒 & 卡尔纳普(1953)提出了语义信息论,在某种意义上是对语言语义信息内容缺失的反思和发展。实际上,语义信息观念并非始于卡尔纳普和巴希勒。早在 20 世纪 30 年代,语义信

息观念就已经在波普尔的科学哲学中萌芽了。卡尔纳普和巴希勒的贡献在于，语义信息观念因他们的努力成为理论体系。之后，麦凯（1969）也探索建立覆盖意义的信息理论，以欣蒂卡为代表的芬兰逻辑学家继承了前人的语义信息观念和理论，使语义信息论得到进一步深入研究和完善。欣蒂卡（1970：3）认为，"语义信息论产生的一个根本动因在于，通信信息论所依托的统计信息对'最重要意义上的信息'研究没有多大作为，甚至可以说没有多少联系"。什么是"最重要意义上的信息"呢？欣蒂卡的解释很明确，"最重要意义上的信息"就是"有意义的句子和其他类似符号组合对能够理解这些句子和组合的人所传递的任何（内容）"。显然，欣蒂卡的解释包含了人类语言信息交流的核心要素，而他所说的"最重要意义上的信息"显然是自然语言传递的信息，也与我们在本书中所说的语言信息基本吻合。

　　然而，语义信息论研究"最重要意义上的信息"，究竟取得多少进展，我们只要稍稍了解一下其产生的具体思想背景和技术细节，就不难找到答案。我们知道，语义信息观念最早源于波普尔（Popper，1934）的科学哲学论述。波普尔是科学哲学家，他最关注的自然不是纯粹的语义问题，而是科学理论（假说）的归纳和证实（confirmation）的逻辑问题。这是语义信息观念产生的主要思想背景。波普尔（1934：334）首先认识到，科学命题的语义内容与逻辑概率之间存在反比关系，这种关系是不定性与概率之间普遍抽象关系的应用。卡尔纳普（1948）、巴希勒和卡尔纳普（1953）的语义信息研究与波普尔的语义信息观念一脉相承，他们研究的核心问题都是归纳逻辑的概率模式，也就是概率归纳逻辑或概率逻辑。归纳逻辑的概率模式贯穿于语义信息论发展的全部过程。在语义信息论研究方面，欣蒂卡（1970）也有自己的观念和阐释。他认为，语义信息论关注的是语言表达式所能区别的不同的选择（alternative）。一个句子包含的选择项的多少，与逻辑概率性成正比。

　　语义信息论试图超越语言形式层面，切入形式背后的语义信息内容，但在信息内容方面进步非常有限，显然远未超越经典信息论的局限。现在谈论超越自然是后话,因为这意味着,我们设想研究者超越他们成长的思想背景,而这往往违背研究者的成长规律。语义信息论者当时所处的思想背景是科学哲学,而语言信息内容显然不是科学哲学的核心问题。科学哲学真正关注的是科学理论,特别是证据对假设的确证度问题。由于确证度用逻辑概率来刻画,逻辑概率意义上的信息继承经典信息论观念,显然并不为奇。在当时的学术文化中,数理逻辑和概率逻辑备受推崇,可谓占支配地位的理论工具。而从学术背景看,卡尔纳普和巴希勒均出身哲学和逻辑学传统,他们的思想和研究不能不受这种传统的影响。我们知道,分析哲学和逻辑实证主义是当时的主流哲学形态,而数理逻辑和概率逻辑便是这一时代发展的产物。如前所述,为了克服自然语言的所谓缺陷,分析哲学家试图建立高度形式化的人工符号系统。从本质上看,形式化系统以忽略符号意义内容为前提,对自然语言语义内容而言,这显然是重大缺陷。哲学的"语言转向"催生了形式逻辑系统,并试图用它改造甚至取代自然语言,但之后日常语言哲学兴起,宣告改造和取代难以成功。哲学的曲折发展表明,语义信息论要实现"最重要意义上的信息"的刻画,同样难以成功。综上所述,语义信息论源于波普尔,后经卡尔纳普、巴希勒及欣蒂卡的工作,已发展成为复杂的理论形态,在技术层面上似已达到完善。然而,站在今天的高度来审视,在语义信息论繁复的技术体系背后,有一个无法忽视的基本事实:语义信息论毕竟在科学哲学或逻辑学背景中产生和发展,带有明显的科学哲学和逻辑学动因,因而也继承了这些学科固有的局限性。从根本上说,语义信息论的语义信息并不等于自然语言的语义信息,也与欣蒂卡所认定的最"最重要意义上的信息"相去甚远。在理论工具方面,语义信息量继承了概率论传统,因而与经典信息论并没有实质区别。概率信息量的严重缺陷之后逐渐显露出来。例如,按照语义信息论,语义信息量与命题的可能性呈反比关系,遵循反比原则(Inverse Relationship Principle),即一命题 p 的可能性越小,它的语义信息量越大。由于重言式的概率为 1,因而没有传递任何信息,反比关系对重言式的解释是合理的。然而，逻辑矛盾式（logical contradiction）刻画的是不可能状态，其概率为 0。按照反比关系，逻辑矛盾式的语义信息量应该最高。由于语义信息以真值为基础，自相矛盾的语句真值因其信息量过高反而变为假。这就是所谓"巴尔－希勒尔－卡尔纳普悖论"（Bar-Hillel-Carnap Paradox）（*Stanford Encyclopedia of Philosophy*）。显然，语义信息论在概率逻辑意义上界定信息，陷入反直觉的困境是难以避免的。

实际上，英国物理学家和信息学家麦凯（1969）曾出版 *Information, Mechanism and Meaning*（《信息、机制和意义》）一书，对香农和韦弗为代表的信息理论进行了全面评述，并试图建立一种包含意义的信息理论。按照麦凯（1969）的解释，他的主要研究动因是"关注人类大脑中表征并在人类主体间相互交流的信息，而不是基础命题逻辑模式中界定的信息（preoccupation with information as represented and utilized in the brain and exchanged between human beings, rather than as formalized in logical pattern of elementary propositions）"。在经典信息论之外，信息研究究竟何去何从，麦凯和欣蒂卡的追求显然颇有相通之处，只是因其学术思想背景所限，他们都缺少真正的语言学思维，其信息界定并未走出多远。此外，20 世纪 80 年代由 Barwise 首创的情景语义学同样与语义信息有关。情景语义学的产生背景是真值条件语义学模型论的局限性，但有明确的信息研究动因，被称为"体现'信息'精神的意义理论"（邹崇理，2002：190）。这种"信息"取向在后继研究中得到了进一步继承和发展（Israel，1989；Israel & Perry，1990，1991；Devlin，1991）。在其 *Logic and Information*（《逻辑与信息》）一书的开篇部分，德夫琳（Devlin，1991）明确提出要建立一种"信息科学"（a science of information），并用了较大的篇幅阐述该科学的信息背景和本质。德夫琳对于情景语义学的发展有两方面值得肯定。其一，Barwise 认为传统逻辑语义学的形式化取向具有局限性，而德夫琳秉承了这一认识，主张从经验基础开始来界定信息，然后建立适当的数学模型。其二，德夫琳对通信信息论技术主义倾向的认识应该说是清醒的，他主张以认知主体（cognitive agents）间的"信息流动"（information flow) 为基本研究对象。然而，仔细考察表明，情景语义学同样具有很大的局限性。德夫琳声称他并不能认同香农通信信息论，要建立"信息的数学理论或模式"（a mathematical theory/model of information）。但稍稍比较就会发现，德夫琳的模型与香农所说的"通信的数学理论"（A Mathematical Theory of Communication）其实只有一字之差。这表明，情景语义学虽然致力于建立新的信息理论，本质上却并未摆脱经典信息论为代表的数学和技术主义范式。另外，情景语义学者也在认知意义上谈论信息。然而，从认知科学和语言学目前的认识来看，情景语义学构想的人类认知和信息流显然失之简单。综上所述，经典信息论源于工程技术问题，又以概率统计为工具，仅仅适于信号传递的数学刻画。之后出现的语义信息论试图超越经典信息论的局限，但毕竟诞生在科学活动背景中，对语言信息活动研究难有作为。情景语义学虽然确立了人类认知和信息流目标，却在理论工具和研究对象的认识上无法超越技术主义信息的局限。我们之前指出，人类信息活动包含两大维度：一是人类认知世界获取信息的过程，二是人类主体间的信息交流过程。显然，前者可以认知语言学为基本理论基础，而后者要在语用学中确立合理的理论模式。这里需要特别指出的是，语用学意义上的信息交流大多在人类主体间理解，而人类认知世界获取信息的过程在语用学中往往被遮蔽。因此，信息研究转向语言，首先意味着走出语用学的遮蔽。

第四节 走出语用信息遮蔽：语言信息传递的两大维度

语用学研究语言主体间的信息交流，因而是人类信息交流研究的合理理论选择。然而，重新思考主体间信息交流，我们会发现，有一些重要假设之前被明显忽略。主体间性意味着，至少存在两个交流主体。放在香农通信模型中来看，两个主体必有一个为信源，另一个为信宿。但在主体间语言信息交流中，信源与信宿都是角色，在信息交流中不断动态变换。如果主体 A 为信源，那么主体 B 就是信宿；如果 B 为信源，那么 A 则成为信宿。进一步考察我们又会发现，主体间信息交流用信源与信宿间的信息传递来概括，还有一些重要特征被掩盖了。例如，看到树桩，我们便与树桩构成了信息关系，树桩是信源，而我们成为信宿。然而，正如图 2-4 所示，人类主体是有意图的信息传递者，而树桩不会有意识地传递信息，因而与人类主体信源并没有可比性。显然，一边是人类主体间的信息交流，一边是人与树桩间的信息传递，两种信息过程进行类比，无异于把人等同于树桩。显而易见，这与我们开始确立的目标相去甚远。建构真正面向人类信息交流的语言信息交流理论，这是我们开始抱定基本目标。进一步的思考表明，主体间信息交流还有一个假定：主体传递信息意味着主体拥有信息。这一假定包含的另一个意味是，主体拥有的信息源自何处，似乎是无须探究的，而这显然有违常识。拥有信息意味着，主体曾经接收到信息，主体因而曾经是信宿，从而引出相应的信源。

这些问题实际上在信息论诞生之初就已存在。香农的通信论模式原本就只是针对通信本身建立，其局限性显而易见，而维纳的信息观更值得重点探究。维纳（1961：132）指出："信息是我们与外部世界交换的内容，而交换发生在我们适应外部世界并且使适应作用于外部世界的过程中（Information is a name for the content of what is exchanged with the outer world as we adjust to it, and make our adjustment felt upon it）。"这一界定预设两个系统：我们与外部世界。我们无疑是信息主体，是信息获取者或信宿，而外部世界是信源。但此处的信源究竟是其他人类主体，还是纯粹的物质世界，维纳的界定中并无现成答案可寻。如果是前者，维纳的界定便与语用信息观的主体间交流契合。如果是后者，维纳的界定则设定了另一信息过程：我们从外部世界获取信息。在此过程中，外部世界是信源，而我们是信宿。显然，纯粹的物理世界并无主观意图，不能主动向人类传递信息。仍以我们与树桩间的信息过程为例，我们把树桩视为信源，但树桩能把人类主体视为信宿，并把信息传递给人类主体吗？答案无疑是否定的。因此，我们可以得出以下结论：外部世界是信源，但不是信息的发送者，是人类主体认知外部世界，从中获取信息。

　　此处提及这些问题可谓旧话重提。实际上，在靠近更为传统的信息研究中，主体与外部世界的信息关系历来就是重要问题。维纳（1961）的信息界定对此早有提及，而之后的情景语义学也有明确论述。德夫林（1991）主张以"认知主体"（cognitive agents）间的"信息流"（information flow）为信息理论的研究对象，而在情景语义学的立论部分德夫林却有不同阐释。他指出，认知主体的生存之道在于，主体能够从世界获取信息，并依据相关信息行动。情景语义学的目的就是以现实情景为信息原型和起点建构信息理论。情景该如何理解，主体与树桩（tree stump）就是德夫林所举事例。其中的信息过程是：主体根据年轮与树木生长间的关系，获取树木年龄信息。在信源与信宿问题上，情景语义学多有模糊之处，但明确提出主体与环境间的信息关系，并在认知意义上理解信息，显然要比维纳的信息界定更值得肯定。

　　在这一方面，斯博伯和威尔逊的关联理论也有独特贡献。斯博伯和威尔逊曾开宗明义地表示要建立一种人类信息交流的新理论，而人类如何相互交流是该理论要解决的核心问题。显然，人类主体间信息交流内含另一基本假设：主体间具有相互知识（mutual knowledge）和共有信息（shared information）。这一假设通俗讲就是，主体相互了解并拥有相同信息。斯博伯和威尔逊当然对此持有异议。在批判这一假设过程中，斯博伯和威尔逊提出了一个之前被忽略的问题：人类信息交流主体与环境间的信息关系。斯博伯和威尔逊提出这一问题，目的是要回应互有和共有可能引发的一个疑问：主体间相互知晓并共有信息，而共有信息又源自何处呢？相互知晓并共有信息是否意味着，主体完全相互了解和共有相同信息？果真如此，主体间交流岂不成为多余？斯博伯和威尔逊（1986/1995：38）因此指出："人类全体生存于同一物质世界，我们一生致力于从这个共同环境获取信息，建构尽可能好的表征。"这显然是斯博伯和威尔逊对共有信息源头的解释。但斯博伯和威尔逊（1986/1995：39）又强调说，人类主体间是有差异的，"其总体'认知环境'（cognitive environment）是'物质环境'与'认知能力'的函数"。所谓函数就是函变之数。如果"物质环境"是常量，那么函数中的因变量就是个体"认知能力"。给定相同的"物质环境"，个体"认知能力"不同，形成的"认知环境"也各异。其实，个体的"物理环境"也未必是相同的，因而也是变数。这样，语言交流主体间的相互知晓和信息共有就大有疑问了。不过，斯博伯和威尔逊的研究对于本书的意义更多还在于，其讨论凸显了主体与环境之间的信息关系。综合以上讨论，语言信息交流的完整形态可用图2-6概括。

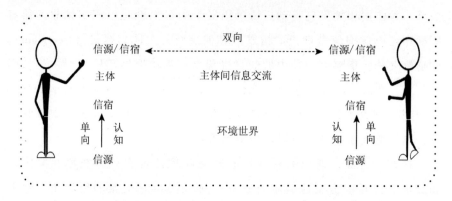

图2-6　主体与世界的信息关系和主体间的信息关系

　　情景语义学和关联理论的信息思想综合起来，我们得出以下结论：主体间的信息交流对任何信息理论都是核心问题，但主体与环境之间的信息关系也是建构完整语言信息交流理论不可或缺的部分。在早期信息研究中，主体与环境间的信息关系多被视为不证自明，而这个关系恰恰是信息论的先驱维纳（1961）信息界定的核心。之后的研究者提出了多种信息定义，如米勒（1980）的"信息是物质—能量模式"，杨（1987）的"质量—能量形式流动"，邬焜（2005）的"信息是标志间接性存在的哲学范畴，它是物质（直接存在）存在方式和状态的自身显示"，大都以物质—能量为信息内容。显然，物质—能量作为信息对象恰好是与信息主体对应的物质环境。经典信息论诞生以来的半个多世纪里，无数研究者探索信息问题，但多数都试图直接面向信息本身来界定信息。其中一个被长期忽视的根本问题是，信息是如何进入主体的心智，进而成为主体间交流的内容的？这无疑是信息研究遗留的最大空白，而这一空白又是任何信息理论都无法回避的。下一章我们将从认知角度探索语言信息的建构，而建构的根本动因就是填补上述空白。

　　理论空白的形成自然与现有研究的局限有关，但上述讨论已经表明，主体与环境间的信息过程与主体间的信息交流有很大不同。在主体间信息交流中，主体作为信源具有主观意图，而物质环境并不具备主观意图。主体与环境间的信息过程是人类主体从物质环境获取信息的过程，而这从本质上看就是主体认知世界的过程。在心理和神经层面上，主体认知世界是通过其认知系统（感知、知觉、注意、运动、中心加工等）实现的。确定了这一认识，我们的问题就变为认知本身的信息本质了。斯博伯和威尔逊（1986/1995：38）说，"我们终生致力于从环境获取信息，建立尽可能好的表征"。这一概括无疑支持了我们的结论，但我们是如何获取信息的，斯博伯和威尔逊没有做出任何解释。唯一值得肯定的就是"表征"了，但"表征"的讨论又会重新陷入传统哲学认识论的困境。在这一传统中，我们认知世界就是获得关于世界的表征，至于表征如何形成，便成了没有答案的难题。显然，走出语用学范式之困境，仍远远不能解决语言信息活动问题。要确立真正完整科学的语言信息理论，在现有理论基础上的建构是必然理论和方法论选择。

第三章

建构语言信息新范式

第一节 语言信息建构:从世界到语言

人类主体间进行信息交流,目的是传递和获取信息。也许因为如此,我们常常要区分信息传递与获取。然而,传递与获取其实是两个既有区别又相互关联的过程。获取信息就具备了传递的条件,而传递需要首先获取和拥有信息。因此,获取信息仍然是基本问题。在人类信息活动高度发展的今天,获取信息的渠道越来越多。然而,从根本上来看,生存是人类的基本活动,而生存活动离不开物质环境。这种环境要是简单罗列的话,可谓包罗万象、无限多样。然而,无论环境的具体形态有多么复杂多样,都可在"物质—能量—信息"的统一性中概括。在这种统一性中看,生存活动可归结为主体与环境的物质能量信息的交换过程。显然,信息交换首先是主体获取环境信息的过程。沿着信息的历时演化链条追本溯源,信息的源头又在于物质环境世界,这是信息演化的本质特征。在我们看来,信息原本就内含在"物质—能量—信息"的统一性之中。随着生命的产生,主体客体关系也随之产生并逐渐虚化。在主客体关系的虚化中,信息从"物质—能量—信息"的统一性中分化出来。信息分化和演化的过程,也是信息系统产生和演化的过程。所谓信息系统首先是系统,而系统因信息产生,系统也以信息获取、储存、加工和传递为根本功能。仍以我们在第一章提到的视觉为例，视觉系统因感知外界信息产生，视觉系统自然以信息获取和加工为根本功能。对人类主体而言，物质世界是其基本生存环境，因而也是主体最基本的信息来源。人类主体获取世界信息，然后经过认知变换为语言形式，实现了从世界到语言的变换。因此，世界到语言是基本路径，而认知又是通向语言信息建构的必经之路。

　　不过，这样的思路实际上具有诸多前提条件。一方面，我们需要假设主体在建构语言信息之前不拥有语言，主体的建构从零开始。另一方面，我们假设存在外在环境世界，它完全独立于人类信息认知，主体可由此开始走向认知再走向语言。世界是否独立于主体认知存在，我们会在涉身性部分来回答。仅看第一个假设，我们会发现太过简单。语言研究早已表明，语言从无到有经历了漫长演化过程。因此，第一个假设实际上涉及历时演化问题。我们前面的讨论表明，历时演化视角总会面临完整演化链条的重构，而这几乎是不可能的。在生物学家海克尔（Haeckel，1874）看来，生物个体发育史是系统发育史简单而迅速的重演（Ontogenesis is a brief and rapid recapitulation of phylogenesis）。面对人类漫长历时演化进程，探寻人类、动物和更低生命形态的诞生和演化，试图从中发现人类如何认知世界信息，然后建构相应的语言形态，我们首先面临的是一种几乎无法看到尽头的时间隧道。重演说引人入胜之处就在于，我们至少有机会从人类个体短暂成长来窥探时间隧道尽头的初始状况。不过，重演说也许颇有说服力，而一旦放眼人类现存共时世界，我们看到的情形却远比设想的复杂得多。人类个体出生之时，并非没有任何信息感知能力，更不是进入了信息真空。相反，人类个体生来就有信息感知系统，个体来到的已是高度发达的信息世界。在这个意义上，从世界到语言来认识建构语言信息，无疑是一种方法论设定和抽象规定。不过，在进一步说明抽象规定性之前，让我们先就语言与世界的关系稍作概括和建构。为此，我们确立以下理论模型（见图3-1）。

　　提到语言与世界的关系，我们会想到哲学、认知科学、心智科学、语言学等众多学科领域。语言与世界的关系的确是人类思想中探索最

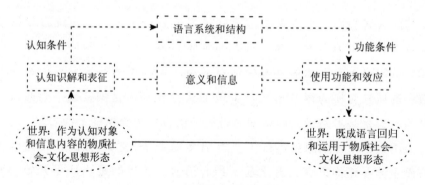

图 3-1　语言与世界的关系

为持久的问题，从中衍生出大量的概念和术语，如意义、范畴、命题、真值、信息等，也产生了无尽的概念缠绕。我们在此建立模型，主要目的是想简化相关的概念缠绕。从上图展示的模型可以看出，语言信息建构有两个视角：世界到语言视角和语言到世界视角。前一个视角中，世界经过主体认知，变换为语言结构形态；后一个视角中，语言结构用于认知到的世界的表现。两种视角包含不同的假设：前者假设先有世界的认知，后有语言结构形态，后者假定先有语言结构形态，之后回归指向世界。这两种视角对语言意味着什么呢？在我们看来，两种视角的根本启示在于，语言结构系统在两种变换的约束中形成，这也解释了语言系统和结构的形成动因。两种视角包含两种动因：认知识解动因和语用功能动因。在上述背景下确立两个视角，目的是为语言信息的建构确立两种理论依据。前者涉及信息的认知，后者涉及信息的传递，它们分别以认知语言学和语用学为理论基础和起点。

　　确立了语言与世界的两种视角和理论起点，我们再回到现有的研究传统。我们之前指出，人类语言信息活动是具体完整过程，是历时演化与共时状态的统一。任何理论建构首先要对具体完整性加以分析，从特定视角的抽象规定性开始。其中，对历时共时统一性加以分析，可以抽象出特定方面，作为观察和研究的起点。语言与世界对应，无疑是出于方法论考虑，忽略历时演化所作的必要抽象。纵观哲学（特别是语言哲学）和认知科学（特别是认知语言学）研究历史，上述抽象规定历来都是研究的基本出发点。在哲学、语义学和语言学中，世界到语言的关系实际上是传统语义学问题，指称说（the referential theory）便是这个传统中最为流行的理论。指称和表征一样是一种关系，关系的一端是语言，另一端是世界。语言指向世界就是指称，语言表达式的意义就是它的指称对象。后来，两位英国学者奥格登和理查兹（Odgen & Richards，1923）在其名著 *The Meaning of Meaning*（《意义的意义》）中对此提出质疑。按照他们的观点，语言并非直接指称世界，而是以概念为中介。这一观念他们用语义三角形（semantic triangle）（见 Odgen & Richards，1923：11）表示，这里以语词"桌子"为例绘制图 3 – 2。

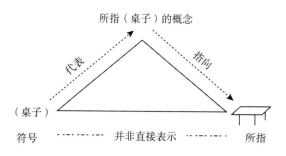

所指（桌子）的概念

代表

指向

（桌子）

符号　-------　并非直接表示　-------　所指

图 3 – 2　语义三角形例示

语义三角形不同于指称说，它在语言与世界之间架起了概念之桥。但这个概念之桥也引出了一个新问题：概念与世界又如何相连？这实际上又回到了表征问题，而这一问题历经长期曲折的探索，迄今未有令人满意的答案。20 世纪后半叶，认知语言学兴起，为人们超越表征难题，探究认知的信息本质，带来了新的契机和希望。为了简化讨论，我们沿用认知语言学的思路，从认知科学演化的概括来展开探索。莱考夫和约翰逊是奠定认知语言学哲学基础的代表人物。按照莱考夫和约翰逊（1999）的观念，认知科学的核心问题是心智和语言。心智和语言源自何处、如何形成，认知科学经历了从第一代到第二代的探索和发展。在莱考夫和约翰逊（1999：75 – 77）的概括中，第一代认知科学诞生于 20 世纪 50—60 年代，其代表性理论和学科有符号计算、早期人工智能、信息加工心理学和形式化逻辑等，而乔姆斯基的生成语言学是第一代认知科学的典型语言学理论形态。从莱考夫和约翰逊（1999）的论述来看，认知科学从第一代向第二代发展，本质是心智观念的重大转变。这一转变的动因不在哲学本身，而在于包括语言学在内的认知科学的大量新发现。这些发现从根本上动摇了西方哲学延续两千多年的客观主义心智观。客观主义心智观在英美分析哲学中发展到了极致。分析哲学的一个核心假设是：存在独立于认知主体的纯粹客观外部世界，真理就是主观表征与客观世界的符合，经典真理符合论的本质就在于此。真理符合论者认为，陈述的真假在客观意义上确定，无须考虑主体认识，而按其与世界如何直接映照决定。陈述的意义就是它的真值，真值语义学在很大程度上从真理符合论衍生而来。分析哲学的上述假设与其先驱弗雷格等人的观念一脉相承，而哲学观念的差异归根结底源自人的观念的差异。弗雷格构想的人是这样的，他的语言与外部世界相合（whose language can fit the external world），而其心智、大脑或身体并不发挥重要作用。

就思想渊源而论，第一代认知科学继承的是西方理性主义思想，其根本标志是笛卡尔的身心二元分离论。在二元论中，语言是心智属性，语言与世界的直接映照便从身心二元中衍生而来。直接映照内含的基本假设是：存在一个无须认知主体参与建构的纯粹客观世界。20世纪后半叶以来，语言学、人类学、心理学、认知科学、数学等学科领域获得大量科学发现，对上述假设提出了挑战。篇幅所限，我们仍以认知语言学的发现来做说明。考虑以下陈述："天空是蓝色的。"按照符合论和映照说，我们可以确定某种纯粹客观事态，来与这个陈述映照。但仔细审视我们意识到，天空在纯粹客观意义上理解并非易事，至少没有石头和树木那样实在。汉语"天空"中的"空"已足以说明问题。"天空"既然是空的，就很难设想其存在。既然不存在，我们何以将其视为对象，作为话题（主语）加以陈述呢？考察蓝色我们会遇到更多问题。天空缺少足够的实在性，蓝色作为天空的属性又何以附着其上？实际上，颜色的例子确为莱考夫和约翰逊经常引用，而他们关于视觉颜色感知所作解释也颇有说服力（参见吕公礼，2010）。视觉神经结构和感知研究早已表明，颜色不是物象自身属性，而是物体反射光波与人类视网膜感光细胞相互作用的产物。这是技术性描述，而通俗来说就是，颜色其实只在观看过程中存在，不是看的对象而是看的结果。"太阳从东方升起"是另一我们习以为常的陈述。该陈述自身包含的一个设定是：太阳在运动（升起），而地球是不动的。这自然会使我们想到天文学历史上的地心说。但我们都知道，地心说早已为日心说所取代。在日心说中，运动的是地球，而不是太阳。最令我们感到困惑的是，人类已经进入21世纪，地球围绕太阳运动早已是科学事实，而我们的语言映照的却依然是为科学所证伪的地心说，不能不让我们对语言陈述的客观性有所反思。

为了更加深入认识语言的映照问题，我们回到语言的基本单位再做探讨。我们知道，语词是语言表达的基本构成单位。语词通常对应概念和范畴，如"鸟"、"游戏"、"窗户"、"吃饭"等，都被认为代表某种概念。我们在此最为关注的问题是：语词用于表达，是否真的直接映照现实世界的物象。例如，"鸟"这个词背后的范畴是否直接与现实中的动物一对一映照。常识告诉我们，现实中的鸟儿多种多样，一对一直接映照并非易事。按照罗施（Rosch，1973）的认知心理学研究，知更鸟最具鸟的特征，"鸟"与其直接映照最合适。比较而言，"鸟"与鸵鸟和企鹅直接映照就很困难。游戏是什么？是棋盘类游戏、纸牌游戏，还是球类比赛？在日常交流中，这些活动我们似乎都用游戏来指称，就在于我们认为它们具有共性，因而隶属于同一范畴。既然同属一个范畴，它们就是游戏这个范畴映照的物象。然而，在维特根斯坦看来，这些活动之间并无所谓共性，只有一种家族相似性。既然这些活动之间并无共性，我们又如何用游戏这个范畴来直接映照和指称呢？再来看看我们每日不可缺少的吃饭吧！在我们的语言和概念中，吃就是吃，"吃"的确是一个词和一个范畴。问题在于，"吃馒头"、"吃面条"、"吃米饭"、"吃西餐"用的是同一个词，可我们都知道这些情景中的"吃"其实并不相同。既然如此，我们又如何用一个范畴去映照呢？这跟"窗户"的用法颇有相似之处。我们说"安窗户"、"擦窗户"、"从窗户逃出",我们的确用的是同一个词"窗户",但我们也知道每一用法中的"窗户"都不一样。既然如此,"窗户"这个词用来映照的物象究竟是什么呢?最后再看看空间词类和范畴。英语的表达式"in the room"(在屋子里)和"in the universe"(在宇宙中)映照的空间差别巨大,而我们为何能用同一空间词"in"来陈述呢?语词"in"背后的范畴映照的究竟是什么客观物象呢?

与语词相比,语句无疑是更完整的信息编码和传递单位。我们说"书放在桌子上"、"车停在楼前","我们住在房子里",总以为只要事实如此,这些陈述就映照了现实。然而,在纯粹物理意义上,"桌子在书底下"、"楼在车后面"和"房子围在我们外面"表征的也是客观事实。我们又凭什么认为,只有第一类陈述映照的是客观现实呢?其实,这两种陈述的主要差异在于其中的空间关系:上下、前后和里外。从表面上看,两种陈述表现为顺序变化,本质却在于主体对物象的感知方式。上下、前后和里外大都以主体为参照确立,离开感知主体就无所谓上下、前后和里外。除了空间关系外,语言映照现实还有连续度选择。"张三打破了窗户玻璃"和"我们从北京飞到纽约"是否客观映照现实,在很大程度上是连续度的选择问题。首先,"打破"包含起因"打"和结果"破",这似乎达到现实的完整映照。然而,进一步考察我们会意识到,"打破"其实对现实作了不少取舍。在纯客观意义上,打破实际上是一个连续过程,包含主体肢体(如手)、肢体与工具(如石头)结合、结合体运动、工具离开肢体、触碰玻璃等。玻璃受到撞击破碎也是一个连续过程。这种连续画面在高速摄影中得以呈现,而这类慢镜头常用于体育比赛评判,以达到更好的分辨和判定效果。显然,"打"并不是边界清晰的动作,之前还有准备动作,中间也有过渡状态。这样,"张三打破了窗户玻璃"实际上是对现实连续过程的高度离散化。同样,"我们从北京飞到纽约"对应的现实也是连续过程,而且是更久的连续过程。一方面,两座城市作为起点和终点已忽略了具体起降点的大量信息;另一方面,北京到纽约的航程由无数中间状态组成,"飞到"对这些中间状态略而不述,显然是对现实过程的高度离散化和简化。

以上所述多为直陈（literal）表达，还有一定客观性可谈。自然语言中大量的表达是非直陈性的（non-literal），其中并无多少客观性可谈。我们说"丹青"，映照的并非"红色"和"青色"，而"丹心"中的"丹"离颜色更远。我们说"读过莎士比亚"，其实我们读的是他的作品。同样的道理，"小鸟依人"中的"鸟"压根就不能理解为"鸟"这类小动物，"游戏人生"可不是玩跳棋那样的活动，"语言为心灵的窗户"中的"窗户"自然不是屋里的窗户，"吃苦"中的"吃"也不能在进食活动意义上理解。前面提到的英语表达"in the room"和"in the u-niverse"只是空间范围的差异，而"in love"和"in trouble"已经不是空间概念了。同样，"上级下级"、"能上能下"、"人前人后"、"思前想后"、"前年后年"等中的空间范畴很难说映照了现实物理空间。最后再看几个语句陈述。在"他的话给了我信心"中，"信心"显然不能像面包一样给人。在"他的话打破了沉默"中，沉默可不像玻璃那样能够打破。显然，非直陈表达很难找到可直接映照的现实对象。在认知语言学中，非直陈表达有些属于转喻（如"丹青"），更多属于隐喻。莱考夫和约翰逊（1980；1999）表明，转喻和隐喻大量存在于语言各个层面。他们甚至认为，语言从根本上说就是隐喻性的。

非直陈表达从本质上说就是，语言范畴和结构与现实之间不存在直接映照关系。这与符号三角形模式倒有相通之处，只是符号三角理论并没有解决概念与现实之间的关系。在这个意义上，认知语言学为代表的第二代认知科学产生，显然有其内在必然性。在第二代认知科学家看来，语言和心智与现实之间并非一对一直接映照，而是主体认知参与和建构的过程。这种参与和建构就是认知语言学所说的识解（construal），而何为识解，认知语言学中没有严格的界定，需要在此略作解释。在直陈表达中，识解是对现实多样性的典型化（如鸟、蓝色、游戏、窗户、吃饭等），识解是对现实三维空间的二维化（如上下、前后、里外）和一维化（语言线性表达），识解也是对现实动态连续过程的离散化（如"打破""飞到"等）或认知语言学所说的视窗化

（windowing）（Ungere & Schmid，1996：218）。非直陈表达是间接方式
实现的识解。在这里，识解是同域相邻性变换（转喻）或相异领域相
似性变换（隐喻）。认知识解归根结底是人的基本特征决定的，而人的
基本特征概括为图 3 - 3。

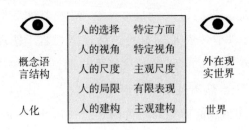

图 3 - 3　人的认知识解——认知和语言中的世界

从理论上来概括，主体认知识解决定了第一代与第二代认知科学
的分野。这种分野在莱考夫和约翰逊（1999）的"涉身性"（embodi-
ment）中得到最好解释。确立主体认知参与和建构，实际上就说明了
第一代认知科学的局限性：它无法解释心智源自何处如何形成。在哲
学意义上，第一代认知科学继承的是西方理性主义身心二元论，莱考
夫和约翰逊称其为非涉身心智（disembodied mind）。第二代认知科学
认为，心智和语言结构源自低等动物也具有的神经结构和感知运动系
统。身体和心智在此统一起来，莱考夫和约翰逊因此称为涉身心智
（embodied mind）。"涉身性"可以说是第二代认知科学的立论之本，
也是我们建构主体与环境信息关系的根本环节。

第二节　语言信息的认知语言学建构

前面的讨论表明，人类主体与环境的信息关系归根结底是语言与
世界的关系，而语言与世界的关系不是非涉身的直接映照，而是涉身
心智的主体识解。"涉身性"是世界通向语言的基本界面，也是认识主
体与环境信息关系的根本假设。为此，我们曾对"涉身性"进行了系
统的探索和界定，这里我们略作陈述（吕公礼，2010；吕公礼、布占

廷，2016）。语言的"涉身性"已成为认知语言学和认知科学的共识，但要找到较为合理的界定并非易事。"涉身性"粗略概括并不困难，但细究起来却涉及多个方面，也有不少概念缠绕。在通俗意义上，涉身就是涉及身体经验（bodily experience），而身体经验的核心是身体。因此，以身体为切入点探索"涉身性"，无疑是最为自然的选择。所以，我们不妨首先以身体为界，分内向和外向来探索"涉身性"。内向就是向内观察身体，从身体的物质构成和功能来探索。毫无疑问，身体首先是物质和生理存在，而莱考夫和约翰逊（1999）出版的名著冠以 *Philosophy in the Flesh* 之名（《肉体中的哲学》），以此概括他们的哲学思想，原因就在于此。当然，身体之为身体，更在于它是神经连接而成的整体有机系统，因此才有"涉身性"的神经基质（neural substrate）说。然而，神经科学早已表明，神经基质并不限于大脑皮质，而是低级（感知—运动和情感）与高级（大脑皮质和思维），以及外围与中枢神经系统形成的整体网络。从进化角度看，感知—运动系统最先形成，大脑是之后形成的神经高度集中的部分，这一点我们在第一章已有详述。因此，大脑并不代表神经系统的整体。正是由于演化上的优先性，感知—运动系统在"涉身性"假设中被赋予更多认知优先性。这种优先性在个体认知发展中不断被重演着，也固化为大脑的共时神经结构。（Carter，1998：16 - 17）"涉身性"常用感知—运动来界定（Lakoff & Johnson，1999：77），更为专业的根据就在于此。

然而，涉身不只是感知—运动系统与大脑皮质的内在神经结构连接，"涉身性"也不止于"肌肤肉体边界"（fleshy boundary of the skin）（Johnson，2008，见 Oliveira & Bittencourt），而且向外延伸至身体存在的环境。常识告诉我们，身体经验在与环境的互动中展开。离开这种互动，身体和身体经验是不可想象的。从人的产生、演化和生存来看，人与环境的互动和统一是不言自明的。有机体产生于环境，人类身体、大脑都由环境塑造演化而成。物质世界是普遍联系的，宽泛的"涉身性"倒是符合这一哲学原理。问题在于，如果一切都是涉身的，"涉身性"存在的特殊理由何在呢？因此，以身体的物质构成为基础，以内外划分界定"涉身性"并非可行之路。例如，心智是内在还是外在的，就无法在该划分中找到答案。心智按常识内在于身体，但心智（包括心、心理、意识、感情等）在隐喻中并不被看作源域，而是更多被视为目标域。心智概念大都用隐喻表达，隐喻是智能理论的基础，这是斯滕伯格（Sternberg）对 20 世纪心智理论数十年探索得出的基本结论。（Sternberg，1990：3）

　　"涉身性"的复杂性还在于，它不只涉及身体的神经基质，而且涉及心智和思维，而后者才是"涉身性"假设要解释的根本对象。心智和思维可视为神经基质的涌现特征，也可从以下事实引申而来：身体是物质和功能的统一，不存在没有功能的身体和感知—运动系统。感知系统（视觉和听觉等）的基本功能是获取和表征信息，运动系统的功能是信息基础上的能量传递。身体通过功能实现与世界的连接和互动，而互动本质上是物质、能量和信息交换。同样，中枢神经系统和大脑皮质有其物质构造，也有接收、传递、处理和加工信息的功能，所谓认知、思维、意识其实都是功能形态。没有信息处理和认知思维功能的大脑很难称其为真正的大脑。在此意义上，"涉身性"既有身体神经基质的硬线（hard-wired）结构，也有心智和思维形式的软线（soft-wired）结构，两种结构相互对应形成镜像，体现了物质能量与信息的对应律。（吕公礼，2007：27）

　　心智以大脑皮质为基础，大脑皮质通过感知运动神经与身体经验相通，身体经验又通过感知运动系统与物质、社会和文化环境相耦合，通向无限的非身体经验领域。无论身体还是非身体经验，都在时间和空间中存在和展开，时空中的经验又需通过感知—运动系统上传到大脑皮质，变换为概念和心智形态。显然，所谓身体经验实际上是感知运动系统、运动过程、认知活动及相关事物在时空中的具体完整展开过程。无论从何切入和说起，上述过程都会回归起点。在更高层面上看，"涉身性"以身体为核心，而身体经验实质上是物质、能量和信息的统一体。任何单一层面、视角、功能都是抽象规定，都有局限和误区。要走出"涉身性"悖论，我们必须另辟蹊径，从一元转向二元来认识和把握。所谓二元方法，就是不仅在"涉身性"自身，而且从涉身与非涉身的二元对立中来界定和把握"涉身性"。约翰逊（Johnson，2008）指出，"涉身性"总与非涉身性相对而立（Oliveira & Bittencourt，2008：22），强调的便是二元方法。实际上，概念隐喻以源域与目标域立论，就是对经验的二元划分。所谓源域即以身体经验为源头的领域，而相对的目标域为非身体经验领域。如果说语言建构在隐喻之上，那么语言不仅是涉身的，而且也是非涉身的。"涉身性"涉及人的身体经验，而身体经验是人产生、生存和演化的具体完整性，是多维多层交叉的复杂系统，首先需要进行二元参量抽象，然后在多种二元参量的综合中来把握。语言学和相邻学科为此提供了大量证据支持。

第三节　语言信息原型的"涉身性"界定

"涉身性"是认知语言学的立论之本，而"涉身性"的根本意义在于，心智和语言的源头从中确立，而"涉身性"也为认识语言信息原型找到新路。心智和语言在"涉身性"中形成了原型（archetype/prototype），然后扩展形成无限复杂多样的非原型形态。"涉身性"包含以下基本二元参量。

1. 人类与非人类

涉身就是涉及人的身体经验，因此人是经验的中心，由此引出人类与非人类的二元划分。人类中心具有多重意义：在人类感知的时空坐标系中，人是自然原点和中心。人类的关切、需求、尺度、认知、视角及识解由此衍生而来。离开人类原点和中心，便无所谓彼此、远近、高低、大小、快慢、上下、前后等种种划分。它们以人类为中心参照，按照人类身体的独特构造、人在物理空间中的存在、运动方式及人的独特认知系统而确立。人是"涉身性"的总源头，超越人类身体经验，便进入非涉身领域。人类中心在现代语言学中有不少共识。功能语言学的小句主语以人类为首选，形成选择等级：第一人称＞第二人称＞第三人称（人类）＞高等动物＞其他有机物＞无机物＞抽象

物。(Siewierska, 1991：6)

　　语法化关于源概念也建立了一种等级：人 > 物 > 过程 > 空间 > 时间 > 性质（Heine, Claudi & Hünnemeyer, 1991）。显然，人类排在这个等级的首位。人是认知的原点，人类认知自然由此获得定位，定位的认知（grounded cognition）由此产生。(Barsalou, 2010）人也是言语事件的中心，语言单位借此获得时间和现实性定位（grounding）(Langacker, 2008：259）。语境在很大程度上研究的就是言语事件的定位问题。识解是认知语言学的基本原理，而识解究竟如何形成，需要加以探索和解释。在我们看来，识解由人的关切、人的构造、人的认知、人的视角、人的尺度和人的局限决定。语言的基本线性展开、层面组织、单位结构都是识解的产物。人非全视和全知，识解是必然选择，而人识解的世界必是单向、片面、简化、非对称和不完整的。

　　2. 物质与非物质

　　"涉身性"以人的身体为核心，而人的存在和活动首先是物质能量过程，人与环境的互动首先是物理空间中身体及事体的物质能量（交换）过程。在此意义上，涉身的就是物质的，与此对应的则是非涉身经验，包括心理、心智、意识、思想等精神状态，也包括艺术审美、科学观念、社会文化等价值形态。物质与非物质的划分有不少语言学证据。范畴层面中的基本层面（basic level）是物质层面，而上层则为抽象非物质层面。在其认知语法中，兰盖克（Langacker, 1992：13 - 14）曾提出"台球模型"，用以确立语句原型。显然，台球之间的运动是物质能量的传递，"台球模型"显然在物质（物质实体和能量传递）意义上界定，与此对应的是标准事件，而超越标准事件的则属非物质范围。无独有偶，塔尔米（Talmy, 2000）提出了"力的动态系统"（force dynamics），用以刻画语句背后的事件运动。力的动态系统顾名思义是以力为基础确立，而力通俗说是物体之间的作用，因而是物质运动属性。与物质运动系统相对应，则存在非物质动力系统，塔尔米称之为虚拟运动（fictive movement）。不过，身体经验的存在和展开只是"涉身性"的出发点，物质与非物质划分具有更为重要的意义：它要解释人类认知神经硬线结构与认知思维软线结构间的镜像关系。显然，后者的典型形态就是概念隐喻。人以意象图式认知经验，但意象图式本身又是身体经验中形成的认知形态。因此，物质与非物质的划分更多揭示了人类心智神经物质结构与认知思维结构间的镜像关系。

3. 空间与非空间

物质在时间空间中存在，物质运动在时间空间中发生。本体意义上的空间历来就是物质空间，物质与空间不可分割。在康德的哲学传统中，空间是普遍的原初认知形式，是"直觉的先验形式"（priori form of intuition），制约着我们所有的经验（见 Hickmann & Robert，2006：1，另见康德，1990［1781］：24）。关于时空与物质的不可分割性，列宁（1995：137）曾有精辟概括："世界上除了运动着的物质，什么也没有，而运动着的物质只有在空间和时间之内才能运动。"毫无疑问，人的身体、身体经验及相关物质环境都在空间（和时间）中存在和展开。空间是"涉身性"的本体特征，认知和语言的"涉身性"因而也常被引申为空间思维或视觉思维。莱考夫和约翰逊（1999：30）说，"空间关系处在概念系统的核心部分"。在概念隐喻中，源域向目标域映射的是意象图式，而意象图式具有内在空间结构（Gärdenfors，1997），是物象在认知中形成的（TR 和 LM 的）空间关系。在物质与非物质对举中，范畴基本层面、"台球模型"和"力的动态系统"为物质形态，而这些形态归根结底在物理空间中存在和展现。早期，兰盖克称其认知语法为空间语法（Langacker，1987：VI）。近期，兰盖克（2008：77）总结了语言中的不对称性，其中空间/视觉与其他经验领域形成对立。在此意义上，"涉身性"涉及的就是物理空间经验，而与此相对的非涉身经验就是非物理空间经验。也许由于空间对应存在的本体意义，人类思想文化的各个领域都充斥着空间概念，如心理空间、思维空间、想象空间、信息空间、系统空间、社会文化空间等。不过，在物质与非物质的对立中看，这些空间显然是非物质空间，是物理空间向非物理空间隐喻映射的产物。回到语言学的空间认识，空间在感知上并不突出，在语法化源概念等级中也非首位。尽管如此，时间和其他抽象概念需要用空间来理解（如汉语的<u>前</u>年、<u>上</u>级、思<u>前</u>想<u>后</u>等）。近期，兹莱特福（Zlatev，2006）提出了空间语义学，空间在语言构造中的核心地位愈加显现。语言在空间范畴上建构，语言又赋予空间以结构，塔尔米的观点最为鲜明，引发了认知科学、心理学、甚至地理学家（Shariff, et al. 1998）的广泛关注和深入研究。

4. 三维与非三维

空间是"涉身性"的基本特征，而维度又是空间的基本特征。一般来说，身体经验是人类感知运动直接对应的经验，这种经验在三维空间存在和发生。因此，三维空间是"涉身性"的基本特征，而非三维空间则为非涉身特征。非三维空间分为两种形态：低于三维（零维、一维、二维）和高于三维的（多维）空间。低于三维的空间往往是理想化和抽象化的结果（如点、线、面），而高于三维的空间为抽象符号（如数学）建构的复杂系统和模型。这里需要特别指出的是，认知和语言的"涉身性"常被合而论之，但在维度上有显著差异。现实世界是三维的，而语言按一维线性展开。三维世界通过人的认知变换为语言的一维编码。例如，事件参与者在认知中向"射体—地标"模式变换，实际上就是三维向一维的变换（Langacker，2008：113），塔尔米（2000：223）在讨论语言的拓扑性质时提到，语言的空间图式把物质实体抽象为点、线、面等几何形态。这种理想化和抽象化其实就是三维世界经过认知抽象为低维的拓扑变换过程。同样涉及维度变换的还有意象图式。按照概念隐喻理论，意象图式在源域中形成，归为三维空间更合"涉身性"理解。但如上文所述，意象图式并非物质空间实体本身，而是其认知抽象形态，是拓扑变换的产物。因此，意象图式大多低于三维。很多情况下意象图式还会从一维变换为零维，如路径图式变换为路径终点图式等。（Brugman & Lakoff，2006）

5. 基本与非基本

人的身体是物质和功能的统一。就功能来说，感知运动系统有其固有（没有工具延伸的）和基本的尺度（视觉、听觉及运动所及距离）、作用范围（光波和声波范围）、识辨率（中速、低速和高速）及离散度（分离或连接）感知。感知运动系统基本功能直接对应的是涉身经验，如中距和中观尺度、可见光和可辨波范围、可识辨运动速率及可辨离散度。超越基本功能范围则进入非涉身经验领域，如超视距、超听距、宇观宏观和微观，不可见光和超声波、高速和低速等领域。此外，感知系统对"内在"状态也有功能边界。例如，意识与潜意识和下意识的划分，就包含基本感知与非基本感知的划分，也是涉身与非涉身的划分。在民俗认知中，潜意识、思维、呼吸、心跳、细胞、自主神经、甚至大脑神经等活动大多被视为非基本的经验领域。

6. 具体与抽象

具体与抽象是这里需要特别提及的问题。两者虽为常用范畴，但究竟什么是具体，什么是抽象，真正界定起来没有想象的那么简单，需要多种层面和多种二元参量来综合理解。不过，认知语言学的范畴层面（levels of categorization）提供了重要理论起点。范畴层面理论区分三个层面：上层范畴、基本层面和次级层面，其中，基本层面被赋予更为重要的地位。在范畴层面中，基本层面是具体与抽象的基本参照，基本层面往上范畴趋向抽象，往下则趋向具体。基本层面既为基本参照，其具体性表现为最大信息效益、格式塔整体感知、肢体动作操弄、最早习得等（Ungerer & Schmid, 1996：66 - 69），而次级层面对象虽然更为具体，却因细节过多超出了最大信息效益阈限。这表明，具体与抽象确有重要信息意义。在三个范畴层面中，基本层面之基本恰恰在于，该层面是"涉身性"的起点（Lakoff & Johnson, 1999：28），而非基本层面就是非涉身的。

7. 现实与非现实

现实与非现实也是界定"涉身性"的重要参量，现实的为涉身的，非现实的为非涉身的。该参量涉及两个条件：一是人的感知运动系统基本功能确定的范围中的事物和事件；二是事物和事件在现时现场中的存在和展开。两个条件确定一个边界，边界之内为现实，边界之外为非现实。我们知道，文学创作历来就有真实与虚构的对立。按照语言的本质特征，语言具有"移位"（displacement）特征，语言借此超越现时现场（眼前）边界，表现异时异地的物象，把经验扩展到非现实领域。在认知语言学中，兰盖克（1991：242－243）在论述情态和小句定位（grounding）时，明确区分了现实（reality）与非现实（irreality）对举，用以解释情态、时态及指示等的认知背景和语法表现。兰盖克（1991：245）还指出，直接现实（immediate reality）是说话人确定自我中心的原点，其述谓可视为无标记选择。现实与非现实的选择在认知语法中的体现还包括虚指（fictive reference）和虚拟运动（fictive motion）。实际上，语言中存在虚拟语气、疑问、否定、条件及祈愿等大量广义语气现象，都是非现实性的语法表现形态。非现实（irrealis）是过去数十年类型学家关注的重要范畴，非现实语法手段形态可在非现实范畴中得到统一概括和解释。

8. 焦点与非焦点

人非全视和全知，人类认知把握世界，以人为中心获取世界信息。因此，世界信息的认知必然是选择性的，而选择是人类认知系统聚焦世界某个方面、某个视角、某个部分的过程。仍回到前面提到的"书放在桌子上"、"车停在楼前"，"我们住在房子里"。在纯粹物理意义上，"桌子在书底下"、"楼在车后面"和"房子围在我们外面"表征的也是客观事实。实际上，两种陈述都表征事实，但只有第一类陈述是我们更为倾向选择的形式。而两种选择的区别何在呢？区别显然在于聚焦不同，书本、车子在我们认知中更为突出，因而成为聚焦的对象，变换为语言形式时居于首位。再考察旅行过程的语言信息形态。在纯粹物理意义上，从中国飞往美国是由无数空间点组成的连续过程，而语言表达"我们乘飞机离开中国穿越太平洋到达美国"只选择表征起点（离开）、中点（穿越）、终点（到达）三点。对于现实连续过程，人类认知只打开三个窗户，认知语言学称为视窗（windowing）。（Ungerer & Schmid，1996：210）世界原本没有中心，而以人为中心认知世界，呈现的必然是某个方面、某个视角、某个部分的信息，因而也是有焦点的信息。认知语言学中的突出、视角、侧面、视窗等都是这一信息机制的具体表现形态。焦点信息必然是简单、抽象、有限的信息，而人类信息活动是趋向复杂、具体、无限、完整信息形态的过程，因而是去焦点化的信息过程。焦点源于涉身，而去焦点化就形成非涉身信息形态。

第四节　语言信息的主体间传递和语用重构

我们一开始就强调，理论以经验证据为基础，但理论也离不开建构。建构虽然主观却并非任意而为。在人文社会科学陈述中，同类事物和对象可用不同概念来概括，也常用多种不同语言形式表达。一些概念进入另一学科领域要做重新界定，也有一些概念不经界定就被拿来使用。这样就形成了一种常见的局面，诸多相似概念并存，其意义相互关联和缠绕。信息范畴也不例外，有很多相似的范畴与其相关。哲学中有认识、思维、心智、范畴、主观等，心理学中有意识、心灵、知觉、认知等，逻辑学有概念、意义、命题、推理等，语言学有意义、所指、概念，在日常陈述中有知识范畴等不一而足。争议在很大程度上源自概念缠绕，这在人文社会科学中并不鲜见。但我们始终相信，在表面缠绕和争议中，核心范畴在深层次演进，其轨迹和趋向却有必然性。科学研究以追求真理为宗旨，什么范畴离真理最近，就会在缠绕和争议中涌现和胜出，而信息就是这样涌现出来的范畴。

哲学本身的演进，特别是信息哲学的产生，已经充分说明了信息范畴涌现的必然性。我们在此对信息范畴进行语用学重构，无疑会发现更多的必然性，从而为建构更为贴近语言信息活动本体的理论做好准备。我们已经看到，语用学产生的背景复杂，其演进也颇为曲折。但我们要强调的是，无论背景多么复杂，演进多么曲折，信息终究要涌现出来，成为核心范畴。人类信息活动演化已进入信息时代，而诸多社会现实问题也随之出现。信息范畴从众多人们早已习以为常的范畴中涌现出来，其必然性就在于此。信息在语用学中如何形成和演进，我们首先在此略作回顾和阐释，然后对信息范畴进行必要的改进和建构。

实际上，语用在信息论中并非一个陌生的概念，在信息论诞生之初就有语用信息之说。但要真正认识和界定语用信息，就要首先弄清什么是语用，而这需要从语用学的产生和演化说起。对此我们（吕公礼，2007）曾有详细论述。为了叙述方便，这里略作回顾。按照粗略地理解，语用学产生的背景学科有语言哲学、符号学、逻辑学和语言学。语言哲学产生于哲学的"语言转向"。研究语言是语言学的本分，但哲学转向语言并非为语言而来，而是透过语言认识哲学问题，使哲学和科学陈述更为精确可靠。有趣的是，哲学家在语言分析中寻找哲学问题之道，却发现了语言的所谓"缺陷"。模糊性、歧义、含混等都是哲学家经常提到的"缺陷"。为了弥补自然语言的"缺陷"，哲学家们发展了一套据称没有"缺陷"的理想的人工逻辑语言，并试图把自然语言转译为这种人工语言。这方面的先驱是弗雷格和罗素，后来经塔尔斯基和卡尔纳普等人的努力，人工逻辑语言逐渐完善。然而，人工语言走向完善之时，哲学家却对自然语言产生了新的认识。于是，日常语言哲学兴起。这些被称为日常语言哲学家的认识到，人工语言代替自然语言既不可能，实际上也没有必要。自然语言用于科学陈述谈不上精确和完美，在日常交流中却足以用来传情达意，而且常常最为有效。自然语言也有逻辑，但它遵循的不是人工逻辑，而是自身的自然逻辑。常人说话确有逻辑，却不是用逻辑说话，即使违反逻辑也属正常。这类观念的代表人物有人们熟知的哲学家维特根斯坦。起初，维特根斯坦也深受逻辑语言的影响，但后期意识到使用对意义的重要性，提出"词义是其在语言中的使用"（the meaning of a word is its use in the language），这就是之后广为流传的"意义即使用"。(Meaning is use) (Wittgenstein, 2001［1953］: 43) 语用顾名思义就是语言的使用。维特根斯坦的这一观念常被视为语用学兴起的标志。不过，维特根斯坦表达的更多是一种哲学观念上的转变。真正算得上语用学理论创立者的主要是日常语言哲学家奥斯汀和格赖斯。前者建立了言语行为理论，后者建立了会话逻辑理论。

正如我们在本书开头所说，格赖斯的会话逻辑是本书的主要理论基础。因此，格赖斯自然是我们在此要详细阐释的语用学理论。主要原因在于，格赖斯会话逻辑以语言信息交流为对象，包含着语用信息的雏形。

格赖斯在阐释合作原则的内涵时指出："遵守合作原则和准则在以下意义上是理智的（reasonable/rational）：对于任何关切会话/交流之核心目标（如提供和接受信息、影响他人和被他人影响）的人，在给定环境下，人们必然期待他有兴趣参与话语交换（talk exchange）。而这种交换只有被认定符合合作原则和准则时才是有益的。"① 在这段阐释中，格赖斯把"会话"与"交流"并行列出，似乎表明"会话"和"交流"在他心目中是同义的，而且信息提供和接受也被他视为交流的核心目标。实际上，在格赖斯早期发表的文章中，他也曾不止一次地使用"信息交流"（communication）和"信息交流中的符号使用"（the use of sign in commu-nication）（Grice，1957）。可以说，这是信息在语用学意义传统中最初的显现。格赖斯对"交流"一词的使用应该说比较谨慎，甚至是无意识的。然而，在"会话逻辑"的后继者斯博伯和威尔逊（1986/1995）的关联理论中，"交流"范畴成了其基本理论目标，而信息也真正涌现为核心范畴。在关联论的奠基之作 Relevance：Communication and Cognition（《关联：交流与认知》）一书的前言中，斯博伯和威尔逊（1986/1995）开宗明义的表示，作者要呈现的是"人类信息交流研究的新方法"（a new approach to the study of human communication）。至此，信息真正从语言哲学传统中涌现出来，成为语用学的核心范畴。

　　然而，有一点我们需要意识到，维特根斯坦、奥斯汀、格赖斯后来被视为语用学的先驱，但语用学（pragmatics）的学科名称并非出自日常语言哲学家之手，而是源自美国符号学家莫里斯。因此，符号学是语用学的另一重要来源。当然，莫里斯成长在美国哲学文化中，因而深受美国实用主义哲学的影响。语用学（pragmatics）与实用主义（pragmatism）语源上相关，可能与莫里斯的哲学背景有关。语用学最直接的来源是莫里斯的符号三分说。莫里斯（1938：6-7）在其早期名著 Foundation of the Theory of Signs（《符号理论基础》）中把符号科学分为"语用学"（pragmatics）、"语义学"（semantics）和"句法学"（syntactic）三部分，

---

① Grice, H. P., "Logic and Conversation", in P. Grice（ed.），*Studies in the Way of Words*, Harvard University Press，1989，p. 30.

它们分别研究"符号与解释者之间的关系"、"符号与符号指涉的对象"和"符号之间的形式关系"。莫里斯符号三分说后来成为符号逻辑和语言学领域划分的基本理论框架，但莫里斯的符号三分说重在分别说明三部分各自关涉的对象，至于三者的相互关系，莫里斯并没有系统的说明。在向逻辑学领域扩展中，三分说后来得到进一步完善。卡尔纳普（1942：9）对莫里斯三分说提出了进一步阐释："…… 这样，我们区分出语言研究的三个领域。如果一种研究明确指涉说话人，或者在更宽泛的意义上指涉语言的使用者，那么它就可归于语用学领域。如果对使用者加以抽象（abstract from），仅仅分析表达式与其所指，我们便处于语义学领域。最后，如果我们对符号所指作进一步抽象，仅仅分析表达式之间的关系，我们便处于（逻辑）句法领域。"① 到了 20 世纪 70 年代，数理逻辑学家蒙塔古（Montague，1974）发表了一篇形式语用学论文，对三个分支提出了更为精确的界定："句法仅仅研究表达式之间的关系；语义学研究表达式之间的关系和它们的所指；语用学研究表达式之间的关系，它们的所指对象及使用者或表达式的使用语境。"我们（吕公礼，2007）把两位逻辑大家的阐释综合起来，得到以下完整表述：

· "Morris"定义

句法学：符号与符号之间的形式关系

语义学：符号与所指之间的关系

语用学：符号与解释者之间的关系

· "Carnap-Montague"定义

句法学：符号与符号之间的形式关系

语义学：符号与符号之间的形式关系；符号与所指之间的关系

语用学：符号与符号之间的形式关系；符号与所指之间的关系；符号与解释者之间的关系

卡尔纳普和蒙塔古的阐释表明，句法学、语义学及语用学之间并不是平列、并举的关系，也不是一种三维关系，而是一种逐层包含关

① Carnap, R., *Introduction to Semantics*, Harvard University Press, 1942, p. 9.

系，我们提出以下简单形式来概括这种关系（见图3－4）。（吕公礼，
2003）

图3－4　句法、语义、语用的逐层包含关系

　　这里需要补充说明的是，克拉克（Clarke，1990）编辑出版了
"*Sources of Semiotic*"（《符号学探源》）读本，书中收集了西方思想文化
中历代的符号学论述，其中最早的符号学论述追溯到了古希腊时代，而
李幼蒸（1993）所著《理论符号学导论》显示了同样的起点。从两本论
著内容编排来看，符号学历史要比信息论更为久远，信息论诞生之前两
者并无明显交集。这是学术文献历史，而我们之前的历时探索表明，符
号是人类信息活动演化的必然结果。在这个意义上，符号学与信息论其
实天然地联系在一起。斯博伯和威尔逊（1995）区分两种信息交流模式：
"信码模式"（the code model）和"推理模式"（the inferential model）。
斯博伯和威尔逊（1995：6）认为，符号学的信息交流研究就是"信码模
式"向所有交流形式的普遍化。不过，莫里斯符号三分说应用于信息划
分却是斯博伯和威尔逊没有注意到的。而这恰恰是我们在此特别关注的。
在信息论诞生之初，韦弗（1949）曾把通信问题分为三部分：（1）技术
问题（the technical problem）（信号及其正确传输）；（2）语义问题（the
semantic problem）；（3）效用问题（the effectiveness problem）（信号对接
收者行为的影响）。韦弗的划分是否与莫里斯符号三分有关，我们暂且不
做评价，之后的发展却把两者联系起来了。钟义信（1986：10－11）对
此进行了专门论述。他指出，信息科学把信息分为三个层次：语法信息
层次、语义信息层次以及语用信息层次。语法信息层次是信息的最基本
层次，它只涉及事物运动状态的结构，即考虑状态间的关系，正像语法
只考虑词与词之间的结构关系那样。语义信息层次则不仅要考虑状态之
间的关系，还要考虑这种关系所具有的含义。语用信息不仅要考虑状态
之间的关系及这种关系的含义，还要进一步考虑这种关系及含义对于信

息使用者的效用或价值。三个层次和它们的意义如图 3 – 5 所示。

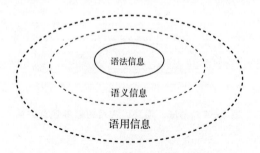

图 3 – 5 语法、语义、语用信息的关系

钟义信（1986：11）指出，语法、语义和语用是从语言学借用过来的术语。在我们看来，借用也有借用的根据，信息与语言之间的内在联系也许是更为重要的依据，而符号学使这种联系进入更为概括的理论层面。

以上回顾初步表明，信息与语言内在地联系在一起。然而，语言与信息究竟如何内在地联系在一起，还需要在语用学自身的演进中来探寻。我们还要从格赖斯的会话逻辑来说起。格赖斯出身哲学传统，其理论的哲学背景无须再作说明。现在格赖斯的理论已被视为语言学的组成部分，倒是更为值得关注的话题。格赖斯的继承者斯博伯和威尔逊（1986/1995）提出了关联理论，标志着格赖斯开创的传统完全演进为语言学的一种理论形态。这种演进毫无疑问是由其研究对象决定的。格赖斯的理论以会话立论，而斯博伯和威尔逊则明确把人类信息交流作为研究目标。这一演进过程的根本标志是信息从哲学的纷繁背景中涌现出来，成为核心理论范畴。如果说信息在格赖斯的思想中多少带有无意识特征，那么在斯博伯和威尔逊的思想中，信息则是研究主体明确和有意识的理论选择。在斯博伯和威尔逊（1986/1995：172）看来，"语言甚至与交流没有必然联系，语言不是对交流不可或缺，而是对信息不可或缺，这是语言的基本功能"。斯博伯和威尔逊（1986/1995：174）进一步指出，必然涉及语言使用（如语法支配的表征系统）的活动不是交流性的（communi-cative），而是认知性的（cognitive）。语言是信息加工和记忆的必要工具

（Language is an essential tool for information processing and memorizing）。斯博伯和威尔逊（1986/1995：47）在阐释人类交流的一般目标时指出："信息加工是人的终身任务"（Information processing is a permanent life-long task），在前文斯博伯和威尔逊（1986/1995：46）特别指出，"人是有效的信息加工装置，这是人类物种的最为明显的优势。"（Human beings are efficient imformation processing devices. This is their most obvious asset as a speciese.）至此，我们已有充分的理由认为，在斯博伯和威尔逊的思想中，信息已经上升至语言本质特征的高度，也上升至人类认知的高度。尽管斯博伯和威尔逊的理论总体上关注的是语言问题，但因以信息加工为核心范畴立论，通信信息论和符号学也毫无例外地成为其研究背景。斯博伯和威尔逊（1986/1995：2）认为，上至亚里士多德，下至近代符号学，信息交流研究都基于"信码模式"。通信信息论虽源于通信技术问题，其信码思想却古已有之。索绪尔开创了现代语言学，也奠定了现代符号学基础。他期待的是发现符号学规律并用于语言学。之后结构主义盛行几十年，但索绪尔的期待并未变为现实。20世纪50年代乔姆斯基发起了一场革命，但与符号学毫无关联。结构人类学也试图对文化和艺术进行符号学解释，却很难在他们的工作中找到符号学意义上的解释。斯博伯和威尔逊批判符号学的"信码模式"，目的是要建立一种不同意义上的信息交流模式，那就是所谓"推理模式"。格赖斯的会话逻辑就是这种新模式的先导。

经过上面的综述，我们对信息在语用学传统中的产生和发展有了更深认识。信息在格赖斯思想中出现，看似无意提及，却属必然发展，恰恰说明信息的涌现不以理论主体的主观意志为转移。会话逻辑无论由谁建立、以何名目出现，信息都注定要涌现出来，成为我们时代科学文化的核心范畴。

第五节　语言信息的基本规定性

信息按句法、语义、语用三层格局划分，有助于认识语言与信息

的内在联系。不过，三分说类比色彩浓厚，其解释也略嫌肤浅。人类
语言交流活动是信息活动的高级形态，这是我们开篇就确立的基本命
题。所谓高级信息活动形态意味着，它包含通信信息特征，但又高于
通信信息，具有前者未能概括的特征。其中一个核心特征就是，人类
语言信息交流是主体间的活动。语用信息虽然强调信息的使用者，却
忽略了语言信息交流的信源特征。在人类语言信息交流中，信源不是
物质环境，而是具有主观意图和社会属性的人类主体。我们在第二章
系统比较了索绪尔语言模型和香农通信信息论模型，这一本质特征已
得到详细说明。这里，我们把这些说明上升到语言学理论，特别是语
言信息交流的本体研究（即语用学）层面，进行充分和科学的概括和
解释。在众多语用学模式中，格赖斯的会话逻辑独具优势，是充分概
括和解释人类信息交流活动的最佳理论框架。前面提到，格赖斯的继
承者斯博伯和威尔逊以格赖斯模式为起点，试图建构人类信息交流的
新理论，显然是对格赖斯理论优势的肯定和发展。斯博伯和威尔逊的
贡献在于，两位学者的关联理论揭示了语用推理的认知机制。斯博伯
和威尔逊试图用一条关联原则来概括这种机制，但高度概括淡化了格
赖斯理论的具体特征。正如我们（吕公礼，1999）曾经详细论证过的
那样，格赖斯模式以"合作原则"实现概括，同时又通过四个准则把
概括变为具体操作过程。格赖斯四个准则的重大信息价值尤其值得肯
定和阐发。如前所述，四个准则以四个范畴确立，而这些范畴包含着
信息的基本规定性，也包含着信息主体面对信息所作的基本选择。正
是通过这些选择，信息对于特定主体的效用获得了具体形态，信息传
递在具体的层面得以展开。格赖斯四个准则建立在关联、质性、量性
及方式四个范畴之上。就来源来说，四个范畴并非格赖斯独创，而是
仿自哲学大家康德的范畴表（Kant，1990［1781］：62）。在康德的思
想中，四个范畴主要针对思维和逻辑确立。格赖斯借用四个范畴，但
他面对的是会话和人类语言信息交流。在此意义上，格赖斯的四个范
畴被赋予了新的内涵。在我们看来，这种新内涵就是语言信息。这样，
信息可按四个范畴加以新的界定和刻画：信息的关联性、信息的质性、

信息的量性和信息的方式。格赖斯理论的信息本质我们（见吕公礼，2004）之前已有详细阐释。我们在本书中更需关注的是四个范畴的更大现实依据和信息背景。对此，格赖斯本人也略有论述。他列举了一些非言语现象：我修车时要求助手给我四个螺钉，我期待他给我四个，而不是六个，这是数量问题；我烤面包，请对方递盐给我做调料，我期待对方递盐给我，而不是别的什么，这是质量问题；我在准备面包所需调料，我不会期待别人给我一本书，这是关联问题。格赖斯所举实例是否恰当，这里不做评判。我们要强调的是，格赖斯的思想在后继者斯博伯和威尔逊理论中得到了发展，这本身最具说服力。斯博伯和威尔逊首先超越格赖斯的是把研究范围扩展到人类信息交流活动，但斯博伯和威尔逊不是就事论事，而是在更为广阔的信息活动背景中来探索人类信息交流。为了说明这种信息活动背景，斯博伯和威尔逊提出了"物质环境"和"认知环境"两大非语言概念框架。斯博伯和威尔逊（1986/1995：39）认为，"人类生活在特定的物质环境（physical environment）中，也生活在一定的认知环境（cognitive environment）中"，个体的总体认知环境是其物质环境与认知能力的函数。主体面对客体环境信息时究竟表现出什么主观特征，斯博伯和威尔逊在这段界定里进行了初步说明。针对主体面临的选择，斯博伯和威尔逊（1986/1995：39）提出下述问题：①人为什么关注一些现象，而不是其他现象；②人为什么用这种，而不是用其他方式表征对象；③人为什么在一种语境，而不是另外的语境中加工这些对象的表征。在这里，斯博伯和威尔逊虽然只是探寻信息关联性的理据，但在人类与环境的更大认知环境来认识关联性是正确的选择。我们要进一步强调的是，信息的关联性源于人与环境的信息交换过程。因此，关联性、质量性、数量性和方式无疑深深植根于人类与环境的信息过程。回顾之前的历时演化，我们可以得出的基本结论是，关联性、质量性、数量性和方式是生命形态从原始向高级，再到人类演化而来的信息机制和策略。这一点我们可从主客体关系的演化做出进一步阐释。

如前所述，生命的演化是主客体的分化过程，主客体的物质—能量需求与被需求关系在此过程中形成。对于主体 S，存在客体 $O = \{O_1, O_2, \cdots O_n\}$，$O_i$ 是与主体 S 关联、真实、适量的物质能量形态，当且仅当 O_i 为 S 所需物质能量对象。有所需就有所选择。因此，选择是有机体从环境获取所需物质能量的基本机制。在生命的原始阶段，有机体的环境为海洋。在这种流体环境中，大分子体系"团聚体"依靠"界膜"实现物质能量直接选择和交换。在之后的演化中，有机体逐渐向"固态"演化，有机体的环境也从海洋移至陆地，主客体关系随之发生巨变。其中一个主要变化是，主体趋向和选择环境客体的自由度大幅缩小，主客体间的物质能量交换转变为间接方式。显然，主体要选择环境客体，首先要获取环境客体信息。主体的信息感知和加工机制在此过程中产生和演化。随着主客体关系日益多元和复杂，主体的信息感知和获取机制也日趋复杂。由于选择以信息关联与不关联为基础，信息的关联性成为最早产生的信息机制和策略。在有机体微观层面，信息的关联性表现为杨（1987）所说的神经细胞膜的选择性特征。在宏观层面，植物和动物都具有物质能量选择机制，为信息关联性提供了最好说明。绿色植物的客观环境中存在氮、氧、氦、水蒸气、二氧化碳等物质形态，也存在振动和光波等能量形态。其中，只有二氧化碳和光波最具关联性，因而是植物的首选物质能量形态。由于光波是实现这种能量过程的基本条件，绿色植物的信息关联性策略因此演化为趋光性。动物不同于植物，动物在空间中是移动的，因而演化出更为多元和复杂的生存条件。这些条件包括食物、空气、水、栖息地、繁衍和养育后代等。在动物生存的某一时刻，某一条件上升为最紧迫的需求，这一条件的信息便获得最大关联性。老鹰在获取食物过程中，面对的环境对象有树木、花草、石头、泥土、老虎及野兔等。显然，只有野兔是老鹰猎取的食物对象，野兔的信息对老鹰就最具关联性。我们回到人类主体，其信息关联性如图 3 - 5 所示。

人类在低等动物活动基础上演化出更为多样和复杂的活动形式，人类主体与环境对象也形成了更为多样和复杂的"物质—能量—信息"关系。关联性是表层信息基础上的选择，而主体要成功实现与环境的

图 3-6 人类主体与环境的信息关联

物质能量交换，还需要对环境对象做出真实性判定，然后再根据对象信息量做出决断。主客体之间也因此形成了质性和量性信息关系。在低级物质活动中，主客体处在直接和同一关系中，关联、质量、数量和方式关系并未分化出来。随着主客体关系的间接化和虚化，关联、质量、数量和方式逐渐分化出来，演化为基本的信息属性和机制。人类语言交流是信息活动的高级形态，它包含低等生命体的信息属性和机制，但又在此基础上演化出人类独有的信息属性和机制。人类语言信息交流是主体间的活动，其中的信息传递者不是简单的信源，而是具有主观意图、思维能力和社会文化属性的信息提供者。纯粹的信息交流是理性的，而社会文化属性往往背离理性，因此形成额外约束和条件。为了满足这种条件，语言信息传递者在信息关联、真实、适量、合规方式之外，还要做出不关联、不真实、不适量、不合规的选择。这就是格赖斯合作原则中的不合作现象的背景。后来者利奇（1983）提出礼貌原则，不合作选择确立为人类主体语言交流的重要策略。

第六节 语言信息的两极构造和基本规定性

上面我们从格赖斯四个基本范畴出发，界定和确立了语言信息的基本规定性，并在更大的非语言背景中进行了阐释。然而，格赖斯理论毕竟源于语言哲学。哲学和语言有复杂背景交织，格赖斯的范畴自然有很多概念缠绕。要真正摆脱背景学科传统的惯性，在四个范畴上建构真正面向人类信息交流活动的理论，我们还需再做一番梳理和重构。在经典信息论后续研究中，人们以莫里斯符号学为参照区分语法、语义和语用信息，至少说明语用信息有其符号学依据。我们之前的历时考察也表明，生命演化到高级形态，人类信息活动也就出现了，而人类信息活动进一步演化必然走向符号化。显然，在诸多符号形态中，人类语言是迄今最为高级的符号系统。纵观符号思想演化历史，人们探索符号的思想传统多有不同，形成的符号理论形态各异，但符号的两极构造是不变的共识，其核心观念在索绪尔符号学理论中变为成熟理论形态。索绪尔是现代符号学的主要先驱，他区分了能指和所指，并把语言符号界定为声音意象（能指）和概念（所指）的合体。到了20世纪80年代，认知语言学兴起。认知语法学家兰盖克（1987）继承了索绪尔思想，提出了语音和语义两极结构（bipolar）。在我们看来，两极结构是语言符号传递信息的前提。实际上，我们从语言符号后推，审视低级符号形态，都会找到两极结构。在交通信号系统中，红、黄、绿分别与禁止通行、等待、通行三种意义构成两极结构。显然，红、黄、绿本身只是颜色而已，并不是符号。它们只有和一定的意义结合，构成两极结构，才能变为符号，实现信息传递功能。再说手势语言，挥手本身只是肢体动作，而挥手只有和道别意义结合，构成两极结构，才能变为符号，实现信息传递功能。在低等生物信息交流中，蜜蜂用舞蹈传递信息方式早已为人们熟知。所谓舞蹈其实就是蜜蜂的移动模式（如8字模式）。蜜蜂的舞蹈本身并不是符号，只有和一定方位意义结合，构成两极结构，才能变为符号，实现信息传递功能。在生物科学中，DNA常被视为生物信息的范例，甚至等同于生物遗传信息。从信息的两极结构来看，DNA是脱氧核糖核酸分子。显然，DNA是生物化学形态，本身并不是信息。DNA只有与特定遗传指令和性状对应，构成两极结构，才形成了真正的生物信息单位。

这里我们同样需要关注相关的概念和术语。符号两极结构虽有共识，名称却多种多样。这主要源于符号学的复杂跨学科背景。语言学、传播学、通信工程、哲学、文学等，都是符号学的相邻学科领域。符号形式一极的名称有象征、指号、能指、信号、信码、语言形式等，而意义一极的名称也有意义、语义、解释、所指、指称等。这些概念术语常常不加界定而被跨学科类比和借用，形成了大量的概念重叠和缠绕。不过在我们看来，名称和术语的多样性大都由学科传统和背景造成。我们之前的讨论已经表明，在这些纷繁复杂思想传统和概念缠绕中，信息最终涌现出来，并不是没有理据的。其中一个根本理据就是，语言信息交流是具体完整形态，而唯有信息范畴能够对此做出完整合理的概括和解释。信息可以引申出其他范畴，而其他范畴引申为信息则要困难得多。为了摆脱过多概念缠绕，确立合理的信息范畴，我们回到符号的双极构造。我们的基本设定是，一个符号就是信息的结构单位。这个单位由形式和内容两部分构成，编码就是一定内容与一定形式的结合。从这个设定得到的一个基本概括是，凡是信息都有形式和内容，不存在没有形式的信息，也不存在没有内容的信息。以上设定有助于我们跳出传统的概念缠绕，而它更重要的意义可从一些难题的解释看出。我们知道，计算机是否能够"理解"语言，可以说是自然语言生成和理解的核心问题。信息由形式和内容两极构成，上述难题可以得到更为合理的解释。为此，我们不妨先回顾莫尔斯电码的形式内容构成原理，然后把计算机与自然语言的界面分解图示如表3–1。

表3–1　　　　　　　　莫尔斯电码（Morse Code 1838）

A	. –	F	.. –.	K	–. –	P	. – –.	U	.. –	Z	– –..
B	–...	G	– –.	L	. –..	Q	– –. –	V	...–		
C	–. –.	H	....	M	– –	R	. –.	W	. – –		
D	–..	I	..	N	–.	S	...	X	–.. –		
E	.	J	. – – –	O	– – –	T	–	Y	–. – –		

断开，连接 ⟶ 0, 1 ⟶ 语声/字母 ⟶ 语义
形式 ⟶ 内容
形式 ⟶ 内容
形式 ⟶ 内容

我们看到，莫尔斯电码的确按符号两极构成。例如，. – 是形式极，而字母 A 就是内容极。当然，字母和字母本身组合是语言形式极，这些组合对应一定的意义内容，两极结合构成语言信息。这样，莫尔

斯电码靠两层（形式内容）两极构成实现信息编码和传递。再看计算机中的信息符号两极构成。"断开—连接"是计算机硬件的基本运作模式，它与计算机软件的基本模式 0—1 对应，0—1 模式又与一定的语声/字母模式对应，语声/字母模式表达一定的意义。最后一种对应就是语言的两极结构。这个过程可用信息的"形式—内容"构造来解释。所谓计算机"理解"语言，中间包含了三层"形式—内容"的转换。最后我们再看人类是怎样理解自然语言的。人类主体间能够理解语言符号，是因为在主体的语言知识中，语声/字母模式与意义相对应。一定的语声/字母信号在听话人的大脑中激发起特定概念内容，主体的理解便开始展开。显然，计算机硬件"断开—连接"运作模式与语言意义之间并没有直接对应，中间至少有 0—1 与语言"形式—内容"构造相隔。计算机无法像人类一样"理解"自然语言，这是否是主要原因，值得深入探索。当然，语言形式（语声/字母模式）与意义直接对应，可能是对语言理解过程的过度简化。例如，字母或文字在空间呈现为一定模式，这种模式穿越视觉神经通道，之后进入大脑视觉中心，最后进入语言区域，才能实现与意义的对接。这个过程要经过多少种"形式—内容"变换，目前还不得而知，但肯定不会只有一次变换。同样，语声振动模式进入听觉系统，最后进入语言区域，实现意义对接，期间也要经过多次"形式—内容"变换。尽管没有系统的研究，我们仍可得出一个初步判断。人类自然语言理解与计算机相比，有其独特的大脑神经机制。这个机制就是所谓中心加工系统。中心系统的主要功能是把子系统的信息整合起来。在人类自然语言理解中，多重形式内容整合为单一的"形式—内容"关系，最后实现理解。按我们的直觉，自然语言形式并未经过多重"形式—内容"变换，而是直接通向意义内容，可能与中心系统的整合功能有关。计算机无法真正"理解"语言信息，可能与类似的中心系统缺失有关。

以上我们探讨了信息"形式—内容"两极构成的普遍意义，这一基本结构为重构格赖斯的四个范畴，并进一步建构语言信息的构成和展开做好了理论准备。首先，格赖斯四个范畴中的关联、质性、量性是信息内容层面的特征，而方式就是信息内容与形式的组构方式。这一点我们之前做过专门阐释（吕公礼，1999）。最后，信息的结构方式是静态描述，具体的语言信息交流按照优先顺序动态展开。两方面综合起来用图 3-7 表示。

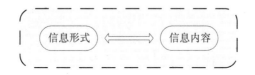

图 3-7　信息的两极结构

语言信息传递对象具有属性和特征，而信息本身也有其属性和特征，信息的属性特征是其不同于其他事物的基本规定性。我们之前（吕公礼，1999，2002，2007）的大量论证表明，格赖斯仿照康德范畴提出了关系、质量、数量及方式准则，为我们建构语言信息范式，把握信息的基本规定性提供了基本理论框架。两极结构既是抽象规定性，实际上也概括了语言信息的展开过程。正如图 3-7 中的双向箭头所示，在具体的信息过程中，信息内容与形式处于动态的转换过程中。对于信息发出者来说，信息的构成是从内容到形式的转换：内容→形式。对于信息受体来说，信息的构成是从形式向内容的转换：形式→内容。显然，前者就是通常所说的信息的编码，后者是信息的解码。

语言信息传递的根本目标是信息内容的获取，而关联性、质性和量性就是信息内容的基本规定性。对于给定信息单位，语言信息主体对信息内容需要作出以下判别：①信息是否关联；②信息是否真实；③信息是否适量。这些判别并不是一次性进行的，而是按优先顺序动态展开（见图 3-8）。

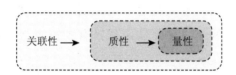

图 3-8　信息内容属性的优先展开

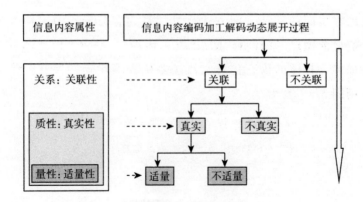

图3-9   信息内容属性和动态展开过程

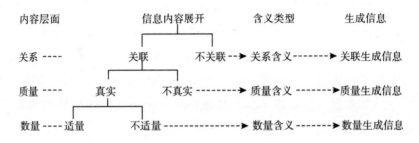

图3-10   信息内容属性动态展开过程与信息生成

以上展开方式表明,在具体的语言信息过程中,语言信息主体对单位信息内容按照关联、质性及量性的顺序加工处理。我们把这种顺序称为语言信息展开的优先性原则。优先性原则有其认知依据。面对环境信息,主体首先要确定信息是否关联。若信息关联,主体进一步判定信息是否为真。若信息为真,主体最后确定信息是否适量。优先顺序也可通过反证得到说明。若信息不关联,主体就无须关注其真伪;若信息为假,主体就无须关注其数量多少。我们一开始就明确指出,探索和认识信息时代的重大问题和挑战是本书研究的基本任务。在这一方面,语言信息展开的优先性原理具有独特意义,具体探索和详细讨论在第九章展开。

第四章

语言信息的原型态与构成性原理

第一节 语言信息结构:从两极到二元分形

我们在前三章用较大篇幅对信息研究的思想渊源、学科背景及局限性作了一番梳理,确立了信息的语言学范式和理论选择。严格来说,科学理论是具有内在逻辑结构的较为完整的思想体系,至少包括研究对象、基本分类、基本观念、基本假设、研究目标、基本范畴、理论性质、研究方法及最终形成的理论形态。显然,这些要素大都已经包含在前述范式之中,而该范式究竟具有什么样的具体理论形态,将是本章开始要着重探索的问题。如前所述,语言信息理论需要建构,而建构的逻辑起点何在,认知语言学的原型说多有启示。原型说的基本假设是,语言结构单位形成于某种初始形态(archetypes/prototypes),这种形态称为原型。原型说按其要义可这样概括:语言结构单位始于原型形态,然后通过原型向非原型的历时扩展,形成复杂多样的共时结构形态。在我们看来,这是语言信息构成的基本原理,而这个原理我们将在下一章进行系统阐述。显而易见,这个原理的起点是信息原型。语言信息的结构原型自然成为本章要探讨的核心问题。具体工作分为七个部分:①语言信息的两极符号结构;②语言信息的层级构成;③语言信息的二元分形构成;④语言信息传递的"问—答"原型和镜像关系;⑤基于问句类型的语言信息分类;⑥语言信息传递的语用过程；⑦语言信息传递的问题逻辑。语言信息范式的建构主要以语言学为基础，同时也将从哲学层面进行必要论证和阐释。

我们之前的历时考察也表明，人类信息活动的出现是生命演化走向高级形态的根本标志，而符号化是人类信息活动演化的必然趋势。显然，在诸多符号形态中，人类语言是迄今最为高级的符号系统。纵观符号的演化历史，符号研究的思想传统多有不同，形成的理论也形态各异，但符号的两极构造是不变的共识。这一基本构造我们在第三章已有详细阐释，并用形式与内容加以概括，而两极构造通过二元分形构成更为复杂的信息形态。为了说明这一构成原理，我们首先需要回到语言的层级构造。任何事物都由更小单位构成，并按特定规则由小到大逐层组织，形成更为具体完整的单位，这就是所谓层级构造（hierarchy），语言信息也毫无例外地按层级原理构成。刘勰在其所著《文心雕龙·章句》中说，"夫人之立言，因字而生句，积句而成章，积章而成篇"，就是对语言的层级构造原理的通俗概括。语言的层级构成已成为现代语言学的共识，与此相关的基本构成单位有：语素、语词、词组、语句、语篇等。语言构成的每一层级都有两极结构，如图4-1所示。

图4-1　语言信息层级的二极符号构造

在语言信息层级构成中，每一层级单位还有内部结构原理。语言学的大量研究表明，二元分形是层级单位内部结构的基本原理。二元就是两个成分，语言信息单位按两个成分的二元组合构成，更大更复杂单位由二元叠加和累积实现。考虑以下结构单位（词组）的构成（见图4-2）。

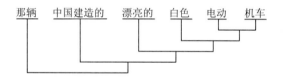

图4-2 词组的二元叠加构造

这是一个词组单位，但它不是一次成型的，而是两个成分二元组合，然后再与另一成分二元组合，依次形成更大单位整体。看到上图，我们自然会想到美国结构主义语言学的直接成分分析法。放在信息思想背景中来看，直接成分分析法其实有其信息依据，那就是语言信息的二元结构原理。那么分形是什么呢？分形（fractal）源自数学和几何图形研究。分形的基本特征是部分与整体的相似性，一棵树从干到枝逐层分叉，形成整棵树的分形体（苗东升，2007：348）直接成分分析表明，语言信息所有层级都按二元结构原理构造，因而符合分形原理。按照我们对传统语法的了解，并列和从属是语句层级的基本构造方式。实际上，它们在语言所有层面都能找到，贯穿于语篇、语句、词组、语词、语素所有语言层级。由于并列和从属关系至少涉及两个成分，因而符合二元结构原理。给定成分 A 和 B，两者性质地位等同，那么它们二元组合形成并列结构；若两者性质地位不等，那么它们二元组合形成从属结构。并列和从属的表现自然有语言差异，但从信息角度看，这些差异并没有掩盖二元分形结构原理的普遍性。这种普遍性是由信息构造的一般原理决定的，对此我们之后会作出进一步概括。这里需要指出的是，以上讨论主要以传统语法为基础，而传统语法单位多以形式和意义混合界定。20 世纪50—60 年代，现代语言学逐渐转向形式主义道路，乔姆斯基转换生成语法是形式主义的典范。在这一语法理论中，语法范畴和规则按纯粹形式特征来界定和刻画，其中的二元结构原理得到更为简洁的概括。以下是英语语句的短语结构规则，其中的每一生成过程（如 S→NP Aux VP，NP→Det N（PP），VP→V（NP）（PP），PP→P NP，AP→Adj（PP））都遵循二元结构原理，因而也遵循二元分形结构原理。

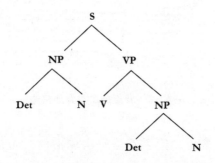

图 4 - 3　英语短语结构的二元构成

　　语言信息交流是人类信息活动的高级形态。因此，语法理论揭示的结构原理归根结底是由人类信息交流决定的，这一原理在语言类型学家克罗夫特（1990：199，253）的信息交流动因（communicative motivation）中得到了充分阐释。贝特森（Bateson，2000）指出，尽管环境表现为多种形态的差异，但基本的信息单元（elementary unit of information）是形成差异的差异（a difference that makes a difference）。所谓差异是从无（nothing）到有（something）的变化，而差异的差异揭示的是信息的示差原理。显然，差异至少需要在两种状态的比照中才能显示，而比照至少需要二元才能实现示差。因此，信息至少需要两个元素才能构成表征和传递的单元。换言之，一个信息单元的最基本的特征为"二元性"（binary），即至少需要两个元素，才能构成一个信息单元，信息才能成为可加工（编码—传递—解码）的对象，而复杂信息可通过二元的多次组合叠加来构造。以"机车"为信息构造起点，建构一个语言信息单位，该信息单位传递关于"机车"的信息，就需要另一成分作为比照，才能形成与"机车"的差异（如"电动＋机车"），实现信息传递功能，而更大的语言信息单位显然通过更多二元分形构成。

　　在最基本意义上，人类主体感知环境世界，从世界获得信息，其本质是感知到了差异。人类用语言表征和传递信息，同样需要遵循二元分形原理。语言信息通过二元实现表征和传递，是因为二元具有示差性，二元是最小信息示差结构单位，更大和更复杂的语言信息单位通过二元累积和叠加来实现。二元构成贯穿语言信息构成所有层级，因而符合分形（fractal）原理。里奇（Ritchie，1991）在说明信息编码的二元集合（binary set）时指出，可用来构成一定模式（pattern）、进而传递一定信息的元素的最小数目是 2。"二元性"也普遍存在于其他信息层面。例如，事态信息的二元构造表现为二极化（polarization），即肯定与否定，事相信息的二元构造表现为 Wh－＋预设，而主题信息则表现为 topic＋aboutness。语句是语言信息的基本单位，其主要构造方式也是二元组合，语句的树形结构便是这种构造的最好体现（Bussmann，1996）。

　　信息单元的二元构成植根于人类主体的认知过程，是信息主体最基本和最普遍的认知机制和信息策略。在施莱费尔、戴维斯和默格勒（1992）看来，20 世纪认知科学的几个主要理论模型都建立在这样或那样的二元机制上。这些模型包括通信信息论的二元信息界定，计算机结构和语言的二元逻辑结构，语言学音位的二元对立及在结构主义人类学中的应用。我们之前的探索表明，人类大脑是生物信息演化的最高形态。二元机制所以成为普遍信息机制，在于它是人类大脑神经元模型（neuronal model）的基本机制。在神经细胞微观层面上，细胞膜内外浓度差发生变化，带来的跨膜电位的除极化，由此实现神经细胞间的信息传递，而除极化实际上就是二极化过程。（Young，1987：24）在信息变换意义上，二元性操作简单，任何复杂结构都可以用二元结构的层阶形式来构造和表征。（Schleifer，Davis and Mergler，1992）计算机的逻辑电路通过 0、1 两个数字元素进行信息编码，并通过数字化技术实现了更复杂信息（包括视觉信息）的编码与处理，就是这一原理的典型技术实现形态。我们曾经提到，语言主体是"物质—能量—信息"的统一体（吕公礼，2001），主体物质能量形态的有限性与经验世界信息形态的无限性是语言信息活动面临的根本矛盾。语言信息系统的奇妙之处在于，语言主体既可通过二元化对经验世界无限多维状态加以简化和抽象，又可通过语言单位的线性组合（即二元结构的叠加和组合）来逼近经验世界的无限多样和多维形态。

第二节 语言信息传递的"问—答"原型

通信信息论完全聚焦信号的数值刻画，技术操作性强是其最大优势，同时也是先天不足。之后的大量信息研究，特别是哲学信息研究，无疑极大超越了通信信息论的局限，实现了对信息本质的概括目标。然而，哲学概括也容易失之空泛和玄虚，其中的信息大多缺少具体形态和操作性。本书研究致力于建构信息的语言学范式，一个根本目的就是建立一种更具操作性的具体信息理论体系。在这个理论中，我们区分了两种信息过程类型：①人类主体与环境世界的信息获取过程；②人类主体间语言信息交流。前者在认知语言学中来解释，后者在语用学中来探求。然而，无论从认知语言学还是语用学来看，语言在共时轴向都呈现为无限复杂多样形态。在本章开始，我们确立了语言信息的原型说，目的就是以原型为起点，解释和刻画这种无限复杂多样形态。语言结构始于原型，然后扩展到非原型形态，在此过程中形成共时多样和复杂形态，这是我们关于语言信息的基本认识和概括。

这一概括的意义在于，语言信息范式要从某种原型开始建构。那么，语言信息的原型究竟是什么，又是如何形成的呢？如前所述，人类信息活动始于对环境世界的认知，然后进入主体间信息传递过程。认知活动是人类感知环境世界，获取和加工信息的过程。人存在于世界，就对世界产生好奇和疑问，就需要找到疑问的答案。找到疑问的答案就消除了疑问，而消除疑问就是获取信息，也意味着获得答案。因此，疑问和答案是人类信息活动的原初形态，这种形态深深植根于人类主体经验和认识活动。实际上，这种观念早在亚里士多德的思想中就已萌芽。在之后的哲学大家康德的思想中，科学的发展被视为问题与答案的永恒循环过程。到了 20 世纪，诠释学家加达默尔（2004 ［1960；1986］）曾专门论及问题在认识和谈话中的优先性，并从诠释学角度阐释了问答逻辑的认识意义。近期，问答研究得到深入发展，真正上升到认识论层面。对罗施尔（Roscher，2000）来说，问答显然

不仅是逻辑问题，而是认识论问题。他明确提出了问题认识论（ques-
tion epistemology）。在罗施尔看来，知识的接受与问题的解答（ques-
tion-resolution）在一种共轭关系中相互协同。在这个意义上，问题认识
论（question epistemology）与答案认识论在所有方面都同等重要。尤其
值得关注是，在罗施尔的问题认识论中，问题—答案的认识和认知意
义是在信息意义和层面上理解和阐释的。他明确指出："按照问题—答
案的逻辑展开方式来刻画信息结构，是建构认知系统的最基本和最重
要的方式。"（参见吕公礼，2007）

　　简要论述之后，我们把上述讨论加以综合，在更普遍意义加以概
括。在我们看来，求知就是获取信息的过程，而信息获取以疑问和探
究为基本动力。毫无疑问，信息是主体生存与发展的前提和基础，而
疑问和探究是主体最原始和最基本的认知心理和意识状态。这种状态
要成为信息交流传递对象，就必然延伸和映射到人类语言信息活动之
中。疑问和探究的典型语言表现形态是疑问句，而信息的典型语言表
现形态是陈述句（答句）。因此，"问—答"语对是人类语言信息活动
历时演化的原型，也是语言信息交流的基本共时形态。以上认识我们
概括为以下模型（见图4 – 4）。

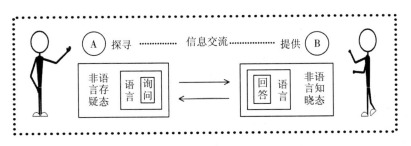

图4 – 4　语言信息交流的"问—答"模型

　　我们（吕公礼，2012）研究了认知和言语动词，为上述模型提供
了充分的语言证据。我们的研究表明，认知和言语动词是语言信息
"问—答"原型映照为语言本身留下的化石，语言中的不定代词有其疑
问词源头，因而是疑问在语言演化中遗留的化石。语言信息交流以
"问—答"为原型，其复杂多样形态从原型扩展形成，是语言信息交流

的非原型形态。语言信息交流的原型与非原型变换，其更大背景是人类信息活动的演化。人类社会有其产生与发展过程，这种过程是语言信息从原型向非原型扩展的根本动因。社会群体是主体间性的派生和发展，是主体间性的具体表现形态。社会既构成了语言信息的约束条件，又形成了新的信息需要。新的需求促进了语言原型功能向非原型功能的演化，形成了原型和非原型的共存状态。因此，语言的非信息功能形式实际上是凝结了社会文化信息的信息功能形式，是信息功能形态衍生而来的非原型形态。语言结构的共时形态复杂多样，其中包含了原型向非原型的扩展信息，是原型与非原型的统一。在现代学术思想中，"对话说"（dialogism）为此提供了更高层面的概括。按照关志坤（2012）的相关研究和综述，"对话性"与"独白说"（monologism）对应，因而有更为深厚的思想背景。该研究和综述中提到利内尔（Linell, 1998）的"对话性"研究最为值得关注。在利内尔（1998）看来，"对话说"与"独白说"代表当代西方思想文化的两大范式，其思想源头可以追溯到古希腊时代的口语文化（oral culture）和书写文化（literate culture）的对立。在中国古典文化传统中，口述文化也是最早的语言文化形态，孔子和他的《论语》无疑是这种口述文化的典范（关志坤，2012）。如同"问—答"观念一样，"对话性"在近代也上升到哲学层面，成为20世纪西方哲学的主要思想形态，包括现象主义的视角论和加达默尔关于"对话性"本体性的哲学诠释学研究。关志坤（2012）的相关研究和综述也表明，20世纪"对话说"发展的最重要的代表是俄国文艺理论家和哲学家巴赫金。巴赫金主要从事文艺理论研究，但他同样从索绪尔结构语言学的质疑和批评开始建构其对话论思想。从巴赫金的大量论述来看，他是在生命的意义和高度来界定对话的，涉及人类认知、思维、语言交流等。我们的探索（吕公礼，2011）表明，索绪尔（Saussure）的语言结构是对语言具体完整性的抽象规定性，因而体现的就是"独白说"。需要指出的是，当索绪尔开启的"独白说"成为欧洲20世纪语言学主流之时，大西洋彼岸的美洲大陆上兴起的人类学却孕育了一种不同的传统。在本质意义上，这一传统就是与索绪尔代表的"独白说"对立的"对话说"（Linell，1998）。20 世纪 70 年代，文化人类学从语言中心向社会互动中心转变，也极大促进了"对话"的跨学科研究。不少社会学家对"会话"开展了大量实证性研究，建立了"会话分析"（conversation analysis），成为社会语言学的重要理论。在语言哲学传统中，语用学的产生见证了格赖斯的"会话逻辑"和奥斯汀的言语行为理论。不同思想传统和学科背景的研究，汇聚成"对话说"的强大潮流，为语言信息的"问—答"原型提供了普遍深厚的理论基础。

第三节 "问—答"原型的镜像关系

正如语言的功能复杂多样一样，语言信息交流在共时条件下也呈现无限复杂多样形态。语言信息交流"问—答"原型的意义在于，无限复杂多样形态都从原型扩展演化而来，是语言信息交流的非原型形态。这样，语言信息交流的共时无限复杂多样形态都可在语言信息"问—答"原型的意义上得到合理解释。实际上，语言信息"问—答"原型多在"对话"语篇意义上理解，这种理解显然属于狭义的"问—答"原型。在更为普遍意义上，"问—答"原型可以扩展到所有语言层级。这种扩展可在"问"与"答"间的镜像关系中来解释。前面提到，二元分形原理适用于所有层级，这里的扩展道理是一样的。现代语言学的发展已充分表明，"独白说"本质上就是聚焦个体的自我陈述，而自我陈述就是忽略了他人言语的抽象规定。因此，回归"对话说"是科学把握语言信息交流具体完整性的必然选择。我们也多次得出结论，语言信息交流是主体间的活动。任何陈述都是回答，而任何回答必然预设了疑问，不存在没有疑问的回答。从"对话性"来看，陈述与疑问相互界定，互为前提，构成一种镜像关系。镜像关系可以扩展到所有语言层级，具体内容如图 4-5 所示。

在传统意义上，"问—答"镜像关系主要在语句和语篇层级理解，而在更低层级单位似乎不易理解。实际上，现代语言学研究表明，语

图 4-5　"问—答"原型的镜像关系

句之下层级单位同样含有"问—答"镜像关系。功能语言学大家韩礼德（1994：191）对名词词组的分析充分运用了疑问形式，表明"问—答"镜像关系的跨层级普遍性。我们把韩礼德（1994：191）的例释和分析概括如下：

（1）those　two　　splendid　old　electric　　　trains

　　　　　　　　　　　　　　　　　　　　　　　what?

　　　　　　　　　what type　of trains?

　　　　　　　　　　what　electric　trains?

　　　　　　　　　what　old　electric　trains?

　　　how many　splendid　old　electric　trains?

　　which　two　splendid　old　electric　trains?

　　显然，韩礼德的分析以"trains"为给定信息和起点。实际上，"trains"（机车）本身也可视为回答，与相应的what？形成镜像。上述分析也符合语言信息二元分形构造原理，其信息意义在于，修饰在语言表达中形态多样，但都可用信息示差原理概括和解释。在这个意义上，"问—答"镜像关系也内含于其他语言信息层级。确立了"问—答"镜像关系的普遍性，我们再回到语句层级。毫无疑问，语句是信息传递的最基本单位。在语言学思想传统中，"问—答"多在疑问句与陈述句的对应意义上理解，而吉冯（1983）则明确把小句视为语言信息编码的基本单位。他认为，小句（clause）是人类信息编码的最小语言单位。小句和语句在各种语言学理论中的核心地位也支持了这一结论。例如，在系统功能语言学中，小句是模拟和表征经验的基本单位，也是语言主体间交换和消息组织的基本单位，更复杂的语言以小句为基础来建构。另一方面，小句是对主句和从属句的概括（Bussmann，1996），其信息交换的语法表现形态是语句。在信息内容层面上，语句的陈述形式包含着关于信息对象的某种"断定"（assertion），而"断定"是对不确定性的消除，因而是单位信息传递过程的基本机制。

当然，陈述语句构成基本信息单位，只显示语言信息单位的构成意义，并没有解释陈述句产生和使用的动因和理据。如上所述，凡陈述都有所"断定"，但"断定"并不是没有动因的言语行为，而是由一定的信息需求启动的。从图4-4展示的语言信息交流模型看，信息需求转化为信息的探寻（information-seeking），信息探寻编码为疑问句。显然，陈述因疑问而产生，"断定"作为单位信息过程由信息探寻而触发和启动。从语言信息的实际过程来看，陈述语句作为信息单位是语用单位，而不是语法单位。语法意义上的陈述句如同数学公式一样，是一种抽象单位，其实际功能并不确定，而是待定和开放的。麦凯（1969：31）曾明确指出，在确定陈述句回答的问题之前，其意义通常是有歧义和不确定的。

显然，同一陈述语句包含多种不同的信息功能，而其最终实现的功能只有参照一定的问句才能确定，陈述语句因问句而存在。用麦凯（1969：31）的话说，对问句的分析在逻辑上先于陈述句的分析，此即所谓问句的逻辑优先性。而在麦凯之前，柯林武德（Collingwood，1939；1940）曾经指出，古典的方法把"断定"视为基本和不可分解的单位，而他认为，"断定"应视为对问题的回答，问题作为语境成分决定"断定"的意义。在信息意义上来看，疑问作为主体的信息探寻状态，启动了主体的信息陈述状态。因此，问句和答句构成了语言信息过程一个完整单元，问答语对（adjacency pair）是语言信息启动与展开的原型形态。加达默尔（2004；1960；1986）说，"谈话的原始程序就是问和答"。所谓原始程序只有在演化意义上理解才最合理，因而就是历时演化意义上的原型形态。

语言信息"问—答"原型在对话型语篇中具有天然解释力。那么，"问—答"原型是否能够适用非对话（独白）型语篇生成和解读呢？答案是肯定的。国内外不少研究者在不同意义上得出了类似的认识。罗伯特（Robert，1996）试图建构语篇信息结构的形式语用理论，而该理论在"问—答"展开模式基础上建构。同样，库佩尔维尔（Kuppervelt，1996）也在主题构成问句（topic-forming questions）基础上解释语篇的目标取向。沈家煊（1989）把"引发—答应"和篇章中的"话题—说明"统一起来。他指出，篇章结构以会话为基础，这似已被普遍接受。（另见 Edmondson，1981）他提到赵元任之前的相关研究。赵元任（1968）指出，汉语中一问一答作为两个零句融合为一个整句，如："饭呢？都吃完了。"（一问一答），"饭呐，都吃完了"，"饭都吃完了"（整句，中间没有停顿）。沈家煊（1989）把这种机制进一步扩展到篇章中，说明（独白）篇章同样建立在类似的会话基础上。我们在前面提出"疑问与陈述的镜像关系"，而"引发—答应"与篇章中的"话题—说明"的对应，体现的就是这种镜像关系。表面上看，篇章以"话题—说明"展开，实际上是通过"问—答"推动的信息建构和流动过程。我们之前提出信息模块（吕公礼，2007：117），来概括"问—答"的语篇结构意义。如果把一轮"问—答"视为一个信息模块，那么一个篇章就是若干"问—答"模块构成的信息流动过程。

确立了"问—答"镜像关系的普遍性，我们可以进一步简化讨论和标记，不必处处同时提到"问"和"答"。上面的讨论表明，在"问—答"关系中，"问"作为信息启动点具有优先性。因此，之后的论述中凡是涉及"疑问"之处，便可通过"问—答"镜像延伸到"回答"。对于极化问句，我们用 P 来表示，而对于特殊问句，我们用"Wh-"来概括和表示。

第四节　经典信息论的问题本质和局限

语言信息传递的"问—答"原型在语言学思想传统中建构。这使人产生一种认识，好像"问—答"原型与信息论无关，而我们在此所作完全是另起炉灶。实际上，在信息论的技术传统中，问题原本就是认识信息本质的重要切入点（Mackay，1969；Ritchie，1991），问题与信息原本就内在地联系在一起。在信息观念的后续发展中，信息的问题本质也被发展到了极致。惠勒（1990）的信息论——元论（information-theoretic）无疑是这方面的典型代表。在惠勒（1990）看来，物理世界的每一部分都具有某种非物质本源，实在产生于是非问句的提出和回答，也就是比特包含的二元选择。信息论——元论惠勒用"万物源于比特"（It from bit）来概括。不过，为了建立具体的问答模型，这里我们不去过多纠缠问题与信息的形而上学问题，而是回到早期的界定。按照麦凯（1969：10－12）的论述，信息可分为两类：选择性信息内容（selective information-content）和描述性信息内容（descriptive information-content）。在选择性意义上，获取信息就是知晓我们之前不知之事。可以设想，一个简单问题有"是"（yes）和"否"（no）两种可能答案。这样，获取信息就是得到问题的答案。如果我们知道只有两种可能答案，那么"是"（yes）和"否"（no）就是一种指令（instructions），告诉我们选择两种答案中的哪一种。这一思路进一步推广，就可以得出以下结论：一个问题的答案无论多么复杂，都可以化为一组指令，这些指令告诉我们选择哪种答案。概括起来讲，问题与答案体现了选择性关系，而这实际上非常贴近信息的核心技术意义：问题设定了一组选择，代表答案的可能性范围（range of possibilities），而答案缩小了主体关于信息对象认知的可能性范围。可能性范围实质上就是不确定性空间，选择问题的答案因而就是不确定性的消除。

钟义信把信息定义为"关于事物运动状态和方式的知识"，信息的数量因此也可以用"关于事物运动状态和方式的知识量"来度量。值得一提的是，钟义信（1986）所说的信息量也继承了经典信息论的界定，在问题与答案的关联意义上来刻画。他指出，为了度量概率信息，我们设计一个基本的标准问题，然后看看所考察的事物的运动状态和方式的知识能回答多少个基本的标准问题，并且把它所回答的基本标准问题的数目作为它的信息量的大小。基本标准问题是在概率意义上定义的：问题 X 是一个基本标准问题，如果它只有两种可能状态 X_1 和 X_2，而且其中任何一种状态发生的可能性（即概率）均为 1/2。问题的基本性在于，它只有两种可能的状态，两种状态发生的概率均为 1/2。基本标准问题因而可用图 4-6 表示。

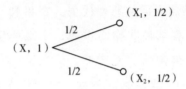

图 4-6　基本标准问题的概率

任何信息如果能回答上述基本标准问题，那么其信息量就是一个单位信息量，可表示为：H（1/2，1/2）＝1 单位信息量。其中的 H（1/2，1/2）可理解为"不定性程度"，为了消除这种"不定性程度"所需的信息量在数值上就等于这个"不定性程度"。因此，"不定性程度"和信息量在性质上相反、数值上相等。我们在第二章曾指出，经典信息论把信息量等同于信息，并没有解决信息本身的定义问题。这里有两个关键问题需要重述。其一，经典信息论的疑问（erotetic）结构只限于答案为"是"与"否"的信息量性，并不考虑"问题—答案"的语义内容。这样，对于任何不同语义内容的"问题—答案"，其信息意义实际上都是相同的（参见 *Stanford Encyclopedia of Philosophy*），这再次显示了其形式主义本质和局限。正如第二章所述，形式主义信息远离人类主体间的现实信息活动，因而在直觉上也无法成立。其二，"不定性"的消除与"不定性程度"的度量之间并不能画等号。在人类主体间的现实信息活动中，"不定性"是主体认知状态，这种状态的改变通过信息获取来实现。因此，"不定性"的消除（而不是"不定性程度"的度量）才是信息的本质特征，而在语言学意义上建构"问—答"原型，提供了一种新的信息理论框架和模型。与经典信息论相比，这种框架和模型更为科学合理，也更具普遍概括意义。当然，选择性意义上的信息只限于是非问句，其局限性也显而易见。从之前的信息分类（吕公礼，2007）可以看出，自然语言中的问句有三种基本类型：是非问句、事相问句和话题问句。显然，是非问句只是问句中一种类型。这从另一方面表明，在问题意义上，经典信息论虽然与语言信息有契合之处，却难以覆盖语言信息的全部形态，而之后出现的语义信息论，显然存在同样的局限性。下文我们重点要做的工作就是：在三种基本问句类型的基础上划分语言信息的类型，并对语言信息进行全面和系统的界定和理论刻画。正如本章和后续章节所展示的那样，在三种问句类型基础上确定信息形态，信息的外延无疑会得到极大扩展，进而也赋予信息更为丰富的内涵。

第五节　基于问句的语言信息分类

我们在上文指出，语言信息交流在共时层面呈现无限复杂多样形态，而"问—答"原型的确立极大简化了这种局面。实际上，语言信息如何分类，也是无限复杂多样性提出的重要问题。"问—答"原型确立后，语言信息分类和刻画便成为可操作的事情了。"问—答"虽是镜像关系，其中"问"却是语言信息交流的启动点，而相应的疑问句就具有优先性。在上述意义上，疑问句可谓语言信息分类的奥卡姆剃刀，语言信息的无限复杂多样性借此得以极大简化。"问句"作为普遍的信息探寻方式，其基本类型可归为三种（如表4-1）。（吕公礼，2007）

表4-1　　　　　　　　　基于问句的语言信息分类

问句类型	形式特征	例释
是非问句	英语的 yes-no 问句	Did John break the glass?
Wh-问句	以特定疑问词为标志	谁写的这篇文章？
话题问句	关于某事物（aboutness）的问句形式	英语 Can you tell me about T?

与三种问句相对应，我们区分三种基本信息类型：事态信息、事相信息和话题信息。其他问句类型（如选择问句）可视为基本信息类型的演化形态。信息分类的重要意义在于，信息量的测度标准根据类

型的不同来确定。信息类型不同，界定和度量标准或方式也不同。仅在这个意义上看，经典信息论就有很大局限性。在经典信息论中，信息按二项选择测度，充其量只能覆盖事态信息，显然难以扩展到事相信息和话题信息的度量。我们曾在上文指出，"问—答"是人类认识和信息活动的原型。同样，语言中何以存在三种基本问句形式，显然不是语言本身的任意结构方式，而是人类普遍认知机制决定的。我们（吕公礼，2012）研究了认知和言语动词，为上述模型提供了充分的语言证据。我们的研究已经表明，认知和言语动词是语言信息"问—答"原型映照为语言本身留下的化石。语言信息交流的"问—答"模型（图4－4所示）表明，"问—答"原型植根于人类非言语的信息探寻过程。人类信息活动的演化形成了普遍认知和信息探寻机制，这种机制投射到语言层面，形成了基本问句形式。在这个意义上，"问—答"是人类信息活动的普遍语言模型。在人类信息活动中，主体首先要对事体、事体性状及事态进行"是"与"非"的判断，这种信息需求经过语言投射，形成"是—非"（Yes-no）极化问句。事态包含多种事相（如人物、事物、时间、地点、原因、方式），而语言主体需要关注和获取事态边界内某一事相（如何物、何人、何时、何地、为何、如何）信息，这类信息的语言投射形成 Wh-问句。对于给定对象，语言主体需要获取该对象的信息，该对象便成为信息主题，其信息的语言投射形成主题问句。三种基本问句之外，语言中还有其他类型的问句，如选择问句等，但它们显然由基本问句派生而来。选择问句实际上是Yes-no 极化问句或 Wh-问句的派生形态。发话人提问期待的是回答。因此，"问—答"语对代表了一个完整的语言信息传递原型。回答是语言主体针对一定的问句的信息呈现，其典型语言形式为陈述句。按照镜像原理，信息探询类型对应的信息呈现也分为三种基本类型：事态信息、事相信息及话题信息。三种信息类型陈述如下：

1. 事态信息

事态信息针对"是"与"否"问句形成，其信息意义在于：事态"是""否"成立（属实、真实）是一种不确定认知状态，而答句作为语言信息单位，消除了受话人关于事态的不确定状态，传递了关于"事态"的信息。事态信息有三种基本表现形态（见表 4 - 2）。

表 4 - 2　　　　　　　　事态信息的三种基本表现形态

信息状态	发话人信息呈现选择	发话人承诺状态	例释
极化信息态	话语关于信息对象给出"是"与"否"的两极判断，表示为 p∨~p	全承诺信息形态	"火星上有水"；"火星上无水"
非极化形态	对事态作出"是"与"否"两极中间的表述，表示为 ◇p，□p	弱承诺信息形态	"火星上可能有水"
无信息状态	无法/没有提供关于事态信息，表示为 ~Kp	退出（opt out）形态	"我不知道"、"无可奉告"

2. 事相信息

在事态边界内，信息呈现为维相（人、物、事、时、地、方式及原因）。话语聚焦事态内某维相，表征传递某事相的信息内容，形成事相信息。根据镜像关系，事相信息的探询表现为 Wh-问词，具体表示何人、何物、何事、何时、何地、何种方式及何种原因。实际上，事相信息可在语法、语义及语用三个维面进行更为具体的划分。为了简化讨论，我们主要聚焦语义和语用两个维面。这里以英语为例略作说明。在语义维面，事相信息可按照 Wh-变元的具体内容分为：what，who，when，where，how 及 why 次类型，其中 what 信息可划分为"事物"和"事件"两种次类型，前者涉及某静态对象（事或物）的信息，而后者涉及动态对象（事件、行动）类信息，后者的 Wh-形式主要有 what-happen（发生什么事）和 do-what（做了什么事）（Halliday，1995）。在语用维面，事相信息可划分为 what 类和 which 类，前者为类属事相信息，后者为特指和独指类信息。Wh-问词作为事相信息的原型，具有现实语言背景。Wh-问词与不定代词、名词、指代成分具有某种深层联系（Culicover，1982），这种关系杰肯道夫（Jackendoff，1983）称为"语法对应"（grammatical parallels）。在我们看来，这种联系源于它们在信息内容上的系统对应和等价关系，相同或相似信息内容在不同句法和语篇条件下形成了不同语言形式。

事相信息的信息意义在于，问句话语中的 Wh-问词是一种变元，它设定和引发了某种未知（不确定）空间，而答句的信息意义在于，话语传递的信息使受话人的未知空间减小，不确定性得到消除，实现了信息的传递。对于 what 类信息，Wh-设定的空间是无限的，即信息空间在话语双方不知的论域内。从认知功能看，Wh-信息是识辨性的（specifying 或 identifying），即对于给定（预设）事态，事相信息得到传递，目的是使受话人获取足够的信息，以便确认或识辨 Wh-所对应的信息对象。

3. 话题信息

"话题"是语言学的一个基本问题。在语法研究中，"话题"是语句的功能成分，与评述共同构成"话题＋述谓"的功能切分格局。信息意义上的话题是信息内容对象，因而并不完全受句法或语篇形式结构的制约。如果用 T 表示话题，那么作为语言信息传递的内容对象，话题信息可以"Tell about T"（Can you tell me about T?）为框架确立起点。换句话说，凡是可以出现在上述框架中的语言信息，都可认定为语言信息的话题 T，而针对 T 所传递的语言信息内容称为话题信息。这里，话题信息框架也使主题的复杂形态得到简化。

在语言信息交流中，话语就某一话题对象传递信息，其本质就是揭示和展现对象属性特征。对于不同的话题对象，属性特征表现为不同的形态，以不同的方式展现出来，具体分为类指话题、特指话题及独指话题三种类型。类指顾名思义涉及一类事物，类指话题信息因而以事物的共相为起点，其信息为类属事物的共性和普遍特征。特指话题涉及特定事物，特指话题信息因而以事物的殊相为起点，其信息为特定事物的特定属性特征。独指话题涉及独一无二的事物，独指话题信息同样以对象的殊相为起点，其信息为某一独一无二对象的独有属性特征。

类指话题信息虽然呈现为普遍认定的属性特征，但在具体传递过程中表现为动态过程。为了刻画类指话题信息的动态性，我们抽象出三种基本变量：发话人、受话人和话题。在现实生活中，发话人与受话人之间的信息状态并非相同和对称。因此，三种变量构成一种信息沟，类指话题信息过程以此为动因而发生。在特定专业领域，在特定信息主体之间（如教师与学生，专家与非专家）存在明显的信息沟，主体间的信息传递因信息沟而发生。还有一些专业性较低的话题，如"战争"和"男孩"等，其信息可能具有其他传递方向和形式。在信息主体认知背景相近或"相同"时，主体间便形成一种零信息沟（zero information gap）状态。零信息沟意味着什么呢？零信息沟意味着，信息主体间关于对象拥有"相同"的信息，主体间因而不存在需要传递的信息。显然，这是一种非现实状态，是一种理论构想。这一构想的真正意义在于，它为信息量的刻画提供了一种必要的逻辑起点。在现实语言信息交流中，"战争就是战争"和"男孩就是男孩"之类的同义反复字面上并没有传递信息。但是，正是由于零信息沟状态的存在，同义反复才能成为潜在语言信息形式，用以生成特殊和额外的信息效应和价值，而这种效应恰恰源于话题的类属和普遍属性。

我们再回到类指信息的刻画。按我们的理解，类指话题信息在下面的条件中得到确立：存在特定的知识共同体，由"话题—发话人—受话人"三个基本变元构成，知识共同体的基本认知状态就是其原型信息状态。例如，"人"通常被共同体认定具有一定属性，"战争"通常被共同体认定具有一定属性等。前者为"事物"类话题，后者为"事件"类话题。

有了类指信息的刻画做参照，理解和把握特指类话题信息和独指类话题信息，就相对容易一些。假设话题 T = 这个人/这次旅行；T = 莎士比亚/英国/第二次世界大战，代入 Tell me/us about T 框架，形成话题信息触发起点。在现实语言信息传递过程中，这种触发起点是完全自然和合理的。特指和独指话题信息虽与类指话题信息不同，却也存在内在联系。实际上，特指和独指话题信息涉及的就是类属事物中的特定对象。因此，特指和独指话题信息是相应类属话题属性在特定对象上的具体和特殊的表现。事物以这些属性与类属中的其他对象相区别，这些属性是事物不同于类属中其他成员的区别性特征。例如，"莎士比亚"属于类属"人"的范畴，具有该范畴中所有成员的共性。而"莎士比亚"作为话题，其信息是其不同于其他人的属性和

特征。对于"事件"类话题（如特定的旅行或战争），上述原则同样
适用。

第六节　语言信息事件的二重 Wh-构成

在语言学中，语句被视为语言基本单位，而语句通常传递事件信
息。由于语句传递事件信息以主体获取信息为前提，这种信息实际上
是主体认知世界事件，我们称为"信息认知表达事件"，它涉及的是非
言语事件。主体认知世界获取信息后，可进入语言信息交流，语言信
息交流事件自身也发生了，这种事件也常会得到语言编码。在这个意
义上，语言信息交流实际上包含两种事件，即"信息认知表达事件"
和"语言信息交流事件"，是两种事件的复合过程。兰盖克（1991：
284）提出了舞台模型（stage model），其中就包括台上和台下两种情
景。台上的是主体认知到的事件，大体相当于"信息认知表达事
件"，而语句就是这种事件的语言表征和编码。台下主体认知和表征
台上事件，目的是将其信息传递给其他台下主体。当台下主体把认知
到的台上事件信息传递给其他台下主体时，"语言信息交流事件"也
同时发生了。对语言信息建构来说，台上的是核心信息事件，而台下
的信息交流事件同样是有机组成部分。语言中存在所谓指示成分
（如英语 I，you，here，now 等），而"语言信息交流事件"实际上通
过指示成分得到语言编码。语用学的相关研究早已表明，离开指示成
分的解读，语言信息就无法充分理解和解码。指示成分其实是语言信
息交流在特定时空定位的语言手段，因而也是语境化的基本形式。这
种解读自然还涉及交流主体的意图。按照斯博伯和威尔逊（1995：
54）的观点，语言信息交流存在两种意图：信息意图（informative in-
tention）和交流意图（communicative intention）。两种意图大体对应上
述两种事件。

从问答镜像关系来看，上述两种事件的语言陈述对应两种疑问，
由此引申出语言信息的二重 Wh-构成。其中，"语言信息交流事件"

的 Wh-构成尤其值得关注，而事相信息为此提供了基本结构框架。实际上，学界有关语境的研究大多围绕这一事件展开。这里有两位大家最值得一提。一是社会语言学家费什曼（Fishman），他（Fishman，1968；祝琬瑾，1985：79 – 100）提出了一个著名的说话模式："谁在何时用何种语言向谁说话"（Who Speaks What Language to Whom and When）；二是修辞学家陈望道。在论及修辞适应题旨情景时，他（陈望道，1997：7）提到了所谓六何说：何故、何事、何人、何地、何时及何如。两种模式产生于不同的文化和学科背景，提法也略有差异，但都指向了"语言信息交流事件"的基本要素，并直接用疑问形式加以概括，可谓殊途同归。综合上述讨论，语言信息过程的"问—答"原型可进一步细化为二重 Wh-构成，即"语言信息交流事件"E_t 的 Wh-构成和"信息认知表征事件"E_c 的 Wh-构成，它们可按笛卡尔积表述如下：

(i)"语言信息交流事件"的 Wh-变元组合

E_t = who × whom × **SAY – WHAT** × when × where × why × how.

(ii)"信息认知表征事件"Wh-变元组合

E_c = who × whom × **DO – WHAT/WHAT – HAPPEN/BE – WHAT** × when × where × why × how

从语言信息交流的具体完整状态来看，两种事件的二重 Wh-复合可谓这种状态的重要特征，二重 Wh-复合可用笛卡尔积概括如下：

$E_t × E_c$ = {（发话人×施事），（受话人×受事），（言行×动作），（发话时间×动作时间），（发话地点×动作地点），（说话方式×动作方式），（说话原因×动作原因）}

这一概括有多种意义，其中一个重要意义在于，它可以解释语言信息交流的各种变换和多样形态。例如，奥斯汀曾提出几种语言特征，如第一人称、动词现在时等，用以识别行为句。确立了二重 Wh-构成，现在我们对行为句提出以下系统描述和概括：

$$E_t \times E_e = \{ \text{（发话人 = 施事），（受话人 × 受事），（言行 = 动作），} \\ \text{（发话时间 = 动作时间），（发话地点 = 动作地点），（说} \\ \text{话方式 × 动作方式），（说话原因 × 动作原因）} \}$$

可以看出，行为句实际上是两种事件四方面特征重合形成的特定形式，包括发话人与施事重合（言行发话人 = 施事）、言行与动作重合（言行 = 动作）、发话时间与动作时间重合（发话时间 = 动作时间）及发话地点与动作地点重合（发话地点 = 动作地点）。这样，我们就可解释为何 "I pronounce you man and wife" 是行为句，而 "He pronounced you man and wife" 不是行为句。后者不被视为行为句，就在于它在特定变元上偏离重合形态，而这又恰恰说明行为句是两种事件 Wh-变元组合多样性的特殊情形。不过，语言信息过程的二重 Wh-构成原理还有更为重要的意义。在微观技术层面上，二重 Wh-构成为我们提供了刻画语境信息的最佳模式。其中的 HOW 和 WHY 变元概括了语言信息交流的方式和原因（及目的和效应），而这成为建立广义方式原则的基础，而语言信息借助溯因推理启动信息生成过程。我们将在下一章对此进行详细探索和阐释。在语言信息交流的宏观层面上，语言信息过程的二重 Wh-构成原理也具有重要价值。在此构成原理基础上，我们可以建构语言信息传播的空间模式。在这个模式中看，语言信息交流的演化，实际上是从原型空间向非原型空间演化的过程。语言信息演化遵循一个基本原理，就是语言信息原型与非原型扩展回归原理，信息传播空间按照同样的原理演化，实际上是该原理的自然延伸。探索信息社会的种种现象是本书的核心任务，而语言信息传播空间的演化原理具有独特科学价值和意义。

第七节 语言信息传递的问题逻辑重构

语用学中的"逻辑"概念早在格赖斯的语用学中就出现，在其广为引用的论文 Logic and Conversation（"逻辑与会话"）中就含有"逻辑"，而罗宾·莱考夫（1995）则把格赖斯的语用学直接称为"会话逻辑"（conversational logic）。后来斯博伯和威尔逊建立关联理论，从"语码模式"与"推理模式"的对比中引申出其基本观念。在这个意义上，斯博伯和威尔逊极力推崇"推理模式"，可谓对格赖斯的语用"逻辑"思维的发展。不过，斯博伯和威尔逊对格赖斯语用学理论的发展还有更深层的意义。在斯博伯和威尔逊的理解中，逻辑推理是一种输入与输出过程，因而是一种信息加工过程（information processing）。不过，由于缺少科学的语言信息界定和分类，无论是格赖斯的理论还是斯博伯和威尔逊的关联理论，其中的"逻辑"都停留在纯逻辑学意义上，并没有发展出真正面向语言信息过程的"逻辑"。在我们看来，这种意义上的"逻辑"，是面向语言信息过程，在语用学的基本范畴、命题及推理基础上构造起来的逻辑。这里，我们试图建立的逻辑就是以语言信息过程为模型、以问题逻辑（erotetic logic）为逻辑形态的语言信息逻辑。语言信息逻辑由信息状态空间、逻辑表达式及展开模式构成。

我们关注语言信息过程就是关注语用的动态性。我们在刻画语用的本体特征时指出，语用是一个具有启动、展开、结束的趋向目标的信息动态变化过程。其中，信息起点的构造是刻画语言信息过程的关键。由于语言信息传递是从给定信息向未知信息的流动，信息起点需要以给定信息状态和期待信息状态为基本参量来构造，即有，

给定信息状态 （G）‥‥‥‥‥‥► 期待信息状态 （E）

显然，选择与构造信息起点，就必须把两种信息状态映射到语言形式上去。我们在上文提出了信息的三种基本模拟形式，它们是语言主体信息探询过程的起点。G 和 E 映射到一定的语言形式，构成了语言信息的基本单位，其中 G 是信息构成的基本参照点。作为给定状态，

G 显然需要在语言主体的信息空间中来定位。我们用空间的概念来刻画信息状态，是因为语言成分的语用状态实际上是一种多维立体状态，可从事相、事态、话题三类信息分别刻画。

1. 事态信息

事态信息是以一定的事态为信息单位的信息形态，其探询起点的给定信息状态和期待信息状态分别为：

给定信息状态 （G）········▶ 期待信息状态 （E）

事态信息单位　　　　　　事态信息的是非确认

John bought a house
$$\begin{cases} \text{Yes，} & \text{(It is the case that } \textbf{John bought a house}\text{)} \\ \text{No，} & \text{(It is not the case that } \textbf{John bought a house}\text{)} \end{cases}$$

我们知道，是与非代表事态确认的两极，这两极构成了相关事态信息的状态空间，语言主体在该空间中选择信息的呈现方式。因此，事态信息的信息空间可用极化特征来刻画。设（p）S 为 Yes-no 问句的逻辑式，其中 S 为预设，P 为极化特征，则有集合：

P = {a, n} 和答案集合 Si = {（p）S | pϵP}。

其中 a 为肯定（affirmative），n 为否定（negative），则 P = {a, n} 为事态信息呈现的选择空间和论域中的两个典型状态，而在两极之间还存在其他中间状态。以英语为例，其他表示两极和中间状态的语言形式有 necessarily, probable, possibly, impossible 等，它们构成事态信息空间的扩展形态：

P = {certain, probable, possibly, impossible}，

P = {necessarily, probable, possibly, impossible}，

P = {must, should, may, cannot}

这样，事态信息扩展的信息空间可一般地表示为：P = {…a, …b, …c, … n…}，其中每一元素前的符号…表示它们之间还有更细微的状态。例如，在英语中，我们可用 quite 修饰 certain 和 impossible，也可用 most 修饰 probable 和 possibly。

2. 事相信息

一定的事态有其内在组成，而事态赋予其组成部分某种角色，这种角色我们称为事相。根据问答镜像原理，主体的信息探询可针对事态内事相，启动事相信息过程，其起点的信息状态刻画如下：

给定信息状态 （G）┈┈┈▶ 期待信息状态 （E）

① Something happened. ┈┈ **WHAT** happened?

② **SOMEBODY** bought a house. ┈┈ **WHO** bought a house?

③ John bought **A HOUSE**. ┈┈ **WHAT** did John buy?

我们看到，事相并非单一层面的信息，而是句法、词义及语篇三个基本维度信息的复合状态。由于事相信息主要编码为语词，这种复合形态其实有其科学的语言学依据。克罗夫特（1999，2001）建立了功能类型学的词类范畴标记模式，为事相信息的语词编码提供了最新支持。功能类型学词类范畴标记模型主要在语义和语用两个维度建构。语义维度有三个范畴：事物（Objects）、性状（Properties）和动作（Actions）。语用维度以命题行为为单位，按词类在命题行为中的功能区分三个语用范畴：指称（Reference）、修饰（Modification）和述谓（Predication）（Croft，2001；2002）。语义和语用范畴通过自然关联组配，构成典型的词类范畴。事物和指称的自然联系构成典型的"名词"，性状和修饰的自然联系构成典型的"形容词"，动作和述谓的自然联系构成典型的"动词"（沈家煊，1999：31）。自然关联之外的组配构成非典型词类形态。由于指称功能与主语和宾语自然关联，修饰与定语自然关联，述谓与谓语自然关联，语法维度也包含在上述界定中。在这个意义上，功能类型学的词类范畴是语义、语用和句法的全息单位。

根据上述三维全息界定，我们结合所指的具体语用变化（类指、独指、特指），建立事相信息的具体刻画形式。以状态③为例，John 和 a house 是所在事态中的事相，它们在语法维度的信息功能为主语和宾语。句法维度的信息概括起来则有：主语、谓语、宾语、补语、定语及状语，分别记为 S_b、P_d、O_b、C_m、A_t 及 A_v。在词义维度上，John 和 a house 作为事相分别包含信息特征"人"和"事物"，词义维度的信息概括起来则有："事物"、"人"、"动作"、"时间"、"空间"、"方式"及"原因"等，分别记为 N、H、A、T、L、M 及 R。在语用维度上，John 和 a house 的信息特征分别为独指和类指，语用维度的信息特征概括起来则有：类指（generic reference）、特指（specific reference）及独指（unique reference），分别记为 G、S 及 U，设 G_m、S_m 及 P_m 分别代表句法、词义及语篇维度的特征集合，则事相信息的状态空间概括为笛卡尔积：

$$G_m \times S_m \times P_m = \{ <g, s, p> \mid \forall g \epsilon G_m, \forall s \epsilon S_m, \forall p \epsilon P_m \}。$$

这样，John 和 a house 的状态空间可分别表示为：

John：$<S_b, H、U>$，
a house：$<O_b, N、G>$

前面我们提到，问题与答案是镜像关系。事相信息过程由一定的 Wh-问句触发启动，一定的 Wh-问词由事相信息状态空间刻画，因而凝结着句法、词义及语用维度信息。这样，Wh-问词的设定论域可由集合 $G_m \times S_m \times P_m$ 上的一个三元组来定义。例如，问词 what 的设定论域定义为 what：$<S_b/O_b/C_m, G, N>$，意为"做主/宾/表的类属之物的集合"，who 的设定论域定义为 who：$<S_b, G/U, H>$，意为"做主语的类属/独指之人的集合"，其他问词的设定论域以此类推。

在英语的问词中，三个维度的特征并非全部具有形式标记。语义特征是基础，因而均有形式标记。语法特征在"人"的语义维度上具有形式标记（如 who/whom/whose）。语用特征 G 和 U 没有形式标记差别，而 S 特征由 which 来显示。根据信息等价关系，which 对应的是限定性名词。按照霍金斯（Hawkins，1978）的界定，限定性名词设定了一种"语用上可识辨对象的集合"（pragmatically identifiable set）。在语义维度上，which 适用于所有信息类型，其设定论域为指示域或语篇域界定，是"事物"、"人"、"动作"、"时间"、"空间"、"方式"及"原因"的集合。值得注意的是，"动作"虽有特定性（主要通过"时"、"空"特征体现），却没有专用的 Wh-问词。为便于形式化描述，问词的设定论域用大写字母（代表语义特征）加上标（代表语用特征）来表示，语法特征包含在逻辑式中，论域符号不再体现。如 what 的论域可记为 what：N^G/N^U，do-what 的论域可记为 do-what：A_C^N，而 which 的论域可记为 which：$N^S/H^S/T^S/L^S/M^S/R^S$ 等。

3. 话题信息

话题作为话题信息的起点，其语义内容和语用特征是给定的。因此，话题信息的信息状态为：

给定信息状态 （G）--------------► 期待信息状态 （E）

给定信息状态 (G)		期待信息状态 (E)
man	about	**man**
John walked	about	**John's walking**
Buenos Aires	about	**Buenos Aires**

话题在语义维面上有"静态"和"动态"两种主要标记，分别记为 st 和 dy，话题的语用特征则表现为类属、特指及独指，记法与事相信息相同。这样，话题可按集合 S_m（P_m 上的一个二元组）来分类，如话题"man"的类别可定义为〈st, g〉，即为静态类属话题，而话题"John walked"的类别为〈dy, s〉，即为动态特指话题。如上所述，作为给定对象，话题都潜含着其属性特征得以展开的基本维度。例如，〈st, g〉类话题一般包含的基本维度有："形态"、"颜色"、"体积"、"重量"、"材料"、"用途"、"位置"等。"人"作为〈st, g〉类话题的次类型包含的维度有："体貌"、"性别"、"年龄"、"举止"、"言语"、"性格"、"能力"、"职业"等。"城市"作为〈st, g〉类话题的次类型一般包含的维度有：类型，位置，面积，人口，气候，工业，文化，历史等。〈dy, s〉类话题一般包含的维度有：动作，主体，对

象，时间，地点，方式，原因，结果等。一个维度还会包含次维度，如"城市"的人口还包含人口的增长、结构等维度。话题对象的基本维度构成了话题信息展开的信息状态空间或论域。一般地，对于给定话题 T，存在维度 D_1，D_2，D_3，$\cdots D_n$，则话题 T 信息的论域可表示为集合 $D^t = \{D_1，D_2，\cdots D_n\}$。

第五章

语境化与语言信息的生成性原理

第一节 走向语言信息的具体完整性

语言信息按层级构造，层级单位以二元耦合原理形成，信息在二元示差中产生。不过，层级和二元耦合仍是抽象概括，仍然无法刻画语言信息的具体完整实时过程。实现这一过程需要回归具体完整性，而这需要把语境信息充分整合进来，这就是语境化（contextualization）过程。语境化是语言信息单位整合的基本方式，这是认知语用学代表人物斯博伯和威尔逊（1986/1995）的基本观念，而在杨（1987）的信息理论中，语境也被视为核心范畴之一。但在深入进行理论探讨之前，我们先从语言学意义上对语境略作界定。我们知道，语言信息的实时过程主要以线性方式展开。对于成分 A 和 B，语言信息单位的建构始于 A，而 B 以 A 为环境确立，A 就是 B 的语境。在语言学的功能主义传统中，语句按照给定信息和新信息切分，而在认知语言学中，语句按照图形背景展开，在很大程度上刻画的就是语言信息的线性展开。从认知关注来看，主体在特定时刻只能聚焦单一成分，聚焦点从成分 A 移向成分 B，从而形成信息线性展开之势。

在语言信息的线性展开中，A 先于 B 出现，B 在 A 环境下选择和解读，A 便成为 B 的语境。我们把 B 称为"语项"，A 相应地称为"境项"（另见许丕华、吴博富，1987，1992；吕公礼，1997，2007），语境是"境项"的惯常名称。因此，语境不是自足和现成的静态单位，而在语言信息的展开中动态形成。反过来看，"语项"也不是自足静态范畴，而是随语境的确立得到选择和解读。对信息发出者来说，"语项"相对语境来选择；对于信息的接受者来说，"语项"相对语境得到解读。语言信息交流是具体完整过程，语言单位从具体完整过程中抽象而来，是忽略语境的去语境化（decontextualization）产物。在第二章的相关论述中，我们提出和界定了语言信息单位。在语境的二元切分中看，语言信息单位就是"语项"的等价对象。信息单位不是自然显现的，而是语言结构各层次构成的抽象形态，因而是去语境化的结果。回到语境的二元切分来看，语言信息单位通过语境化实现功能，而语境化是"语项"与"境项"的二元耦合过程。对于给定信息单位 B，该单位相对于另一变元 A 实现其具体信息价值。回归语言信息交流的具体完整性，就是在特定语境条件下选择和解读"语项"，也就是语言信息的语境化过程。在这个意义上，建构具体完整的语言信息交流过程，语境化是必然方法论选择。

语境的二元动态界定在学界早有认识和探索。古德温和杜朗蒂（Goodwin & Duranti, 1993）指出："语境必然涉及两类现象（two orders of phenomena），它们相互构造，相互赋予形式（constitute and inform each other）。"希夫林（Schiffrin, 1994：362）也指出，"语境信息总是相对于我们'关注中心'的某物来确定。这意味着语境是无法在真空中谈论的，我们只有想到'某一另外对象'（如某一意象、气味、声音、词语、言语或言语序列）时语境才会存在，'某一另外对象'相对语境而存在"，而利内尔（1998：134）也明确指出："语境本质上是关系；语境总是另一事物的语境。"（Contexts are intrinsically relational; a context is always the context of something else）。斯博伯和威尔逊（1986/1995：107）关于演绎推理有这样的描述：对于设定 P，存在设定 C，P 相对于 C 而语境化，则 C 为 P 的语境。显然，斯博伯和威尔逊也是在二元组合（union）的意义上界定语境化的。从语词意义来看，汉语"语境"的英语对应是"context"，而在非语言学背景中，该词的上义概念应是背景或环境。所谓"境"即环境条件，而环境条件相对于某一"单位对象"而存在。在这个意义上，语境的二元界定其实具有更为普遍的非语言学背景和根据。语言环境需以某一言语单位为前提来确定，语言活动环境的界定以"语"为"单位中心"，是对"语"与其相应环境连续体的二元切分过程。我们有理由在此重述，语境并非一个自足的概念，而是在某种关系中显现和把握的。谈论或界定语境时，已经预设了两类现象，即"语"和"境"。确定了特定的"语"，其"境"就已在其中了，"境"相对"语"而产生和存在。在非语言学领域，确立和谈论某一"单位中心"，也必然预设着相应环境的存在。一幢房子是单位对象还是环境状态呢？这显然不能从房子自身来确定，而要涉及房子之外的因素，如以观察者和观察方式等其他条件为参照才能确定。站在房间外来观察，房子更多呈现为单位对象，而其他建筑、花园、街道、天空等则成为房子的环境。站在房内来观察，观察者自身成为单位对象，而房间则成为单位对象的环境（至少是微观的环境）。人存在于一定的物质和非物质环境中，但在"物质—能量—信息"层面上，人与环境并没有明确的界限，而是同一连续过程的不同离散状态。我们常常谈论人类的生存环境，自然是以人的存在为"单位中心"，然后在连续体中划分出人与环境的二元关系。如果以人体为界面，向内则有人体的组成，如人体器官、器官组织、人体细胞及其他有机物。在某种意义上，地球环境、人自身的存在、人体组织、人体细胞等也是连续体。如果以体内某层级构成为"单位中心"，单位之外的人体又成了环境。

显然，语境虽然多在语言学中探索和讨论，其意义却早已超越语言学范围。我们曾从社会学、语言学、语言哲学、诠释学及人工智能五大学科群出发，探讨了语境范畴的跨学科意义。我们的基本结论是，语境是一个普遍元理论范畴（吕公礼、关志坤，2005）。语境与语言信息内在地联系在一起，这同样具有更为深刻和普遍的科学基础。这里需要特别强调的是，杨（1987）明确把语境视为信息刻画的重要范畴。杨（1987：54）认为，物质能量事件或物象内在地联系在一起。之后，杨（1987：75 – 76）又指出，信息作为形式无法离开语境（context）或参照系（frame of reference）来确定。作为这种参照系的有力证据，他提到 20 世纪物理学中的相对论和量子力学两大重大理论。在相对论中，观察者所在的参照系是观察任何系统或过程的首要条件。相对论的一个核心思想是，物体的运动速度接近光速时，其质量会增加，长度也会压缩。这表明，物体实际形态与宇宙其他部分处于一种环境关系中。在量子力学中，微观粒子（mircro-particals）的本体形态是否为客观存在，历来是颇有争议的问题。按照现有的认识，微观粒子是无法客观观察和认识的，所谓本体形态只不过是观察者与被观察对象之间的函数，微观粒子的本体在我们与粒子的互动行为（观察）中确立。在观察过程中，物质的潜在形态变为现实形态。在生物科学中，基因科学同样印证了物质形态对环境的依存关系。基因是边界清晰、稳定自足的物质存在，这是科学普及读物在多数人心目中形成的认识。而现有的研究表明，"基因背景"（genetic background）存在差异，基因本身也因此呈现出不完整外显率和可变的表达度。基因的"意义"因而对环境高度敏感（highly context-sensitive）。（Emmeche & Hoffmeyer，1991）综上所述，环境是参照系，这种参照系对于物质能量形态存在具有其内在必然性，这一结论同样适用于物质更高形态。在蓝根（1996：47）看来，参照系或环境是存在本身的内在特征，人类作为物质演化的高级存在形式就是"环境中的人类"（man in contexts），人类存在于环境中，这种环境有空间环境（spatial context），时间环境（temporal context）及社会环境（social context）。生命产生于地球环境，在地球环境中演化。人类作为生命演化的高级形态，其存在与环境内在地联系在一起。人类存在环境是属概念，语境是特定环境，语境与人类存在环境同源，语境的普遍性由此自然引申而来。

　　上面的讨论多以物质世界本身为主。实际上，主体观察和认知在语境范畴的形成中也时有提及。"语"与"境"的二元切分和构成机制，有其心理学基础和哲学本体论背景。在古德温和杜朗蒂（1993）看来，语境的二元化是"焦点事件"（focal event）与"背景"（ground）

的划分过程，其理论源头是格式塔心理学中的"图形"（figure）与"背景"（ground）划分。"图形"与"背景"的划分是一种心理过程，威廉·詹姆斯（Flanagan，2001：33-34）在其注意和意识理论中早有论述。在现代认知心理学的前沿领域，选择性注意与抑制机制（inhibition）密切相关（Houghton & Tipper，1994）。显然，要从混沌之中锁定和聚焦某对象（figure），就意味着抑制机制的存在，这种机制把对象以外的信息刺激屏蔽在注意和意识之外。吉冯（2002）则把这种选择性心理过程明确界定为一种信息处理机制。他指出，"无论对于视网膜和光波神经自动化信息处理系统，还是支撑人类语言的高级皮质信息处理能力，选择性（关注）具有同样的真实性"，"'现实的语境'是适应性引导下的心智所设定的关联性视角，是一种镜头调整机制（lense-setting），提取和保留的是感知现实中高度选择的部分"（Givón，2002：225）。认知心理学和心智哲学研究表明，选择性是一种二元化过程，而二元化是主体基本的认知心理机制和信息加工策略。在我们看来，人作为物质、能量和信息的统一体始终处于有限性与无限性的矛盾之中，二元化是人类应对这一矛盾的基本信息策略，因而是上述矛盾运动的产物。关于这一信息策略，我们在第九章还要进行深入探讨。

第二节 语境化：语言学演化的选择

语境作为语言学的元理论范畴，其普遍性在多种跨学科领域得到了广泛认同（见吕公礼、关志坤，2005）。不过，我们在本书中试图建构的是信息的语言学理论。因此，我们最终要回归语言学自身演化，从中探寻信息语境化的内在必然性。语言的层级单位是抽象规定性，而这种规定性有一个重要前提，那就是语言从语言信息活动的具体完整性中的抽象界定。语言从具体完整性中进行抽象界定，可以说是索绪尔为代表的结构主义语言学的根本追求。索绪尔确立了语言学的研究对象，实际上就是确定了语言结构的核心地位。之后，欧洲和美国结构主义得到进一步发展，语言的层级单位逐渐确立。到了乔姆斯基时代，语言层级单位达到了最高抽象层面。随着语言单位的高度抽象和形式化，现代语言学的发展也见证了相反方向的摆动，那就是回归语言的具体完整性（吕公礼，2011）。其中最具影响力的就是功能主义语言学传统，特别是伦敦语言学派的语境思想。从源头上看，伦敦学派始于弗思的语言学思想，而弗思的情景语境又源于英国人类学先驱马林诺夫斯基（Malinowski）的语境观。语境观念从人类学产生，有其内在原因和根据。马林诺夫斯基研究的是原始部落的真实文化，其语言内含于原始民族文化的具体完整性之中。马林诺夫斯基的一个重要发现是，这些民族的语词离开其使用的情景就无法理解。情景语境就这样产生了，并被弗思继承和系统概括，成为后来者韩礼德系统功能语法的基础范畴。所谓语词使用的情景，本质上就是语言交流的具体完整性，情景语境的产生显然是语言研究回归具体完整性的重要标志。同样值得一提的是大西洋彼岸的美国人类学传统，这一传统始于美洲印第安文化研究，而这种文化的数千种语言没有书面语言，因而不像欧洲经典语言那样已有长久和系统的研究。因此，美国人类学家面对的同样是具体完整状态的语言。虽然美国人类学之后的发展更多演变为结构主义方法，它所衍生出来的常人方法和民俗交流研究为社会语言学研究奠定了基础。我们知道，语境同样是社会语言学的核心范畴。正如作者开始所言，语用学真正面向的是语言信息交流，是追求语言信息具体完整性的产物。语用学以研究具体语境中的语言使用为宗旨，其具体完整性追求是不言而喻的。语用学的源头在语言哲学和符号学，但其产生和发展同样经历了从抽象到具体的演化轨迹。我们知道，语言哲学始于哲学的语言转向，但哲学家转向语言，是要在语言分析中寻找哲学问题的答案。在此过程中，语言哲学家却有题外发现，那就是自然语言的所谓"缺陷"，因而萌发了建立理想人工形式语言的思想，并试图用此转译和替代自然语言。不过，这种努力同样走向否定之否定，结果是回归日常语言，从语言使用中认识其意义。维特根斯坦无疑在这种回归中发挥了思想引领作用，而奥斯汀的言语行为论和格赖斯的会话逻辑为语用学确立了具体的理论模式。奥斯汀（1969）明确提出研究"完整的言语环境中所作的完整言语行为"，而格赖斯研究会话交流，语言的具体完整性追求自然成为基本设定。

20世纪后半叶，认知语言学兴起。虽然认知语言学与乔姆斯基语言学同属认知科学，但认知语言学之认知已非乔姆斯基之认知。在很大程度上，认知语言学是批判和背离乔姆斯基形式主义语言学的产物，而这恰恰以回归语言的具体完整性为根本追求（吕公礼，2011）。这样，语境观念自然成为认知语言学的立论基础。认知语法的创始人兰盖克（1987：147）明确指出："所有语言单位都依赖语境。"他（1991）进一步明确指出，"概念意义上的意义同样基于语境。语言表达式获得意义，是调动各种知识和经验论域知识的结果，而论域突出的就是说话人对现场语境的理解，语言成分的抽象是语言使用复现特征的强化和固化（entrenched），抽象概念和抽象世界最终源于身体经验"。认知语言学主张语义与语用界限的消解，特别强调语言具体完整性中的语言研究（Lakoff & Johnson，1999）。在这一方面，吉拉兹（Geeraerts）关于认知语义学的概括最具代表性。吉拉兹（2010：182）认为，生成语义学代表最小化方法（minimalist approach），而认知语义学代表最大化方法（maximalist approach）。所谓最大化方法就是语境化方法（contextualized approach），就是在心理、语言使用及更大的文化和历史背景中认识语言。显然，语言的具体完整性是语境化方法的本质特征。

语境化是走向语言具体完整性的必然选择，这是没有争议的发展趋势。只是这种发展成功与否，在很大程度上取决于语境本身的认识和界定，而语境的现有认识依然呈现多样形态。多样化归根结底源于这样的倾向，就是吉冯（2002：225）所说的客观化设定。所谓客观化设定，就是把语境视为客观静态对象。由于研究对象、背景、取向及目的不同，客观化设定引出的大多是因素的罗列。后继者能做的就是在已有的因素上添加更多因素，从而把语境演绎成为一种无所不包、但也无所作为的范畴。语境化是走向语言信息具体完整性的必然选择，而要建构真正体现具体完整性的语言信息理论模式，科学的语境界定和理论是无法回避的问题。

第三节 语境的二元耦合和函变关系

语境按我们的界定是一个动态范畴。这可以从两种意义上理解。其一，语境相对"语项"而立。"语项"是语言信息构造各层级单位的概括，"语项"所取层级单位不同，相应的语境也不同。其二，层级单位是语法范畴，其具体的语义内容也随具体表达式的变化而变化。用数学语言来表述，"语项"和语境不是常量，而是变量（variables）。为了简化讨论，这里我们先按语言形式单位来界定。设"语项"为 X，C_{in} 为语内语境，C_{ex} 为语外语境，那么就有：

$$X = \{语素，语词，词组，语句，语篇\}$$
$$C = \{语内因素，语外因素\}$$

"语项" X 和语境 C 均为变量，语境随"语项"而立，"语项"参照语境选择和解读。因此，"语项" X 和语境 C 之间的关系可概括为以下函数：

$$X = f（C）（"语项" X 参照语境选择和解读）$$
$$C = f（X）（语境 C 随"语项" X 而立）$$

在"语项"给定的情况下，语境有语内 C_{in} 和语外 C_{ex} 两种选择，"语项"和语境的二元耦合分为语内和语外耦合：

$$C_{in} = \{语素，语词，词组，语句，语篇\}$$
$$C_{ex} = \{参与者，言语事件，时间，地点，方式，原因\}$$

其中，语内耦合简要说明如下。

①语素耦合成词

jar lid	$X = f(C)$, $C = f(X)$
黑板	$X = f(C)$, $C = f(X)$
看书	$X = f(C)$, $C = f(X)$
养花	$X = f(C)$, $C = f(X)$
吃饭	$X = f(C)$, $C = f(X)$

②语词耦合成组

那辆　中国制造的　漂亮的　白色　电动　机车

$$X = f(C_{in})$$

那辆　　　　　　　　　　　　　　机车

$$X = f(C_{in})$$
$$X = f(C_{ex})$$

其中,"那辆"也可能以语外情景为语境选择和解读。因此才有 $X = C_{ex}$。前述英语词组"those two splendid old electric trains"也可按此进行语境化刻画处理。

③词组耦合成句

张三是医生。　　　　C = 张三　　　X = 医生

She gave me a book.　　C = She gave me　　X = a book

④语句耦合成篇

甲：你下周去自驾游吗?

乙：不去了。

C = 你下周去自驾游吗?　　X = 不去了

第四节　语言信息的生成性原理：
普遍科学本源和形态

二元耦合结构原理已经颇具概括性，但仍未超越语言信息单位构成性。语言学中的大量证据显示，语言信息单位的构成并不仅仅是构成，而且在构成中生成了组成部分没有的新质。按照二元耦合结构原理，我们说"轮"与"椅"耦合形成"轮椅"，但"轮椅"并非"轮"与"椅"简单相加而成，而是具有新质的整体单位。"white"与"house"耦合形成"the White House"，但"the White House"并非"white"与"house"简单相加，而是具有新质的整体单位。语言中还有大量更为超常的耦合，如"pickpocket"（扒手）、"谢幕"、"养病"、"金黄"、"山脚"及"张三是机器"等。显然，"pickpocket"并非"pick"和"pocket"相加构成，"谢幕"并非"谢"和"幕"相加构成，"养病"并非"养"和"病"相加构成，"金黄"并非"金"和"黄"相加构成，"山脚"并非"山"和"脚"相加构成，"张三是机器"并非"张三"和"是机器"相加构成。每一耦合不仅构成了整体，而且都生成了构成部分原本没有的整体新质，这一现象我们概括为信息的生成性。（另见吕公礼，2007）

提到生成性，人们自然想到整体大于部分之和的道理。后者原本是格式塔心理学的核心思想，但认知语言学家为其赋予了新的活力。这方面最值得称道的就是福科尼耶（Fauconnier，1997）整合论（blending），整合论主要研究语言和思维中的整合现象。整合论的核心思想是：语言和思维单位整合会产生涌现性质（emergent property）。我们这里用生成性，一方面想与构成性保持一致，另一方面也想特别强调一个事实：整体性并非认知、心理、思维及语言所独有。组分相合生成整体新质，这是无机世界、有机世界、认知思维及语言结构的普遍原理。这一原理在本书确立的"物质—能量—信息"统一性中得到更为完整解释和概括。

在无机世界，物质由分子构成，分子由原子构成，原子由原子核和电子构成，原子核由质子和中子构成，这早已成为科学常识。这些层级单位中，每一单位的构成都生成了新质。核裂变告诉我们，原子核绝非质子和中子的简单相加。我们也常听人说，一个水分子 H_2O 由两个氢原子和一个氧原子构成，但水的性状显然不是氢氧原子简单相加而成，否则就无法理解水具有其成分完全没有的新质。在有机世界，生物体由器官构成，器官由细胞构成，细胞由细胞核和细胞膜构成等。这是人们熟悉的自上而下的简单解释。然而，这样的过程反过来，自下而上来解释却不成立。细胞具有细胞核和细胞膜简单相加所没有的新质，器官具有组织细胞简单相加所没有的新质，生物体无疑具有器官简单相加所没有的大量新质。这里还有一个关键的层级变换，那就是从无机到有机的变换。这一过程是生命生成的层级，因而是构成性根本无法概括的。按照还原主义的观念，细胞继续分析下去，最终发现的是纯粹的物理化学过程。然而，还原主义难以成立，因为细胞作为生命的基本单位，其意义恰恰在于，它超越物理化学过程，获得了物理化学成分没有的新质——生命。事物的具体完整性无法拆解还原为构成要素，人们常用"有机整体"来描述，大概就源自生命体的有机性。毫无疑问，在人类机体的器官中，大脑是人类心智和信息中心之所在。脑科学研究早已表明，大脑也有其构成。按进化阶梯看，大脑有鱼脑、爬虫脑（脑干和小脑）、哺乳动物脑（边缘系统）、人类脑（皮质和新皮质）组成部分（Carter，1999：32－33；另见本书第一章）。新皮质分为左右两半球，每个半球分为四叶：额叶、顶叶、颞叶和枕叶。然而，大脑之成为大脑，首先在于神经系统。我们知道，人类大脑约有 1000 亿个神经元细胞（neurons），神经元通过突触相互连接，形成复杂的神经系统。按照大脑的模块说（theory of modularity），上述构成部分都有自身的功能。然而，大脑之所以成为大脑，是因为大脑有意识、思维、认知、智能等功能，而这些显然无法还原归结为神经元、大脑组织、大脑模块等组成部分的简单相加。意识、思维、认知、智能等是大脑神经系统涌现出来的整体特征，是大脑构成部分原本没有的新质。显而易见，大脑由物质能量形态构成，但大脑却生成了意识、思维、认知、智能等新质，而这些显然是非物质能量特征。从物质能量形态到非物质能量特征，这里存在一种巨大的鸿沟（吕公礼，2011）。如前所述，信息从物质能量中分化而来，上述鸿沟正是以信息的分化实现了跨越。

　　显然，心智和语言的生成性对于信息生成性最具意义。整体大于部分之和，这是格式塔心理学的核心思想。所谓格式塔是完好形状之意。对于不连贯或有所缺失的图形，主体认知会弥补填充，使其成为完整良好的图形。因此，在最原初意义上，整体大于部分之和，大于之处并非源自图形自身，而是主体认知建构生成。在这个意义上，格式塔观念虽然源于视觉感知，却概括了全部认知思维过程的机制和特征。逻辑学是研究思维规律的科学，逻辑范畴最初在外延基础上归纳形成。不过，在多数情况下，范畴并不能穷尽全部外延，而尚未观察到的外延部分大体上要靠演绎来弥补。演绎弥补的根据可能就是完好的范畴整体。范畴与范畴结合构成命题，但命题显然具备了构成范畴原本没有的新质。在更高的逻辑思维层面，命题组合形成推理过程，同样生成组成命题没有的新质。在这一方面，三段论是我们熟知的基本推理模式。在这种模式中，大前提与小前提结合，从中推出一个结论。显然，结论就是前提组合生成的新质。上述讨论综合起来，我们可以得出一般结论：整体大于部分之和是无机世界、有机世界及人类认知思维的普遍原理。这里需要特别认识到的是，无机和有机物的整体新质为客观生成，而认知思维过程中的整体新质要靠主体主观建构生成。我们之前的论述表明，信息伴随生命产生而分化出来，而认知思维本身就是信息过程。因此，无论客观生成还是主观建构，都可在信息生成性中得到完整解释和合理概括。

　　语言信息过程是认知思维过程的外化，其生成性从认知思维过程的生成性自然延伸而来。近期，语言构造中的整体生成性备受关注，但其观念早已内含于组合性（compositionality）和层级结构原理之中。克里斯托（Crystal，1985：62）就在层级意义上解释组合性，这些层级有语句、小句、词组、语词及语素。语言的层级构造有两种理解方式：自上而下（top-down）和自下而上（bottom-up）。自上而下的方法把上层结构分析为下层成分，而自下而上的方法把下层成分组合为更大上层结构。在结构主义占据主流的20世纪，自上而下的分析方法为多数语言研究沿用，而自下而上的综合方法多被忽视。"Compositionality"原本是把部分组合起来的意思，而组合实际上预设了被组合的成分，而组合又形成更大的单位。分析方法实际上把被分析的结构视为给定单位，致力于自上而下进行层层分解，以期找到最基本的构成单位。然而，之后兴起的认知语言学发现，对于给定结构的性质，从分解单位的简单组合无法得到解释。这种结构便是构式语法的研究对象，构式语法的目的是对构式进行概括和解释。我们在此要强调的是，语言的层级构造遵循二元分形原理。自上而下的分析呈现为二元形态，自下而上组合实际上层层二元组合，因而可用二元耦合来概括。语言信息的二元耦合构成更大的结构单位，都会伴随整体新质的生成，这是所有语言层级构造的普遍原理。首先，语素耦合成词是构成过程，而构词也生成了新质。英语的"nothing"与"-ness"耦合成词"nothingness"，便有新质生成了。英语复合词构成也都有新质生成，如"jar"与"lid"构成"jar lid"，"black"与"board"构成"blackboard"，"white"与"house"构成"the White House"等。现代汉语的语词大多由二字词构成，二元耦合原理得到最好体现。例如，"看"与"书"耦合构成"看书"，"意"与"思"耦合构成"意思"，"谢"与"幕"耦合构成"谢幕"，每一次构成都生成了整体新质。其次，词组耦合构成语句，也伴随整体新质生成。这一方面构式语法已有大量研究。考虑以下经典语例：

(1) Sam sneezed the napkin off the table. （Goldberg, 1995）

(2) That doctor is a butcher （那个医生是屠夫）

(3) 枯藤老树昏鸦，小桥流水人家，古道西风瘦马。夕阳西下，断肠人在天涯。（马致远的《秋思》）

例（1）中的 sneezed 代表的构式原本没有使动用法，但在该句中却生成了使动意义。在例（2）中，"那个医生"与"屠夫"耦合，整句却有新质生成。马致远的《秋思》是经常引用的例子。这首诗的前三行其实由词组构成，连完整的语句也算不上，但整体上却构成了一首诗。我们知道，诗歌所以为诗歌，恰恰在于语词之外的意境，而意境就是整体生成的新质。《秋思》所以常为人们津津乐道，也恰恰因其看似不连的语词整体生成的诗意。在会话语篇方面，格赖斯的会话含义理论为语篇的生成性提供了最为有力的理论支持。例如，

（4）甲：你下周还去自驾游吗？
　　　乙：我的车坏了。

在上述会话中，乙的话语产生了含义："我不去自驾游了。"甲乙话语单独来看，并没有这个含义，该含义是甲乙问答耦合中生成的新质。在此意义上，会话含义其实就是话语成分生成的整体新质。斯博伯和威尔逊（1986/1995）的关联理论被视为格赖斯理论的深度发展。斯博伯和威尔逊（1986/1995：48）明确指出："相互联系的新信息与给定信息一同作为推导的前提，进一步的新信息从中导出。这种新信息是给定信息没有组合前无法导出的信息。信息加工产生增值效应（multiplification effect），我们称为关联性。"显然，信息耦合产生增值效应，本质就是信息的生成性。

上述讨论涉及多个领域，其中的观念和陈述也多有不同，这里不妨略作综合和概括。无论是结构主义语言学的组合，语用学的言外之意和增值效应，还是认知语言学的构式、整合及涌现，其本质都可概括为语言信息的生成性。语言信息构成部分生成整体新质，这是无须重述的普遍信息原理。我们的目的不是停留在现象罗列和简单描述，而是探索和揭示语言信息生成的具体机制和认知理据，而语境化原理为此提供了独特启示。我们再考察上面提到的对话（4）。甲问：你下周还去自驾游吗？乙答：我的车坏了。这个对话显然不能理解为甲乙

话语的简单耦合。甲的提问先于乙的回答，乙的回答针对甲的提问而发。乙回答的额外意义"我不去自驾游了"，是以甲的提问为给定环境生成的。放在语境化框架中来说就是，甲的提问是语境，乙的回答是"语项"，"语项"以语境为限制条件得到解读。甲提问的语境功能并非在语言层面实现，而是激活了一种"问—答"信息结构：提问期待回答。这种期待规定了回答的结构范围：无论乙说什么、怎么说，其话语都被视为针对甲提问的回答。所谓没有回答也是回答（No answer is answer），就是这个道理。在该对话中，乙的回答虽没有直接回答下周是否去自驾游，却提供了自驾游的工具信息，因而仍是甲提问的回答。除了"问—答"结构，甲话语内容也激活了"自驾游"信息结构：自己有旅行工具，车子状态良好等。乙的话语说车子坏了，自驾游工具缺失，自然无法出行。语句层面的"语项"与"境项"耦合不同于会话，但遵循相同的语境化原理。我们考察"那位医生是屠夫"。如前所述，该句是"那个医生"与"屠夫"的二元耦合。"那个医生"先于"屠夫"出现，成为"屠夫"的语境，屠夫成为"语项"。"那个医生"作为语境激活了特定的期待内容结构：医生的工作是救死扶伤，那位医生也应如此。期待内容结构的意义在于，"那个医生是……"中的任何"语项"都视为构成完整语句格式塔的必要成分。由于"屠夫"与期待的内容结构相违，便生成了额外意义。构式语法以构式存在为设定，其本质就在于构式包含了期待内容结构。在更低的语词层面，整体新质的生成遵循同样的语境化原理。"黑板"由"黑"与"板"二元耦合构成。"黑"先于"板"出现，构成的语境激活了特定的结构：任何具有黑色特征的事物。在给定的语境结构中，"板"作为"语项"得以确定，实现了二元耦合构成，也生成了部分没有的整体新质。语词的构造实际上是事物类型的范畴化。兰盖克（2008）曾对此进行了科学概括。他提出了构式图式（constructional schema），认为构式图式引导表达式的形成和解释（formation and interpretation）。兰盖克（2008：190）进一步指出，在表达式的范畴化（具体化）过程中，构式图式被调用，参与表达式的范畴化。兰盖克这里所说的范畴化就是语词构成中的修饰，被调用的构式图式是语境引发的期待内容结构。虽然兰盖克讨论的是语词背后的范畴化，他的思路适用于所有语言信息层面。

语境激活的结构图式实际上包含在信息交流主体的知识结构中。主体的知识虽然无限丰富多样，但经过主体认知变换和语言简化，就变为能够驾驭处理的信息机制和结构。我们已经确立的基本认识是，主体认知世界并从中获取信息，在此基础上演化出主体间的信息交流。主体获取世界信息始于疑问，信息以陈述得以表征。主体间的信息交流始于提问，信息以陈述形式提供。"问—答"是语言信息交流的原型，陈述的信息结构可通过镜像关系变换为"Wh-"构成，从而得到极大简化。

第五节　语境的"Wh-"格式塔结构及广义方式原则

信息传递形态无限多样，但由于"问—答"构成了语言信息传递的原型，凡是进入语言交流传递过程的信息，必然经历 Wh-变换。语境虽因"语项"而动态形成，而语境形成之时便成为重要信息输入，由二元耦合构成中的境项激活语境结构，自然也经历 Wh-变换。这一结论的语言学背景在于，问句是语言信息探寻和探询的最基本形式。无论是语言主体的"语用知识"还是语言信息交流事件的具体展开过程，都可以简化为"Wh-"变元构成和展开形态。"Wh-"变元构成的独特意义在于，它提供了语境结构信息的格式塔。在格式塔意义上，任何言语事件都按照完形构成和展开，言语事件一旦启动，相应的语境 Wh-变元格式塔随之形成。这一格式塔必然设定了说话内容、说话人、说话时间、说话地点、说话方式和说话原因的同现，变换成信息探寻形态则有（吕公礼，2007）：

a. 谁对我说话？

b. 说话人对我说<u>什么</u>?

c. 说话人<u>怎么</u>说对我说这些的?

d. 说话人<u>为什么</u>对我说这些?

e. (说话时间/地点默认)

　　上述信息探寻形态并不显性表达,却可变换为显性语言表达。如"你说什么呢?"、"你跟谁说话呢?"、"你怎么说话呢?"、"你为何说这些?"、"你为何这样说?"等。这些显性表达恰恰说明,"语言信息交流事件"的 Wh-变元构成的格式塔原理有其现实合理的语用背景。之前我们区分了两种 Wh-事件:"语言信息交流事件"和"信息认知表达事件"。语境结构 Wh-变元的格式塔也可用两个网格形式表示(见图5-1)。

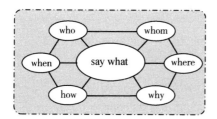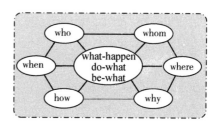

图 5-1　语境结构 Wh-变元的格式塔的网格形式

　　语言信息交流不是两种事件分离状态,而是它们共同构成的具体完整过程,因此具有复合的格式塔(见图5-2和图5-3)

　　图 5-2 为事相信息 "Wh-" 内嵌于语境结构 "Wh-" 变元格式塔形成的复合结构,图 5-3 为事态信息(SoA-information)、事相信息(Wh-information)及话题信息(Topic-information)内嵌于语境结构 "Wh-" 变元格式塔形成的复合结构。确立了语言信息交流过程的 "Wh-" 变元格式塔,我们再回头考察语言表达式的信息解读过程,从中探索语言信息交流的一般原理。在上述例(4)对话中,甲的提问作为语境激活了 "问—答" 期待结构,规定了乙的回答方式和解读机制。我们注意到,图 5-2 中 "Wh-" 变元格式塔外围存在 "how",它概括的就是这种规定性。这里乙的回答答非所问,但由于 "问—答" 结构

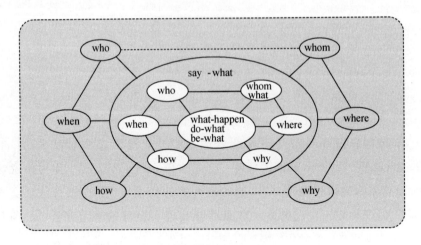

图 5-2　语境结构"Wh-"变元格式塔的复合 1

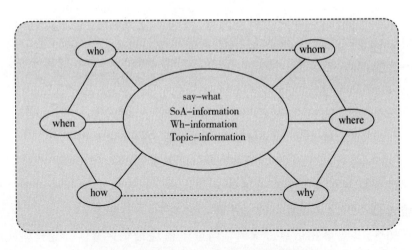

图 5-3　语境结构"Wh-"变元格式塔的复合 2

　　规定，乙答非所问仍视为对甲提问的回答，只是回答选择了结构规定外的方式罢了。既然"how"变元概括是语言信息交流方式，那么这种方式的本质是什么？方式的根本机制又是什么呢？我们曾经指出，人类个体是物质能量的有限形态，却要面对和传递无限复杂多样的信息。以简单驾驭繁复，以不变应对万变，刚性中富有弹性是人类主体的根本信息加工策略。语言包含的方式选择虽然无限复杂多样，但我们的研究表明，语言信息活动主体对方式的认知状态其实是有限的，即有序性和无序性两种典型方式（吕公礼，2007）。前者为已知、期待和默认方式，主体对这种方式的反应常常是自动的，为此付出的认知能量也最小；后者是主体未知和期待之外的，主体对这种方式的反应是能动的，为此付出的认知能量也较高。语言信息交流中的简单、不变及刚性是什么，格赖斯会话逻辑早有重要启示。格赖斯（1975）认为，合作原则是会话和交流的支配性原则。按照合作原则，会话主体可以选择合作或者不合作。我们曾对格赖斯会话逻辑进行深入探析，提出了语言信息交流的标记模式（吕公礼，1999；2007）。在这一模式中，语言信息交流的方式分为无标记和有标记两种基本方式。格赖斯更多是在哲学意义上概括语言交流的，而社会学家对大量自然会话进行了实证调查，确立了会话的二元结构方式：期待的结构（preferred structure）和不期待结构（dispreferred structure）（Levinson，1983）。实际上，中国修辞学家在这方面也有类似思想。陈望道（1932/1997）曾按照"消极修辞"和"积极修辞"两大分野，分形式与内容两个层面来建构修辞理论。胡范铸（1987）也把语言符号组合分为"常规"与"非常规"两种方式，并在此基础上解释语言幽默氛围的产生机制。修辞学研究语言表达效果，而语言表达效果在语言各个层面实现。修辞学虽然有其自身发展演化传统，但其二元划分完全契合标记模式，为该模式提供了更为广泛的语言使用事实。我们在此陈述各种传统中的观念和理论，目的不是为了简单列举，而是探寻和建立语言信息交流的普遍原理和机制。格赖斯模式产生于哲学思辨，会话分析以实证研究为基础，而中国传统修辞学更具文艺美学底蕴。这些思想传统看似不尽相同，其演化结果和研究结论却殊途同归，为我们探寻语言信息交流的一般机制提供了汇聚证据（convergent evidence）。能够添加进来的证据还有语言学的近期发现，特别是认知语言学的研究成果。认知语言学家对构式和范畴的研究使我们相信，语言信息过程的二元标记形态具有普遍意义，适用于语句和语词等所有语言层级单位的构成。兰盖克（1991）在其认知语法中区分了事件和范畴的原型（archetypes) 与非原型形态。按照兰盖克 (1991) 的观念，语句以标准事件进行编码和表达，而语句成分按角色原形编码和表达。这种编码和表达为无标记形态，而语句和成分又通过引申扩展为有标记和非原型形态。构式语法学家古德堡 (Goldberg, 1995：38) 与兰盖克 (1991) 一脉相承，提出了语句的中心意义与非中心意义。在之后的发展中，兰盖克 (2008：170) 又针对语词构造提出了范畴化模式。在该模式中，语言表达式的范畴化有两种方式：

[schema] ——— [EXPRESSION]（表达式与图式完全符合）

[schema] ——— [EXPRESSION]（表达式与图式规约矛盾）

其中的 [schema] 为语言成分激活的图式。在第一种方式中，表达式按图式规定构成，是对图式的细化 (elaboration)。在第二种方式中，表达式的构成与图式矛盾，需要进行引申 (extension) 解读。兰盖克把第二种方式视为创新 (innovation)，是对既成规约的突破 (pushing the envelope of established convention)。综合起来看，上述研究思想背景和研究对象多有不同，但提出的模式形成了多种汇聚性证据，指向了相似的二元信息构成机制。更为重要的是，这些模式覆盖了语词 (范畴化)、语句 (构式语法)、语篇 (会话) 等基本语言层级，表明二元方式是语言信息过程的普遍机制。从语境结构的 "Wh-" 变元格式塔来看，二元形态就是言语交流方式 "how" 概括的内容。由于二元方式覆盖了所有语言层级，"how" 概括的可称为广义的方式 (General Manner)，记为全大写的 "HOW"。语言信息构成方式的选择以特定信息交流目的为动因 (吕公礼，2007)。因此，"HOW" 与 "WHY" 形成基本对举和镜像关系：以特定的信息表征传递方式实现特定的信息目的和效应。广义方式是语言信息活动所有层面选择的支配原则，因此称为广义方式原则 (The General Manner Principle) （见吕公礼，1996)。从语境化角度看，广义方式由 "语项" 与 "境项" 的耦合构成。与广义方式相对应，则存在广义效应。由于效应是发话人动机

（意图）在受话人一方的实现状态，"WHY" 概括的就是广义效应的触发点，这样从广义方式可实现广义效应（见图 5 - 4）。

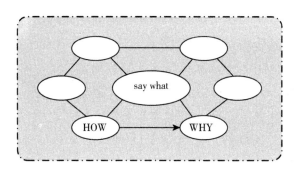

图 5 - 4　HOW 与 WHY 的对举和广义方式原则

　　广义方式原则在语言事实上建立，却也不乏深厚的信息背景，因而揭示的是人类信息活动的基本原理。麦凯（1969：162）指出，信息可以在操作意义上定义。他认为，如同"力"被定义为它所产生的加速度一样，信息可以定义为它产生的效应（what it does），信息的效应是表征构造的变化（The effect of information is a change in representational construct）。按照同样的思路理解，语言选择特定表征传递方式，其动因和目的是改变信息接收者的认知表征状态，这种改变就是信息效应的实现。在此意义上，广义方式原则概括的是语言信息活动的普遍机制。广义方式是标记性的选择，在信息形式与内容、信息内容的关联性、质性和量性层面上表现为具体的选择形态。在形式与内容的对应上，标记性表现为常规与非常规方式的选择，在内容层面上表现为关联与不关联、真实与不真实、适量与不适量的选择（吕公礼，2007：103）。

　　在语言信息生成意义上，HOW ——→WHY 是信息生成过程的启动机制。从图 5 - 1 可以看出，Wh-格式塔由 Wh-变元构成，它们相互连接构成网格，其中 Wh-变元为网格的节点。网格中每一节点通过连接通向其他节点，也通向更多维面信息。由于网格中的变元相互依存和制约，其中一个节点的启动可以激活其他节点。给定具体的言语单位及其语境标记，主体信息加工过程按 Wh-变元的网格自动弥补缺失节点，根据给定的标记性建构相应的语境形态，寻找和建构更高层阶上的完形组合形态。语用推理生成额外信息，其根本理据和机制就在于此。需要指出的是，"Wh-"变元网格节点是语境背景的潜在结构。在特定语言交流形态中，特定变元和变元组合可以前景化，而其他变元存在于语境信息空间的背景中。在口语信息交流中，变元全部同现在场，因而处在前景之中。在书面文字交流中，语境变元并非全部在场。文字信息交流是特定变元前景化而其他变元背景化的过程。显然，在"写作"过程中，作者（发话人 Who）在前景中，而读者处在背景之中。相反，在"阅读"过程中，读者（受话人 Whom）在前景中，而作者则退到背景之中。在此意义上，文本的诠释就是作者不在场（背景化）的信息传递解读过程。我们在第九章要探讨信息空间的变换问题，而语境的 Wh-格式塔结构为此提供了基本思路和重要理论框架。

在斯博伯和威尔逊（1986/1995）的人类信息交流研究中，推理模式最受推崇。语用推理常被视为"溯因"过程。确立了语言信息的 Wh-格式塔结构，我们可以对"溯因"提出新的解释。"溯因"顾名思义就是追溯原因，是对说话方式选择"理由"的回溯。显然，"理由"就是 Wh-格式塔结构中 WHY 节点概括的内容。这样来看，语用推理就是经由 WHY 节点激发和启动的"溯因"过程。按照广义方式原则，"方式"与"理由"（目的）构成对举。因此，"溯因"过程始于"why"节点，然后借助"why"与"how"的网格连接激活"how"节点。实际上，这一过程是"HOW × WHY"二元组合的前景化实现的。需要强调的是，这里的"溯因"不是对任意"理由"的回溯，而是对说话人信息交流方式"理由"的回溯，语言信息的生成效应在回溯过程中实现。在语言信息活动中，"HOW × WHY"组合前景化，经过不断复现而固化为常态信息交流方式。这是语言信息的无标记方式，而偏离常态就形成有标记方式。

语言信息交流是人类主体间的活动，这一活动的顺利进行建立在双方默认的基本设定上。其中一个基本默认设定为：在没有特定"理由"时，语言信息按无标记方式建构，语言信息也按照无标记方式解读，无须追溯"理由"。在其他情况下，语言信息因特定"理由"选择有标记方式建构，语言信息也按有标记方式解读，并追溯发话人选择有标记方式的"理由"，通过"溯因"保持 Wh-变元网格的完形形态。回到问答对话（4），对于给定的信息效应（目标），"问—答"语对构成无标记方式。提问者通常期待回答，而一定的回答是对提问的应对。如果信息的提供者答非所问，便背离了"问—答"结构方式，构成有标记方式。信息"问—答"为双方主体默认的结构，答案信息按照格式塔原理解读：即答非所问仍是对提问的回答，从而保持了"问—答"结构完形形态。为了保持完形形态，语言信息接收方认定，信息发送方不是"无故"（没有理由）选择有标记方式，选择有标记方式是有"理由"的。追溯"理由"生成了额外信息效应，说话人的有标记信息方式得到合理化。显然，"Wh-"变元网格构成的格式塔原理是语言信息编码、组织和加工的最经济形式。"Wh-"变元组合凸显形成的潜在"溯因"起点有：

——WHY × （**say**）**what** × …（为什么说这些…）

——WHY × （say）what × **who** × **whom** × …（为什么他对他说这些…）

——WHY × who × （say）what × whom × **when** × …（为什么他对他此时说这些…）

——WHY × who × （say）what × whom × when × **where** × …（为什么他在此地对他说这些…）

——WHY × HOW × …（为什么以这种方式说这些…）

推理的本质是"溯因"，而"溯因"生成额外信息效应，其完整过程可概括为以下模式，其中 ×（WHY）表示无"溯因"（见图 5–5）。

最后我们要特别重述的是，广义方式是对所有语言层面和阶段选

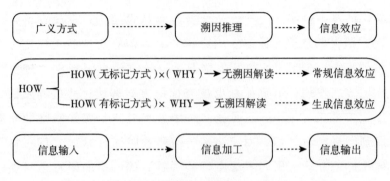

图 5 - 5　语言信息推理的完整过程（吕公礼，2007）

择方式的概括。因此，广义方式揭示的是人类语言信息交流的普遍原理。人类信息活动是多层面多维度的复杂过程，主体信息编码也面临无限多样选择，但无限多样的选择都可归结为标记性，从而概括为无标记与有标记两种基本方式。广义方式的理论解释力和普遍概括意义就在于此。

　　语言信息生成是"溯因"过程，而"溯因"并非简单的语用推理机制，而是有其充分的认知心理现实性。如上所述，"溯因"就是追溯、寻找原因的意思。在这个意义上，"溯因"实际上与心理学的"归因"（attribution）相通，"溯因"推理可在"归因"研究中找到现实认知心理根据。

　　"归因"研究 20 世纪 20 年代由海德（Heider）提出之后，认知心理学者和社会心理学家进行了大量的探索和研究，先后提出了多种理论模型。我们认为，"归因"研究对"溯因"推理具有三个方面重要意义。首先，"归因"完全涵盖"溯因"推理。刘永芳（1998）指出："归因是人们试图理解行为原因的过程。""归因总是与'为什么'这样的问题联系在一起的。""归因是普通人对周围的对个人生活有重要意义的各种日常行为和事件的结果进行的原因搜寻过程。"他还提出了更高理论层次的概括："归因是根据行为或事件的结果，通过知觉、思维、推断等内部信息加工过程而确认造成该结果之原因的认知活动。"毫无疑问，语言行为属于人类行为，"归因"研究理论完全适用于"溯因"推理。其次，"归因"研究模式大都以认知心理学为基础。在近期的发展中，"归因"完全解释为信息加工过程，因而为"溯因"提供了现实认知心理根据。最后，"归因"与"溯因"具有相似的启动机制。关于"标准理论"的有关研究表明，"人们并不对一切行为或事件进行归因解释。当没有明确要求人们进行'归因'时，人们只对那些异常的或意外的行为或事件才会自发产生归因问题，进行'自发归因思维'（spontaneous causal thinking）"。何谓异常和意外的事件？在本书信息机制中来看，异常和意外的事件就是期待之外的事件，因而可以归结为有标记的行为方式。如前所述，有标记性方式启动语言信息方式的"溯因"过程，是由"Wh-"变元格式塔结构引发的信息网格补足过程。在此意义上，"溯因"是一种自发"归因"过程。

第六章

语言信息的原型与非原型扩展回归原理

第一节　语言信息原型的构成探源

我们在第四章确立了语言信息原型构成，主要目的是为刻画语言信息编码和传递单位奠定基础。具体内容包括：语言信息的两极符号结构、语言信息的层级构成、语言信息的二元分形构成、语言信息传递的"问—答"原型和镜像关系、基于问句类型的语言信息分类、语言信息传递的语用过程及语言信息传递的问题逻辑。然而，第五章的探讨表明，语言信息不仅是构成的，也在构成中不断生成新的信息，形成无限复杂多样的形态。我们知道，原型是简单有限的，其构成无法解释和概括无限复杂多样的信息形态。为了解决这一矛盾，我们在本章确立语言信息原型与非原型的扩展回归原理，之后行文中简称原型与非原型扩展回归原理。这一原理具体如何展开，具有什么重要意义，我们在之后的章节还要进一步探讨。显然，原型是这一原理的逻辑原点，原型的来源是首先要探讨的问题。

一　语言信息原型的"涉身性"来源

语言信息的原型构成在语言基础上确立，而源头却在于人类认知过程，而这实际上又是对信息源头的追问。我们在第一章提出"物质—能量—信息"的统一性，由此得出的基本结论是，世界是"物质—能量—信息"的统一。世界的物质性是显而易见的，而能量和信息在统一性中的地位如何，却需要略作说明。其实，能量含于物质，物理学早有结论。我们之前提到几种信息定义，其中的基本认识是：信息是"物质—能量"的结构形式，信息也以物质能量为载体。维纳（1961：17）曾把信息界定为我们"同外部世界进行交换的内容的名称"。然而，我们同外部世界进行交换的显然不仅是信息，物质能量的交换其实是更为基本的交换。在无机世界，物体与环境间交换的是物质能量，表现为物体间的物理化学作用。在有机世界，有机体与环境时刻发生着交换，但这种交换既有物质能量交换，也有信息交换。在我们看来，信息就源自这种统一性，从"物质—能量—信息"的统一性中分化而来。这是我们在第一章对信息的基本哲学概括。我们也进一步指出，生命的诞生伴随信息从统一性的分化，信息因而与生命相生相连。

　　上述结论简明扼要，却毕竟是哲学概括。我们之前强调，本书的基本研究目标不是哲学概括，而是人类语言信息交流具体完整性，从中建构信息的具体机制和原理。哲学概括带来的更多是洞见和启示，要转化为语言信息活动的具体机制，自然需要进行更为具体的探索和建构，而当代认知科学的演化和发展为我们提供了理论和实践准备。这里最为值得一提的是莱考夫和约翰逊（1999）的涉身哲学。涉身哲学顾名思义是哲学研究，但正如莱考夫和约翰逊（1999：15）所说，认知科学——心智的经验性研究——需要创立一种新的经验上可靠的哲学（empirically responsible philosophy），这是一种与心智本质研究发现一致的哲学。经验上可靠的哲学应怎样理解呢？莱考夫和约翰逊（1999：79－80）进一步确立了三个追求（commitments）：①认知现实性（cognitive reality）追求；②趋同证据（convergent evidence）追求；③概括性和综合性（generalization and comprehensiveness）追求。我们看到，第三个追求其实是哲学的普遍追求，而前两个追求才是涉身哲学的独特之处。综合起来看，涉身哲学追求所谓经验上可靠，就是建立认知和神经方面真实的心智理论，而这种理论要立足于尽可能多的趋同性经验证据，包括语言学在内的认知科学的众多领域的证据。按照莱考夫和约翰逊（1999：75-78）的观点，认知科学经历了第一代向第二代的演化。第一代认知科学始于乔姆斯基语言学，而乔姆斯基在哲学上继承的是理性主义哲学先驱笛卡尔的身心二元论，他的语言学理论与计算机科学的形式符号语言相契合。第二代认知科学的发展极大地受益于当代人类学、心理学、语言学、神经科学等领域的新成果。在哲学上，第二代认知科学主张身心一元论，认为心智和语言源于低等动物也具有的身体感知运动。身体的感知运动俗称身体经验，以此形成所谓涉身哲学（吕公礼，2008）。然而，哲学终究不能局限于通俗身体经验，而要追求高度抽象和理论概括。在本书研究中，我们就是抱着这样的理论目标，确立了"物质—能量—信息"的统一性。在这种统一性中来看，身体经验从根本上讲就是物质能量活动。由于身体通过感知运动与环境连接，因而必然包含着信息活动。信息从物质能量分化而来，可在物质能量结构形式意义上界定，涉身哲学为此提供了更为合理的理论支持。信息是物质能量结构形式，而这种结构形式在信息主体身体经验中把握。语言信息构成离不开语言主体，自然有其身体经验源头，是身体经验中形成的原型结构。信息按物质能量结构形式界定，而放在信息论或信息哲学中讨论，这样的界定终究难以摆脱抽象概括的局限。我们之前提到，结构形式已然成为共识，至于结构形式的具体形态如何，信息论和信息哲学往往语焉不详。在这个意义上，自然语言自身就是具体的信息结构形态，而认知语言学研究为此提供了大量证据。

在认知意义上，人类认知世界就是获取信息，而获取的信息有何基本呈现形态呢？在我们看来，事体和事态是信息的两种基本单位形态。前者形成概念和范畴，后者形成命题和事件。在语言学意义上，概念和范畴的典型表现形态为语词，命题和事件的典型表现形态为语句。我们知道，范畴的思想源头可以追溯到亚里士多德的范畴论（吕公礼，2012）。自20世纪60年代以来，来自人类学、语言学、心理学、模糊数学等领域的学者进行了持久深入的研究，取得了大量新成果。范畴化研究逐渐汇聚为一股强大的思想大潮（吕公礼，2012），显然并非偶然。在大量丰硕成果中，范畴原型及其"涉身性"（embodiment）是贯穿其中的核心思想。早期，伯林和凯（Berlin & Kay，1969）关于颜色范畴的研究提出了焦点颜色，之后罗施（Rosch，1976）进一步确立了范畴原型思想，再往后罗施等（1976）提出基本层面范畴，范畴化研究逐渐成为系统成熟的理论。随着认知语言学各种理论模式的确立，范畴化思想延伸到语言各层面的刻画。最具代表性的有兰盖克（1987：372）的范畴原型和语法角色原型（role archetype），海涅等（Heine et al，1999）语法化理论中的源概念（source concepts），克罗夫特（2001，2002）的词类范畴原型，莱考夫和约翰逊概念隐喻的源域（source domain）和目标域。这些理论形态各异，却都围绕"原"或"源"展开，其共通之处显而易见。这种共通之处本质上就是其涉身源头。毫无疑问，莱考夫和约翰逊（1999）是涉身哲学的集大成者，而他们恰恰以概念隐喻理论而著称。同样，海涅等（1999）的语法化理论也在"涉身性"意义上解释源概念和源命题：源概念是边界清晰的物质概念，包括身体部位和基本动作语词，这些概念以人为中心形成向心性（egocentricity），也称为"涉身性"（embodiement）。其中，范畴化理论中还有基本层级范畴，这里需要特别说明。类典型以典型范畴为中心呈现同心圆格局，而范畴层级按抽象具体程度呈现层级格局，处在基本位置的是基本层级范畴（basic level categories）。按照温格尔和施密特（1996：66－68）的概括，基本层级范畴指向人类关注中心，满足人类基本认知需求，以整体格式塔被感知，大多涉及身体运动，以最小努力获取最多信息等。从本质上看，这些特征显然同样指向了"涉身性"。

　　毫无疑问，语句是语言信息交流最为基本的单位。语句表征和编码命题和事件，其信息意义和价值比之范畴更为值得关注和探究。语言研究中历来有语句本位说，而认知语言学确立了事件和命题原型论，为语句本位说提供了更为合理解释。在其认知语法中，兰盖克（1987：372）提出"基准事件"（canonical event），而"基准事件"就是他所说的桌球模型刻画的事件。兰盖克认为，"基准事件"的语言编码是限定及物小句（finite transitive clause）。在之后的论述中，兰盖克（2008：366）明确提出"概念原型"（conceptual archetype），并进一步指出，小句结构虽然形态复杂多样，其定位却是人类基本经验（grounded in basic human experience）。在其构式语法中，戈登勃格（Goldberg，1995）继承了兰盖克的原型观念，对构式做出这样的界定：基本语句类型对应的构式把事件类型编码为中心意义。泰勒（Taylor，1995：197 – 221）在构式意义上概括了及物构式的十一个特征。泰勒（1995：206）认为，及物构式具有格式塔地位，在经验上具有原初性（the status of an experientially primitive gestalt）。实际上，贝根和张（Bergan & Chang）后来提出了一种构式语法，并明确称其为"涉身构式语法"（Embodied Construction Grammar）（见 Evans & Green，2006：481）。这方面同样值得关注的是，塔尔米（2000）在认知语言学框架中建立了"概念结构系统模式"（Conceptual Structuring System Model）。在这个模式中，塔尔米提出了所谓"封闭类语言系统"（closed-class linguistic system），而这类系统反映和编码的就是涉身经验。（Evans & Green，2006：513）塔尔米（2000）提出的另一理论是"力的动态系统"（Force Dynamic System），这种系统研究物理实体间的力的关系，与兰盖克（1987：2）的桌球模型都涉及物理实体间的作用，本质上是相通的。Evans 和 Green（2006：572）总结指出，"力的动态系统"与运动感知密切相关，因而同样体现了涉身认知（embodied cognition）。认知语法多用事件来解释语句原型，而语法化理论则用源命题（source propositions）来解释。无论是事件还是命题，其原型都在"涉身性"中形成。语句的陈述与疑问形态互为镜像，事件或命题原型的"涉身性"自然延伸到语言信息的 Wh-构成。

二　语言信息"Wh-"构成的两种原型

为了集中探索语言信息 Wh-构成的涉身原型，我们在上面的论述中暂时忽略了语言信息"Wh-"构成的分类。如前所述，语言信息"Wh-"构成对应两种事件："Wh-"构成的"信息认知表达事件"和

"Wh-"构成的"语言信息交流事件"。前者是主体认知世界获取和表达信息的过程，后者是主体间传递和交流信息的过程。从"涉身性"来看，Wh-构成的"信息认知表达事件"的原型得到较好刻画，而Wh-构成的"语言信息交流事件"的原型需要进一步探索。为此，我们把两种事件的镜像图示如下（见图6-1、图6-2）。

a. "信息认知表达事件"原型："Wh-"构成与其及物小句镜像

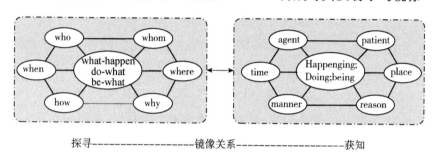

图6-1　Wh-构成与其及物小句镜像

b. "语言信息交流事件"原型："Wh-"构成与其回答行为镜像

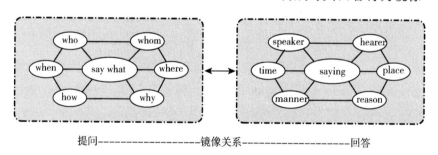

图6-2　Wh-构成与其回答行为镜像

两种事件分别图示出来，只是一种方法论上的抽象规定。直觉告诉我们，语言信息交流活动是具体完整过程。上述事件可进行单独抽象刻画，而语言信息交流活动由两种事件有机整合构成。前面提到，兰盖克（1991：284）曾用舞台模型来解释这种活动，台上是认知到的事件，台下是主体间的交流事件。显然，台上和台下只有综合起来，才是完整的语言信息交流活动。另外，认知语言学提出定位（grounding）概念，对这种整合也有重要启示。在通俗意义上，所谓定位就是原来抽象悬浮的对象，获得时间空间上的具体位置。按照兰盖克（2008：78）的解释，定位用来指称说话人、听话人、他们参与的言语事件（speech event）、所处的现场环境（the immediate circumstances），如说话时间和地点（the time and place of speaking）。显然，就构成元素而论，这一解释与我们确立的 Wh-构成的"语言信息交流事件"的原型完全一致。这里需要特别指出的是，定位实际上早已成为一个重要学术范畴，只是不同学科背景中说法不同，需要在此稍作梳理和建构。巴萨卢（Barsalou，2010）曾撰文专门论述认知定位（grounded cognition）问题，加上兰盖克的语言学定位，我们可以区别两种定位：认知本身定位和语言信息交流定位。我们之前区别两种信息过程：主体从环境世界获取信息过程和主体间的信息传递过程。显然，两种定位为两种信息过程提供了支持。由此引申出语言信息 Wh-构成的两种原型定位："Wh-""信息认知表达事件"本身定位和"Wh-""语言信息交流事件"原型定位。前一种定位实际上就是"涉身性"定位。还有一个不能忽视的事实是，人类主体从环境世界获取信息，又把获取的信息在主体间进行传递。在这个意义上，两种定位又不能截然分开。就来源而论，主体间进行语言信息交流，以信息发送者拥有信息为前提。主体拥有的信息要么从环境世界获取，要么从其他主体获取。因此，上述两种信息过程并非相互对举等价。正如我们一开始就确立的基本认识一样，人类语言信息交流是更高级的信息活动，这个活动预设和包含人类认知世界的信息活动。因此，沿着兰盖克（2008：78）表达的思路来看，定位实际上是"Wh-""信息认知表达事件"内置于"Wh-""语言信息交流事件"的过程。这个意义上的定位实际上就是语境化（contextualization）过程，是以说话人为中心、以说话时间和地点为场景的定位。如果认知定位是一次定位，那么语境化可称为二次定位。"Wh-""信息认知表达事件"定位于"Wh-""语言信息交流事件"就是前者内置于后者的过程，这一过程如图 6-3 所示。

　　主体从世界获取信息，在身体经验中形成"信息认知事件"原型，

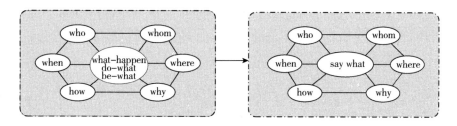

图 6 - 3　Wh-信息认知事件定位于 Wh-信息交流事件

而这种信息原型成为语言信息交流的内容，内嵌于语言信息交流活动原型，形成下述"Wh-"信息原型格式塔结构（见图 6 - 4）：

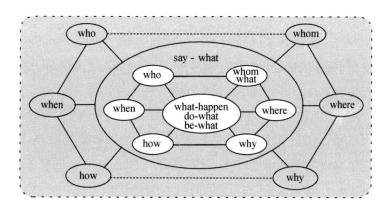

图 6 - 4　语言信息交流的内容内嵌于交流活动原型

第二节　语言信息的扩展回归原理

一　基本范畴和原理

　　本章开始我们指出，语言信息原型构成简单有限形态，而语言信息在共时条件下呈现为无限复杂多样形态。这种形态无法在共时状态中直接描述和解释，而要在历时演化的重构中来解释。这一方法论选择包含的基本设定是，在历时意义上，语言信息始于有限简单原型形态，而人类语言信息活动是不断扩展和演化的过程，由此形成语言信息的无限复杂多样形态。扩展和演化形成了语言信息的非原型形态，而非原型形态需要回归原型获得结构组织。这一过程我们概括为语言信息的原型与非原型扩展回归原理。为了陈述方便，除了特别说明需要，之后的讨论中该原理简称为扩展回归原理。需要指出的是，这一原理在语言学背景中确立，却深深植根于人类生存发展的现实过程。在论述人类知识的演化时，古恩（Gorn，1983）明确指出："人类知识开始被严格限制在其感知——感官（senses）——和它们的效应范围（ranges）。我们拥有有限的听觉频率（audio-frequency range）和视觉频率范围（visual-frequency range），其他感官也只有有限的范围，我们的运动（motor）也只有有限的控制范围。我们的感知和运动控制需要技术发明来加以延伸，我们存在的物理范围也的确需要这样来延伸。"古恩概括的只是人的具体身体认知形态，而上升到"物质—能量—信息"统一性层面概括，人类个体是物质能量的有限形态，而人类群体生存和发展无论在广度、深度和速度方面都处在无限的扩展之中，伴随这一扩展的是人类信息活动向无限复杂多样性的演进。这无疑是人类面临的最大矛盾，而如何应对这一矛盾是人类生存和发展的根本问题。我们认为，以简单驾驭繁复、以有限把握无限、以不变应对万变、刚性中含有弹性，这是人类应对矛盾的根本信息认知机制。显然，简单、有限、不变、刚性恰恰是信息原型的基本特征，繁复、无限、万变及弹性则是非原型信息的基本特征。在"涉身性"意义上来看，信息原型是在人类、物质、空间、三维、基本、具体、现实、焦点参量上界定的信息形态，而非人类、非物质、非空间、非三维、非基本、非具体、非现实、非焦点参量界定的是信息的非原型扩展形态。

在上述多种参量中，人是核心参量，其他参量均由此引申而来。我们在第二章论述了人的认知识解，从中可以引申出一个重要结论：语言信息原型的"涉身性"归根结底是由人的构造、人的认知、人的关切、人的视角和人的局限决定的。古代希腊哲人普罗塔哥拉（Protagoras）说："人是万物的尺度"，而原型和非原型扩展回归原理的确立，为这一古老命题赋予了新的实质内容。人类主体正是按自身的尺度、通过参量的组合建构信息原型的。人类信息活动是不断扩展和延伸的过程，这是不言而喻的，而扩展的本质是什么，却需要深入探索。在我们看来，人类信息活动的扩展是其认知信息内容超越原型、向非原型领域和形态扩展延伸的过程。然而，无论扩展多远多深多快，都要回归人的身体经验来组织。概括地说，扩展的信息活动最终要回归原型，按原型尺度、组织形式和结构形态来组织和表征。在此意义上，人类信息活动是原型与非原型的扩展回归，这是人类信息活动的普遍原理。人类正是通过扩展回归过程，实现有限物质能量形态对无限复杂多样信息形态的把握。

　　原型与非原型扩展回归原理在语言背景中确立，其根据却远远超越语言活动和现象，因而具有普遍深远的理论解释力。如上所述，古恩（1983）概括了人类认知的身体局限，然后就提到了技术延伸。对此我们需要补充指出的是，人类知识和生存发展不仅是延伸，而且也要回归基本的感知运动经验来把握。摄影原本是主体视觉感知系统的工具延伸，通过这种工具性延伸，主体可感知的范围得到极大的扩展，但摄影的结果必须回归到主体基本感知尺度和形态，才能为主体视觉系统所感知。这一原理既适用于模拟技术、也适用于数字技术。数字技术在摄影中的应用极大地提高了影像的清晰度，但主体视觉对应的原型是视觉信息，而不是数码信号。因此，视觉感知信息通过数码信号得到扩展，但最终必须通过某种转换，回归主体的基本视觉感知系统，按系统的尺度和形态呈现出来。地貌形状和城市布局是信息感知和表现的基本对象，但这种信息超越了主体中观尺度范围，显然是主体信息活动的扩展。因此，相关信息表征形式必须回归主体的基本尺度，回归主体视觉所能感知的形状和大小，才能为主体感知和把握。就尺度而言，地球仪、地图和城市模型不能太大，也不能太小，而需按人的视觉感知尺度来制作和呈现，才能为主体所把握。科学活动致力于不断超越信息原型、向非原型领域和形态扩展。然而，科学信息又需要回归到信息原型，才能把握和表征非原型信息形态。科学模型就是信息形态扩展与回归的产物。在宏观方向，人类信息活动早已从身边扩展到全球范围、再扩展到太阳系乃至整个宇宙。然而，无论信息活动范围如何扩展，都要回归主体原型形态和尺度来把握，地球仪、太阳系的原子模型、宇宙的"膨胀"理论就是回归的产物。在微观方向，科学研究对象已从直观、中观范围扩展到分子、原子、基本粒子等微观形态。科学对于人本身的认识也早已从身体的外在状态扩展到精神、心理、情感等内在状态，也从外在宏观状态扩展到细胞（包括神经细胞和体细胞）、基因等内在微观形态。然而，扩展的信息对象仍然需要回归原型形态，借助符合主体基本感知尺度和方式的模型来认识。气体分子运动的桌球模型、神经网络模型、大脑黑箱模型等已为科学界所熟知，而这些模型都建立在扩展回归原理之上。显然，扩展是对人类认知尺度的超越，扩展通过一定的工具（如显微镜和望远镜等观察工具）实现，扩展的信息内容也要通过一定的界面延伸方式来把握。如果以人类身体为界面，扩展可分为身外和身内两种基本形式。身外的扩展通向远处对象，其信息要回归身体经验来把握；身内的扩展通向身体内在活动状态，同样超越了主体原型感知尺度，因而需要通过原型感知关系或功能模拟来把握。科学思维离不开隐喻，科学隐喻也完全符合扩展与回归的信息原理，这一点我们将在隐喻讨论中加以进一步分析和阐释。

数学是关于对象数量关系的信息表征，模糊性和精确性是数学思想发展中的一对基本矛盾（李晓明，1985）。人类主体从基本感知开始认知世界，基本感知获取的信息大多是模糊的，模糊性可以说是信息的原型特征，模糊信息进一步扩展形成了精确信息，精确性是信息的非原型形态。在这个意义上，数学思想的产生和发展以特定的方式印证了信息形态从原型到非原型、再回归原型的基本原理。人们对数量关系的认识究竟是如何开始的？这实际上追问的是数学是如何产生的。这个问题也是莱考夫和努你兹（Lakoff 和 Núñez）关注的问题，而两位学者（Lakoff & Núñez, 2000）出版了一本专著，题为 *Where Mathematics Come From：How The Embodied Mind Brings Mathematics Into Being*（《数学源自何处：涉身心智如何使数学产生》），对此给出了明确的回答：数学源于涉身心智。我们之前提到，莱考夫和约翰逊是涉身哲学的创立者。莱考夫和努你兹在该书中对数学进行了涉身哲学解释，无疑是数学产生和形成研究的新发展。在我们确立的原型与非原型扩展回归原理中，信息原型在主体涉身经验中形成。因此，莱考夫和努你兹对数学的涉身解释为上述原理提供了科学诠释。从人类数量认知演化规律来看，主体的数量认知始于环境的质性模糊把握，之后才逐渐发展到精确数量计算。在日常生活中，人们关于事物的数量认知同样遵循这一原则。在此意义上，数学的发展是从质性向量性的扩展，其中量性的发展又经历了从简单到复杂、静态到动态、低精度到高精度的扩展。所有这些扩展形成的都是非原型信息形态，而非原型的扩展也不时需要向原型形态回归。在这一方面，模糊数学在精确数学之后产生，在数学的演化中可谓极为有趣的发展。人类认知始于模糊，然后向精确发展，而模糊数学似乎违背了这一规律。在原型与非原型扩展回归原理中，这一现象可以得到合理解释。人类认知始于模糊，然后向精确发展，这是从原型向非原型的扩展。然而，无论认知如何扩展，都要回归原型形态来把握。显然，数学研究从精确性向模糊性发展，是非原型信息回归原型的典型证据。计算模型是非符号模拟（电子元件与线路）与符号虚拟（计算语言、程序、数字）的结合，信息活动形态借此实现了极大扩展。然而，这种扩展必须回归主体的基本认知界面（输入、输出和显示系统），以"友好"的形式呈现，才能为使用主体感知和接收。什么是"友好"的界面呢？所谓"友好"的界面，就是符合主体基本感知方式和尺度的界面，就是为视觉听觉触觉直接舒适感知的形态。显然，"友好"界面的设计是非原型形态向原型形态的回归，计算机和手机显示器是这种回归的具体技术形态。

二　具体语言信息机制

最后再回到语言学，探寻上述原理的具体语言信息机制。认知语言学家兰盖克（1991：294－295）曾明确指出："……在我们的经验中，一些反复出现并清晰可辨的方面作为原初形式（archetypes）产生。在尽可能的情况下，我们常用这些原初形式来组织思想。由于语言是我们用来描述经验的手段，我们把这些原初形式看作语言结构的原型量值是自然的。如同语词的扩展一样，这些原初形式的扩展具有同样的理由：我们在解释新的或不甚熟悉的经验时倾向于以既成的模式为参照；语言需要表达的情景是无限和不断变化的，要使有限规约单位适用这些情景，扩展压力也成为动因。"① 显然，兰盖克是在语法背景中作出这番论述的，但他的论述却对信息原型与非原型扩展回归原理提供了完整解释。海涅等（1991：150）关于语法化的论述表达了类似的思想。他们认为，语法化的内在认知原理如沃纳和卡普兰（Werner & Kaplan，1963：40）所说是"利用已有手段实现新功能的原理"（the principle of the exploitation of old means for novel functions）。现在我们可以深入一步，对原型与非原型扩展回归原理加以扩展。之前的论述和界定表明，语言信息原型的 Wh-构成虽在问答意义上表述，但问答的镜像原理概括的是语言的所有层面。因此，扩展回归实际上是一个普遍原理，概括了语词、语句、语篇等几乎所有语言层面的形成机制。语词的概念基础是范畴，范畴化研究中的典型范畴本质上就是原型。尽管典型性是早期范畴研究的重点，但伯林和凯（1969）的基本颜色范畴蕴含等级在演化意义上确立，而罗施提出典型范畴习得优先性，背景就是个体语言发展，实际都包含原初形式向非原型形态的历时扩展演化。自 20 世纪 80 年代后期开始，研究者越来越关注范畴的动态引申扩展，莱考夫（1987）提出的辐射网络（radial network）模型充分体现了范畴间的动态变换特征。在莱考夫的辐射网络模式中，多义词被视为范畴（polysemy as category）。莱考夫试图从转喻和隐喻变换来解释基本义的引申和演化。在概念隐喻中，隐喻是意象图式从源域向目标域的映射，而意象图式在主体身体经验中形成，因而代表的是信息认知原型。这样来看，词义的辐射网络由原型向非原型变换形成。范畴层面原本呈现为静态分类格局，而之后的研究显然更加注重层级

---

① Langacker, R. W., *Foundations of Cognitive Grammar*, Vol. II, Stanford University Press, 1991, pp. 294 – 295.

间的动态扩展。其中，基本层面范畴是扩展的起点。究其原因，无论
在生物和认知演化意义上，基本层面范畴都优先形成。这一点莱考夫
和约翰逊（1999：26-28）在哲学层面进行了明确阐释。在同期的范
畴研究中，兰盖克（1987）的抽象网络（schematic network）无疑展现
了明显的动态特征。这种动态性就在于，范畴的形成是从原型的扩展
（extension from the prototype）（参见 Langacker，1987：372）。正如兰盖
克（1987：376）所言，原型的重要意义在于，它在发展中具有优先性
和认知显著性。兰盖克（2008：103）对原型的"涉身性"和变换也有
深刻论述：语法核心范畴的原型由植根于经验的概念原初形式（expe-
rientially grounded conceptual archetypes）构成。它们参照基本认知能力
来刻画，而这些能力最初体现在原初形式，之后扩展到其他方面。在
语言类型学中，克罗夫特建立了词类范畴类型学原型（typological pro-
totype）（见 Croft，2001；2002），系统体现了原型与非原型变换原理。
在语句层面，兰盖克（1991：13）提出了"台球模型"（the billiard-
ball model），并视为限定小句的认知原型。兰盖克指出，在我们的认知
中，世界由离散物体组成，物体在时空中相互接触和作用，其中包含
能量的传递。"台球模型"对应限定小句，其原型地位兰盖克也有明确
说明：这种民俗原初模型对日常思维影响很大，也反映了认知组织的
基本方式。"台球模型"中的离散物体和互动原型直接对应语句中的名
词和动词原型。放在特定的观察视角和场景中，上述对应形成所谓基
准事件模型（the canonical event model），代表原型动作的常规观察形
态。（Langacker，1991：286）在基准事件中，人们可以界定原型角色
（role archetypes），如施事、受事、工具、感知者和移动者（Langacker，
1991：284）。兰盖克（1991：302）认为，角色原型本身是基于日常经
验的前语言概念。语言编码和表达以标准事件和角色原初形式为原型
实现，又通过引申扩展为有标记和非原型形态。在构式语法中，小句
结构在及物限定构式意义上界定。古德堡（1995：38）的情景编码假
设继承了兰盖克的原型和扩展思想。按照这一假设，基本句子类型对
应的构式把与人类经验有关的事件类型编码为这些构式的中心意义。

什么是构式的中心意义？在我们看来，所谓构式的中心意义就是原型意义，从这些原型意义可以（通过隐喻变换）扩展为更多的非原型构式意义，形成构式的多义性。另外，塔尔米（2000）提出"力的动态系统"（Force Dynamic Systems），建立了运动事件中物体相互作用的认知模型。物体间的相互作用力（施力、阻力、除力等）是物理意义上的原型态，相互作用可以扩展到催促、说服、允许、义务、可能等意义。显然，这些属于非物理领域和形态，因而为非原型信息形态，是力的原型态向非原型领域扩展回归的产物。

认知语言学理论形态众多，而概念隐喻理论最具普遍意义。在我们看来，无论在语言还是在非语言意义上，概念隐喻理论都为原型与非原型扩展回归原理提供了最为完整的理论支持。在概念隐喻理论中，隐喻被视为源域（source domain）向目标域（target domain）的映射。映射本质上是意象图式从源域向目标域的变换。就源头而言，意象图式在身体经验中形成，因而是信息的原型结构形态。目标域较之源域更具非涉身特征，因而为信息的非原型形态。例如，"山脚"中的脚是人体组成部分，而"山脚"涉及的显然不是人体。这一表达式经过了下述形成过程：主体认知从身体开始形成信息原型，主体的认知又扩展到身体之外的山的信息，也扩展到非原型信息领域。在此基础上，主体回归身体原型结构（身体结构部位），来组织和表征非原型领域（山）的信息内容。这一过程完整体现了原型与非原型扩展回归原理。概念隐喻自提出便一直广受关注，就在于它概括解释了大量语言现象，如语词多义化、语句构式意义多样化、语法功能多样化等。同时，概念隐喻也解释了大量语言之外的现象，显示了强大解释力和普遍概括意义。在语言研究中，语言形式和意义多样化可谓语言演化的普遍特征，而普遍特征背后的普遍原理是什么，历来是语言学探索的基本问题。在具体层面上，语词有基本义与引申义，语句有中心义与非中心义，语法范畴有源概念和命题与目标结构和功能。从历时演化来看，前者先于后者形成，后者从前者扩展引申而来。大量研究表明，这种扩展引申大多通过概念隐喻实现。在语言信息的"涉身性"中审视，前者代表原型形态，后者代表非原型形态，它们的演化完全符合原型与非原型扩展回归原理，这一原理用图 6 - 5 来表示。

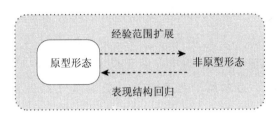

经验范围扩展

原型形态 → 非原型形态

表现结构回归

图 6 - 5　语言信息的原型非原型扩展回归原理

　　我们在前文把人类信息活动分为两大过程：一是人类认知世界获取信息，二是人类主体间信息传递和交流。无论在哪种过程中，信息活动都不是抽象悬浮形态，而是在特定环境中定位、在特定环境中发生。正如斯博伯和威尔逊（1986/1995：38）所言，"人类生活在一定的物理环境（physical environment），也生活在一定的认知环境（cognitive environment）中。"斯博伯和威尔逊（1986/1995）是在信息意义上理解认知的，两位学者所说的物理环境和认知环境也是信息活动的环境。上述环境我们统一概括为信息空间。人类信息活动遵循扩展回归原理，信息活动在信息空间中展开。那么，信息空间是否遵循相同的原理，无疑是我们需要进一步探索的问题。

　　我们在此提出信息空间问题，自然不是出于纯粹的理论建构需要，而是立足多种科学观念和发展，面向信息时代发展现实而确立的理论范畴。在常识意义上，空间多指生存和活动的现实物质环境。在更为科学意义上，空间传统上多与物理学联系在一起，如牛顿物理学界定的空间，爱因斯坦相对论空间及霍金宇宙学空间观念和理论。然而，物理学在不断发展，空间概念也逐渐超出原有边界，演化为社会科学的重要范畴。在西方哲学传统中，时空历来是最重要的范畴，康德（1990［1781］）在 *Critique of Pure Reason*（《纯粹理性批判》）一书中多有论述，之后黑格尔也对时空有精辟论述。马克思和恩格斯对时空关系进行了政治经济学阐释，时空探索也达到了新的思想高峰，对现代社会学时空观产生了深远影响。在现代社会学中，空间历经韦伯

（Weber）的社会学，西梅尔（Simmel）的城市社会学及吉登斯（Giddens）的后马克思主义时空理论发展，已演变成为具有丰富社会学意义的重要范畴。（厄里，2003：505 - 535）对此我们之后会有详细论述。这里需要特别提及的是，信息空间在纯信息研究意义上也有广泛思想渊源。麦凯（1969：176）最早在信息技术意义提出"信息空间"（information space）。麦凯的"信息空间"是一种几何矢量模型（geometrical vector model），是由多个命题构成的"多维超空间"（multi-dimensional hyperspace）。到了 20 世纪 90 年代，布索瓦（1995）立足知识经济学，也提出了一种"信息空间"（简称 I 空间）。布索瓦的"信息空间"（information space）是由 E 空间（epistemological space）、U 空间（u 代表 utility）及 C 空间（c 代表 culture）构成的数据场，可用编码、抽象和扩散构成的坐标系表示和刻画。

　　上述信息空间观念产生于特定学科背景中，自然有其合理性。然而，放在人类信息活动的大背景中来审视，这些观念的概括性明显不足。我们再回到一开始就确定的基本认识：人类信息活动是人类活动发展的高级阶段，而语言信息活动是人类信息活动的高级形态。鉴于上述原因，在语言学基础上建构信息空间，具有其他理论背景无可比拟的概括性和普遍解释力。这一点在历时共时关系中看得更为清楚。在共时轴向上，语言信息活动呈现为无限复杂多样形态，而这种形态由历时演化累积而成。沿着历时演化轴向回溯，确立信息的原型形态，从原型非原型扩展回归原理来解释，这种无限复杂多样性可以得到极大简化。这样来看，直接面对共时既成状态，建立的理论必定过于繁复，而解释力却未必强大。这恰恰是上述信息空间模式的局限所在。现代语言学的共时历时统一观念，特别是认知语言学理论，对人类信息活动都有深刻启示。语言信息原型与非原型是这种统一性的最好体现。人类主体从身体经验开始，建构简单有限的信息原型，在经验领域不断扩展中，演化出无限复杂的非原型信息形态，而非原型信息形态回归原型，从中获得结构形式。信息原型对应一定的信息交流环境，从中引出原型信息空间，在信息活动的扩展中，非原型信息空间形成，而非原型空间的信息活动回归原型空间，从中获得结构形态。在我们看来，这是人类语言信息活动的普遍原理，该原理如图 6-6 所示。

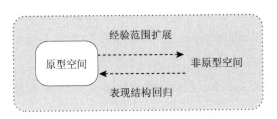

图 6-6　信息空间的扩展回归原理

第三节　原型与非原型扩展回归的拓扑变换本质

　　原型与非原型变换原理的普遍意义在于，原本纷乱复杂的语言现象都能在该原理中得到统一概括和解释。原型自身是高度概括的范畴，涵盖了身体经验基础上抽象出来的全部结构形式，包括意象图式、典型和基本范畴、基本词义、基本句式、基本语义角色，基本语用功能，而变换是对意象图式映射、范畴扩展、词义引申、句式偏离、语义角色延伸、语用功能非规约化等语言操作的概括。实际上，词汇化和语法化就是变换，伴随的语义虚化是原型与非原型变换的固化。原型与非原型变换是语言建构的根本原理，具有普遍语言基础和深厚认知背景。然而，原理毕竟是原理，扩展与回归终究是概括性说法，而扩展回归究竟如何实现，其认知本质是什么，仅靠证据罗列显然无法进行科学解释。

　　我们回到认知语言学。我们知道，认知语言学的理论模式形态多样，其切入点、建构思路、研究方法、理论范畴等各不相同，但原型非原型扩展回归却是内含的共识。我们近年的研究（吕公礼、宫英瑞，2013；吕公礼、布占廷，2016）也充分表明，认知语言学确立的诸多机制中，语言和认知的拓扑性是根本机制。这方面研究主要与塔尔米和莱考夫的工作相连。塔尔米（2000）曾提出语言的“概念结构系统”。这一系统的核心是区别封闭类形式和开放类形式，两类形式确立了语言的二项结构形式（Talmy，2000：21）。封闭类形式包括介词、连词、指示词及时态等语法范畴。它们的共性在于，其意义不随形状、大小、数量、角度、距离等变化而变化。例如，从"他在房间里"到"他在宇宙中"，物理距离和尺度发生了巨变，而其中的空间包含（内外）关系却保持不变，两个表达式因而是拓扑等价的。从"This speck is smaller than that speck"（这个微粒比那个微粒小）到"This planet is smaller than that planet"（这颗行星比那颗行星小）的巨大变化中，指示语 this 与 that 划分的二元空间关系并未随之改变，因而也是拓扑等价的。再比如，过去时表示的过去时段可在昨天、上周、一年前、十年前、万年前等区间变换，但过去与现在的二元划分并未随之改变。（见 Talmy，2000：223）塔尔米（2000）认为，封闭类为语言提供"构架"（scaffold）或"骨架"（skeleton），而开放类为构架填充丰富概念内容（Evans & Green，2006：503）。然而，封闭类源自何处，又如何形成，塔尔米的理论中没有现成答案。从封闭类的具体形式看，它们显然源于身体经验，是身体经验形成的原型结构形式，其中多数为空间时间结构形式。我们反复强调，语言的扩展形态无限复杂多样，但都需要回归原型，从中获得结构形式，而封闭类恰恰代表这种结构形式。

概念隐喻是另一深含拓扑学观念的理论。概念隐喻被视为从源域向目标域的映射，这与拓扑变换的集合界定颇具相通之处。可以说，从源域向目标域的映射就是一种拓扑变换。这一变换中的不变性是什么，无疑是理解概念隐喻拓扑性的根本问题。莱考夫（1990）为此提出了"不变性假设"（The Inviarance Hypothesis）：在隐喻映射中，源域的认知拓扑（cognitive topology）（即意象图式结构）保持不变。在这个意义上看，不变性的本质就是意象图式空间结构的不变性。例如，容器图式（container schema）的边界可大可小，也可作扭曲改变，但"包含"的边界性保持不变。容器图式也可跨越空间，变换为非空间（如逻辑范畴的隶属）关系而保持不变（见 Lakoff & Johnson，1999：31 – 32）。就源头来说，塔尔米的封闭类形式结构在主体身体经验中确立，而莱考夫假设中的意象图式同样在主体身体经验中形成。因此，意象图式是语言信息原

型结构形式，而目标域是非原型信息领域，映射是非原型领域回归原型
获取结构的过程。塔尔米虽在拓扑意义上解释封闭类形式，却没有明确
说明变换问题。不过，在塔尔米的论述中，变换在相关语例说明中却多
有体现。表面来看，塔尔米和莱考夫的研究并非面向语言的全部。不过，
封闭类形式赋予语言概念结构，而概念隐喻是语词、语句及语法多样性
演化的普遍机制。我们因此有充足的理由认为，语言结构的演化是拓扑
变换，语言的拓扑性是语言的本质特征。（吕公礼、宫英瑞，2013；吕公
礼、布占廷，2016）在分析哲学和传统语义学观念中，语言与世界是一
种镜像符合关系。认知语言学对此多有质疑和批评。在认知语言学家看
来，现实通过主体认知识解变换为语言形式。然而，究竟什么是识解，
认知语言学并无系统解释。在我们的研究背景中来看，识解实际上就是
拓扑变换。正是由于拓扑变换，同一情景才被识解为不同的形式。我们
多次指出，现实世界是无限复杂的多维形态，而语言是简单有限一维线
性形态。人类主体要认知和获取世界信息，然后用语言表征和编码，就
需要进行一系列变换。这里至少有两种变换：认知变换和语言变换。但
无论哪种变换都是拓扑变换。人类主体认知世界获取信息，实现了从世
界到语言的拓扑变换，但这种变换只实现了信息活动的第一步。语言主
体首先获取信息，然后在主体间交流传递信息。在更为深远的层面上，
语言主体的信息活动不断扩展和延伸，语言信息结构形态也随之扩展和
延伸，从简单有限原型演化为无限复杂多样的非原型形态。上述讨论充
分表明，演化是扩展回归过程，而扩展回归本质上是一种拓扑变换。这
一原理的基本内容如图6-7所示。

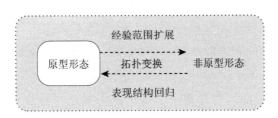

图6-7　语言信息的原型与非原型拓扑变换原理

　　语言信息的演化是原型与非原型扩展回归，而扩展回归本质上是

一种拓扑变换。那么何为拓扑变换，其普遍意义何在，对认识扩展回归原理的本质至关重要。在最基本意义上，拓扑变换是不变中的变换，变换中保持不变（等价）。拓扑变换的思想源自数学，揭示的却是人类认知的本质特征。（Casatic，2006）语言信息结构和形态从认知拓扑变换而来，自然有其深刻认知拓扑学依据。在拓扑数学中，所谓拓扑性是指那些在变形时不受影响并保持不变的几何图形性质和关系。（柯朗 & 罗宾，1985：303）圆形、椭圆、多边形、抛物线等都可视为不变性基础上的变换，它们因此被视为拓扑等价。然而，几何图形从本质上讲是空间性质的抽象，因而包含着人类空间视觉认知特征。在此意义上，拓扑本质上揭示的是人类空间视觉的认知原理。在直觉层面上，圆形在特定视角下投射为椭圆、抛物线、甚至线段，表明拓扑变换并非数学家的纯粹理论构造，而是极具现实理据的认知原理。故人相见，容颜已变，却依稀可辨，只因衰老是拓扑变换，变换前后的个体保持着拓扑等价性。无机世界在能量（守恒）和时空关系不变基础上转变，有机体在遗传（不变）基础上从祖代向子代变异和进化，社会文化在文化原型或文化基因不变（meme）基础上演化。世间万象之变换虽各有其道，却遵循着相同的拓扑变换原理，认知和语言变换自然也不例外。

　　以上论证理论角度多样，证据基础广泛，其核心目的是要说明，原型与非原型扩展回归本质上是拓扑变换。总体目标既已实现，拓扑变换的具体机制和方式就成为我们进一步探索的问题。我们不妨再回到塔尔米和兰考夫的拓扑思想。两位研究者虽然都有拓扑的说法，但仔细审视我们会发现，他们的思想其实也有重要差异。封闭类形式涉及性状、大小、角度、距离、空间、时间等数量增减，本质上属于同一领域的变换。在概念隐喻中，源域与目标域属于不同领域，因而是跨域映射（metaphor as cross-domain mapping）（Lakoff & Johnson，1999：57）。按照莱考夫的不变性假设，所谓映射就是拓扑变换。例如，对于同一容器范畴 IN，从 in the room（在房间里）到 in the universe（在宇宙中）是同一领域（空间尺度）的变换，而从 in the room 到 in trouble（在麻烦中）却是不同领域（空间到非空间）的变换。我们据此可以区分两种拓扑变换：同域变换和异域变换。同域变换是量变中的不变性，而异域变换是质变中的不变性。进一步分析塔尔米的拓扑论述，我们会发现第三种拓扑变换。塔尔米（2000：223）曾引用杜萨特和珀蒂托（Doursat & Petitot 2005）的语言拓扑研究，而后者曾对英语 in 包含的容器范畴 IN 进行了详细探讨。杜萨特和珀蒂托（2005）所举示例有：

(a) the cat in the house（房间里的猫）

(b) the bird in the garden（花园中的鸟）

(c) the flowers in the vase（花瓶中的花）

(d) the crack in the vase（花瓶上的裂缝）

在这四个例子中，（c）和（d）被视为转喻扩展的例子。他们认为，（c）中的 flower 等同于 stems，（d）中的 vase 等同于 surface of vase，都是转喻变换。与隐喻变换相比，转喻是范畴内变换，可视为同域变换。但转喻变换又不同于同域变换。花与花茎、花瓶与花瓶表面属于同一理想认知模式，但花不等于花茎，花瓶不等于花瓶表面。在更严格的意义上说，转喻变换的两端既非同一关系，也非相似关系，而是相邻关系。因此，我们不妨把转喻变换视为第三种拓扑变换，称为相邻变换。综合来看，相邻变换解释了转喻概括的语词、语句、语义、语用及语法范畴的变换，异域变换解释了隐喻概括的语词、语句、语义、语用及语法范畴的变换，只有同域变换需要略加说明。塔尔米的语言拓扑论重点虽在封闭类形式的拓扑性质，但从杜萨特和珀蒂托（2005）的相关讨论可以看到，塔尔米的拓扑说实际上可以拓展到开放类形式。一方面，范畴 IN 虽然编码为封闭类语言形式，但其范畴特征与范畴化和基本层面范畴相通。在杜萨特和珀蒂托（2005）所举（a）到（d）例中，范畴 IN 从原型扩展到非原型形态，其中的射体或地标发生了变换，但 IN 的包含关系保持不变。这表明，同域变换解释的是同范畴的变换，是同范畴中原型成员向非原型成员的变换，也包括基本层面范畴向非基本层面范畴的变换。这与兰盖克的同范畴网络动态观完全一致。在这一前提下来看，塔尔米的语言拓扑论针对封闭类形式，也可延伸到开放类形式。如上所述，范畴的发展是原型向非原型的扩展。这种扩展在同一范畴图式中发生，因而是不变性基础上的拓扑变换。这一概括的意义在于，人类个体是物质能量的有限形态，而人类群体生存和发展，无论其广度和深度速度都处在无限的扩展中，伴随这一扩展的是人类信息活动向无限复杂多样性的演进。我们之前指出，以简单驾驭繁复、以有限把握无限、以不变应对万变、刚性中包含弹性是人类应对这一矛盾的根本信息认知机制。现在我们深入一步指出，拓扑变换是这一认知机制的本质。三种拓扑变换如图 6-8 所示。

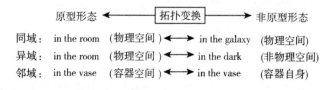

原型形态 ◄———— 拓扑变换 ————► 非原型形态

同域： in the room （物理空间）◄———► in the galaxy （物理空间）
异域： in the room （物理空间）◄———► in the dark （非物理空间）
邻域： in the vase （容器空间）◄———► in the vase （容器自身）

图 6-8　语言信息的三种拓扑变换

第四节　语言信息空间的拓扑变换本质

语言信息交流活动是"信息认知表征事件"E_c 和"语言信息交流事件"E_t 的复合整体。在前面的讨论中，信息原型与非原型变换原理主要针对"信息认知表征事件"E_c。那么，这一原理是否适用于"语言信息交流事件"，无疑是我们需要进一步探索的重要问题。我们之前提到，语言信息交流活动的原型为会话，而会话原型有三个基本特征：（1）说话人面对面；（2）口语媒介；（3）即时现场。这里我们需要重述的是，信息交流活动在特定的环境中发生，这种环境我们称为信息空间。信息空间的由来之前已作详细论述，并在语言信息背景中进行了初步建构。这里我们在语言信息交流事件意义上对信息空间再做界定和建构。"信息认知表征事件"E_c 为"语言信息交流事件"活动的信息内核，而"语言信息交流事件"E_t 构成了 E_c 的环境。在这一概括中，我们把"语言信息交流事件"E_t 构建的环境称为语言信息空间。语言信息可作原型和非原型划分，语言信息空间也可作同样划分，分为原型空间和非原型空间。我们之前对语境的探索表明，语言信息空间由多种参量界定，其划分标准也较多。正如第九章将要详述的那样，信息传播媒介是基本划分标准。按照麦克卢汉（Mcluhan）的传播学思想，口语是人类语言最初的媒介形式。之后，文字的产生形成了书面信息传播媒介，而现代通信是以计算机为标志的电子数字媒介。显然，会话以口语为媒介，形成的是语言信息的原型空间，其他语言信息交流则为非原型空间。语言文字相对语声媒介更为稳固和持久，从而使语言信息交流扩展到更大的时空范围。这一扩展是媒介变换引发的时空扩展和信息主体的变化（见图6－9）。

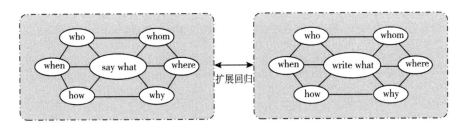

图6－9 语声媒介到书写媒介变化引起的时空扩展和信息主体变化

语言文字媒介一经产生，语言信息交流从口语变换为写作，而写作环境是语言信息交流的非原型空间。这一空间的基本特征有：（1）文字媒介；（2）非面对面；（3）异时—异场。随着计算机、互联网和移动通信的产生和发展，语言信息交流空间得到进一步扩展，形成了新的非原型空间。这一扩展显然也主要由媒介演化引起，这种媒介常被称为数字媒介或电子媒介。电子媒介与语声和文字媒介最大的不同在于，它不是取代前者，而是对前者的进一步叠加和延伸。语声媒介和文字媒介均可借助电子媒介传播语言信息。从前两种信息交流空间我们引申出电子媒介信息交流空间的基本特征：（1）电子媒介编码的语声和文字媒介；（2）非面对面；（3）同时/异时—异场。可以看出，语言信息交流的非原型空间较为复杂。语声和电子均以波的形式传递，可以实现语言信息交流的即时化。电子媒介比之语声媒介具有更远传播距离。电子媒介与文字叠加，继承了文字媒介的特征，同时实现了语言信息在非原型空间的高速传播。根据菲德勒（Fidler, 1997：46）提供的数据，上述扩展回归概括如图 6 – 10 所示。

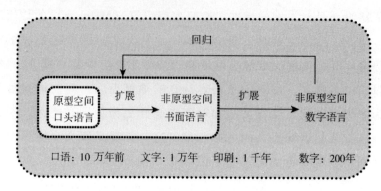

图 6 – 10　语言信息空间的总体拓扑变换

　　语言信息交流事件不同于信息认知事件，但同样符合语言信息原型与非原型扩展回归原理。其中，扩展回归同样遵循拓扑变换原理，只是这种变换有其自身特点。就变换类型来说，语言信息交流空间从原型到非原型的变换只有一种类型，那就是同域变换。毫无疑问，就深度广度速度来讲，这种变换带来的信息交流内容发生了巨大变换，但语言信息交流原型空间的构成要素和结构关系保持不变。毫无疑问，语言信息交流的扩展带来的最显著变化是时空的巨大量变。但从时空本质特征来看，在上述量变之中，时空关系结构却始终保持不变。自然，语言信息交流空间的变换在口语交流外衍生出了新的语言信息活动形式，如写作与阅读、输入与输出及作者与读者关系等，但这些都是交流空间要素在同一时空结构中的分布变化，信息交流空间结构在演化中始终保持拓扑不变。第九章我们着眼信息时代的大背景，针对信息社会的重大现实问题，将对语言信息空间问题进行深入探讨。

第七章

语言信息质性论：在世界与语言之间

第一节　语言信息质性问题的缘起

语言信息内容具有关联性、质性及量性三个基本规定性，信息传递过程按三个规定性的优先顺序展开。这是我们（吕公礼，2007）对格赖斯语用学模式重构得出的基本概括，重新论证和建构已在第二章完成。本章我们开始聚焦这些规定性本身，在本书理论假设和概念框架中进行深入探讨，并在信息原型非原型扩展回归原理中做出新的解释。在三个规定性中，语言信息的关联性斯博伯和威尔逊（1986）已在名作 *Relevance：Communication and Cognition*（《关联：交流与认知》）中有深入研究，本书只在相关讨论中略作讨论和说明，不再专辟章节详细探讨。这样，语言信息质的规定性便成为本章要深入探讨的问题。

在格赖斯的理论中，信息内容的质性（quality）按真实性（truthfulness）理解和界定。众所周知，格赖斯理论形成于分析哲学背景，形式化逻辑这一背景的主流思维形态。之后，分析哲学的局限逐渐显现，日常语言哲学兴起。格赖斯是日常语言哲学家，对形式化逻辑持批判立场。在那篇广为引用的文章 Logic and Conversation（"逻辑与会话"）中，格赖斯（1975）开篇就明确表示，他打算建构一种面向自然语言的非形式化的逻辑。我们从该文看到，这种逻辑的最终理论形态由原则和准则构成。虽然格赖斯的准则按关系、数量、质量、形式四个范畴确立，但格赖斯对其内涵并未深入论述。格赖斯之后曾有大量后续研究，而对核心范畴的研究要数斯博伯和威尔逊（1986）的著作最为深入。但如作者书名所示，斯博伯和威尔逊在该书中专注于关联性，并试图用一条关联原则来解释人类语言信息交流。这样，语言信息的真实性和数量性实际上被消解了。然而，消解并没有持续太久。在之后的一场大讨论中，语言信息的真实性又重新凸显出来。笔者（吕公礼，2007）曾强调，真实性的重新凸显其实有其深厚的现实背景。我们知道，与真实性密切相关的问题有隐喻、反语及虚构等。离开真实性观念和范畴，直陈与隐喻、正说与反说、现实与虚构的区分显然无从谈起，更无法进行科学解释和概括。语言信息交流的大量事实表明，隐喻、反语及虚构作为直陈、正说及现实之外的重要信息形态，有其独特的信息价值。没有上述区别，语言信息质的规定性便失去意义，真实性的讨论和科学解释也就无从谈起。

显而易见，学界关于真实性的争议并非始于斯博伯和威尔逊的关联理论。真实性与真理范畴同源，因而是人类思想演化、特别是哲学思想传统中古老和持久的重大问题。格赖斯（1975）在其论述中虽未深入阐释质性范畴，却明确承认他的范畴仿自哲学大家康德（1990 [1781]）在 *Critique of Pure Reason*（《纯粹理性批判》）一书中提出的范畴表，其哲学背景不言而喻。古希腊哲学大家亚里士多德说："吾爱吾师，吾更爱真理。"用最通俗的语言表达了哲学对真理的追求。在西方几千年的哲学传统中，哲学曾经历了本体论和认识论转向，前者关注世界的本质，后者则探究人类主体对世界的认识。无论是本质还是对本质的认识，真理都是贯穿始终的根本问题。到了 20 世纪，西方哲学发生了所谓"语言转向"，形成了分析哲学和语言哲学传统。哲学转向语言，就是试图在语言与意义、语言与世界的关系中探索哲学问题，其根本问题仍是真实性。在此传统中形成了"真理符合论"（the correspondence theory of truth），而真值语义学及现代西方逻辑的庞大体系大都是这种探索的产物。哲学的"语言转向"使真实性成为语言哲学的基本问题。到了信息时代，信息成为最具时代特征的范畴。随着当代信息哲学的兴起，真实性也成为信息范畴的基本规定性。

哲学对于真实性的不懈探索自然不是出于纯粹学术目的，而是植根于人类生存和发展的现实，在现实需求和问题的驱动中形成。我们之前指出，信息伴随生命的产生而产生。在生命演化过程中，信息逐渐从"物质—能量—信息"的统一性中分化出来。信息是"物质—能量"结构形式的主观映照，信息一经分化出来便承载着正确映照"物质—能量"结构的真实性取向。可以说，真实性是信息存在的根本理由，是信息的根本意义所在，因而是信息的根本规定性。离开真实性追求信息，任何信息活动都会失去意义。在生存和发展实践中，人类需要获取信息，但没有人会说信息是否真实无关紧要。在世界的纯粹物质能量过程中，物质单位与环境世界相互作用而存在，这种作用的成败取决于正确的物质能量选择和交换。在有机世界中，原始细胞与环境的物质能量交换是生命的原始活动形式，而正确的物质能量交换和作用是细胞自组织（内稳态和生命）的根本保证。随着细胞内信息组织及之后信息细胞的产生，有机体与环境的物质能量交换开始以信息为中介来实现。显然，有机体对环境物质能量进行识辨和选择，信息是其基本依据。只有依据正确（即真实的）信息，有机体才能做出正确的识辨和选择，进而实现正确的物质能量交换。我们知道，趋利避害是有机体的首要选择，也是最基本的生存法则。趋利就是趋向和获取有机体所需的物质能量，避害就是避开有机体无须或有害的物质能量。显然，信息是有机体与环境的中介，利与害的判别首先需要依据真实信息才能做出。在生命演化的高级阶段，生命主体除了从环境获取信息外，还越来越多地从种群其他成员获取信息，群体成员间的信息传递成为重要的信息活动形式。在低等生物中，蜜蜂群体的生存技能常为人们津津乐道，而蜜蜂个体间的信息传递（舞姿）能力尤其令人惊叹。蜜蜂有无真实信念我们无从判断，但蜜蜂只有从伙伴获取真实信息，才能飞向正确的地点，并成功获取花蜜。食物作为物质能量是蜜蜂维持自组织（内稳态）的基本条件。因此，觅食自然成为包括蜜蜂在内的所有生物最为基本的生存活动，而觅食活动成败与否，首先取决于能否获取食物的真实信息。在生物世界，一些生物也会成为其他生物食谱的一部分，生物之间也因此形成食物链条。这意味着，生物体之间的信息识别和获取成为生存的重要环节。为了避开觅食生物的抓捕，被觅食生物演化出各种伪装技术。显然，伪装就是隐蔽真实，以免被觅食生物正确识别和抓捕，而正确识别就是获取真实信息。这从另一角度说明，真实信息对有机体生存具有根本意义。人类社会主体有意识的虚假信息传播行为，显然有其生物进化背景，并在特定社会文化环境中演化为更为复杂的形态。从信息受体的角度看，判别和操控信息真假是生物演化而来的根本策略，人类是生物演化的高级形态，自然会继承这一策略。人类在基本生存活动基础上还演化出了生产、科学、社会及艺术等活动。人类的信息活动自然远比低等生物要复杂多样，但获取和传递真实信息仍是所有活动的根本追求。语言活动是人类信息活动向高级阶段演化的产物，获取和传递真实信息无疑是语言信息交流的根本追求。

第二节　信息真实性的涉身哲学论

人类几千年的思想历史充分表明，真实性是人类信息活动的根本追求，真实性是语言信息的基本规定性，质性范畴也是建构语言信息理论不可或缺的网上扭结。也许因为真实性的根本地位，围绕真实性的理解和界定也产生了无数争议。然而，争议再多也不意味着真实性的消解，更不意味着否定真实性，消解甚至否定真实性都会走向自我否定。一旦背离真实性承诺，任何思想和语言活动也必然走向虚无。（参见吕公礼，2007：174）真实性作为人类信息活动的根本追求并无争议，真正的争议之处在于如何认识和界定真实性。为了简化讨论，我们沿着认知语言学家和哲学家莱考夫和约翰逊（1999）的相关概括展开讨论。在 *Philosophy in the Flesh*（《肉体中的哲学》）一书中，莱考夫和约翰逊专辟一章"实在论与真理"（"Realism and Truth"），对真实性作了深入探讨。真实性和实在论在此并列而论表明，两个范畴在莱考夫和约翰逊的心目中是相通的，真实性的理解取决于实在性的理解。按照莱考夫和约翰逊（1999：94－96）的概括，西方哲学思想史早期曾产生了两种实在论。一是古希腊哲学家提出的"直接实在论"（direct realism），以亚里士多德为代表，也称为形而上学实在论。在亚里士多德的观念中，心智中的思想与世界中的事物本质具有同一性。这等于说心智与世界直接连接（in direct touch）。莱考夫和约翰逊（1999）从"直接实在论"分解出三个方面：①实在性方面（The Realist Aspect），这一方面假设存在物质世界，并解释我们如何成功生存于这个世界；②直接性方面（The Directness Aspect），即心智与身体之间没有任何鸿沟相隔；③绝对性方面（The Absolute Aspect），其中世界被视为独一无二的绝对客观结构，我们对此可形成绝对正确和客观的知识。二是17世纪笛卡尔哲学的"符号—系统实在论"（symbol-system realism）。笛卡尔主张身心二元论，心智与世界之间的鸿沟由此形成。其中，心智中的思想称为外在现实的内在表征。现代分析哲学沿袭了笛卡尔的思想传统，提出了所谓"表征到实在的符合"（representation-to-reality correspondence）和"真理符合论"（the correspondence theory of truth）。莱考夫和约翰逊（1999）把分析哲学的真实观放在古希腊哲学的"直接实在论"中来考察，认为"符号—系统实在论"接受假设③，即承认存在绝对客观世界结构，我们可对此形成客观知识。他们还认为，"符号—系统实在论"最显著的特征是否认假设②，认为①可从③中导出，形成无法解释的"符合论"（correspondence）。在我们看来，"符号—系统实在论"对语言观念的最大影响就是所谓"意义的指称论"（the referential theory of meaning）和真值语义学。"指称论"和真值语义学可以说是现代逻辑学和语义学的基础，对认知科学和信息科学产生了深远影响。到了20世纪后半叶，来自人类学、心理学、语言学等领域的研究者在范畴研究方面取得了许多重要发现，极大地促进了认知科学的发展，形成了所谓第二代认知科学。莱考夫和约翰逊无疑是第二代认知科学领域最具哲学头脑的人物。他们深入批判了"符号—系统实在论"，提出了"涉身实在论"（embodied realism）（Lakoff & Johnson, 1999：23)。他们把笛卡尔以来的实在论统称为"非涉身实在论"(disembodied realism)，由此衍生出"非涉身心智"(disembodied mind)和"非涉身真实"(disembodied truth)。在莱考夫和约翰逊(1999：95)看来，实在论从根本上来说涉及的是我们成功生存于世界(Realism is fundamentally about our success in functioning in the world)。实在是我们与世界相接，而这种相接方式使我们生存、兴旺、实现人生目标。我们与世界相接就需要相接的通道，这个通道就是我们的身体。他们认为，"涉身实在论"更接近古希腊人的"直接实在论"，它接受假设①和②，但否定假设③。

在莱考夫和约翰逊的观念中，实在和真实是人类在世界的成功生存和发展之道，但人类究竟如何靠真实性成功生存和发展，他们的论述中并不能找到合理解释。显然，这样的解释只有从人类与世界的信息关系中才能找到。莱考夫和约翰逊把实在视为人类心智与世界相接，心智通过身体与世界相连接，由此引出心智和语言的"涉身性"(embodiment)。我们注意到，莱考夫和约翰逊所谓身体并非常识意义上的身体，"涉身性"最终靠感知运动和相应的神经系统来实现。我们的问题是，感知运动与世界相接，其本质究竟是什么？大脑神经科学早已表明，感知就是从环境世界获取信息，大脑中枢把信息传递到运动系统，对环境世界施加影响。信息论的先驱维纳(1954：17)恰恰是在这个意义上理解信息传递的。这里我们重新引用维纳(1954)在 *The Human Use of Human Beings*(《人有人的用处》)一书中的论述："这本书的大部分讨论涉及个体内部和个体之间的通信。人浸没在自身感知器官感知到的世界中。人接收到的信息经过大脑和神经系统的协调，之后再经过适当的存储、配置、筛选，出现在效应器官，总的来说出现在肌肉中。这些效应器官作用于外部世界，同时也通过接收器官反作用于中枢神经系统。接收器官包括运动末梢，而运动器官接收的信息与已经储存的信息结合，影响未来的行动。"① 因此，人类靠身体与

---

① Wiener, N., *The Human Use of Human Beings*, Eyre and Spottiswood, 1954, p. 17.

世界相接，在世界中成功生存和发展，本质就是人类与世界的信息过程。莱考夫和约翰逊的"涉身实在论"有其特殊的思想背景，那就是分析哲学的"真理符合论"及衍生出的语义指称论和真值语义学。在这一传统中，心智与世界被巨大的鸿沟相隔，身体的意义就是填充鸿沟，把鸿沟两边的心智和世界连接起来。这无疑弥补了分析哲学意义观念的重大缺陷，但意义本身是个有缺陷的范畴。笔者（吕公礼，2007）的系统论述表明，意义与语言符号的理解相对应，理解就是理解意义。然而，人类使用语言的目的不仅为了使人理解，而是在理解的基础上传递和获取信息。因此，信息才是语言符号的本质属性，信息传递才是语言交流的本质特征。意义无真假，只有信息才有真与假。

　　莱考夫和约翰逊的"涉身实在论"还有另一疑问。他们提出"涉身性"，主要是揭示心智和语言的身体经验来源，而对真实性的多样性解释却有先天不足。心智和语言源于身体经验，但人类大量经验内容和形态都超越了身体经验，属于非身体经验内容和形态。我们之前的讨论表明，身体经验形成的是信息原型，其形态简单有限。我们所知的基本事实是，人类活动早已远超身体经验，扩展到了无限复杂多样的非身体经验范围，形成了大量的非原型真实信息形态。一种理论如果只解释有限简单的原型形态，而忽略大量复杂多样的非原型形态，显然难以称其为好的理论。实际上，莱考夫和约翰逊（1999）对此并非没有关注。他们（Lakoff & Johnson，1999：107）多次提到了社会文化和科学活动两大非涉身领域，并相应提出了涉身意义上的"社会真理"（social truth）和"涉身科学实在论"（embodied scientific realism）。社会文化领域包括文化、机构（institutions）及人际关系（interpersonal relations）。他们指出，"社会真理"也是涉身的，因为没有理解，"社会真理"就没有意义。科学活动与真理最具关联性，而莱考夫和约翰逊（1999：107）按相似的思路界定"科学真理"，认为"涉身科学实在论"产生相应的"涉身科学真理"（embodied truth for science）。他们以"细胞"为例加以说明。实际上，科学领域存在大量类似的范畴，如生物学中的"基因"，物理学中的"原子"、"电子"、"粒子"及

"量子"等。这些范畴表现的究竟是实体（entity）还是研究者的理论构造，历来都是颇有争议的问题。其中，"量子"是否可以客观观察和认识最具争议。在较为流行的观念中，微观粒子（micro-particles）的本体形态是无法客观观察和认识的，所谓本体形态不过是观察者与被观察对象之间的函数。微观粒子的本体在我们（观察者）与粒子的互动（观察）中形成，而这种形成过程是物质潜在形态在观察中变为现实形态的过程（Young，1987）。按照布莱克本（1996）所编哲学辞典的解释，实体性还涉及"外部世界"（external world）、"过去和未来"、"他人心灵"（other minds）、"数学对象"（如数和集合）、"可能性"、"普遍性"、"伦理学"及美学属性等。回顾西方哲学思想历史，中世纪曾有"唯实论"与"唯名论"之争，涉及的核心问题就是"普遍性"的实在性。在现代科学哲学中，围绕科学理论的研究对象形成了"实在论"（realism）与"反实在论"（anti-realism）的对立。最为流行的反实在论有"工具论"（instrumentalism）、"社会建构论"（social constructionism）和"视角实在论"（perspective realism）等。这些理论孰是孰非，显然不是小篇幅所能厘清，但有一点是显而易见的：真实性并不能完全归结为实在性。莱考夫和约翰逊（1999）的涉身哲学试图在身体经验中界定实在性，进而对真实性的多种形态进行统一解释。之后，莱考夫和努你兹（2000）还合著了 *Where mathematics comes from：How the embodied mind brings mathematics into being*（《数学源自何处：涉身心智如何使数学产生》），专门探索数学的"涉身性"，试图把数学理论归于身体经验。我们知道，就抽象程度而论，数学理论堪称人类思想的顶峰。如此高度抽象的理论与身体相连，并化归身体经验，其意义尤其值得关注。

第三节　从真实性层次到信息扩展回归原理

　　总体上来看，莱考夫和约翰逊（1999）对科学真理的涉身解释，其实并非没有前提条件。他们（Lakoff & Johnson，1999：107）在解释

"细胞"的科学真理性时有这样的陈述:"'存在细胞'是科学真理,也被视为'涉身真理'(embodied truth),取决于这样的条件:科学工具扩展了我们的基本层面感知和操作能力"。基本层面能力实际上就是身体的基本能力。因此,我们可以得出一个重要结论:莱考夫和约翰逊(1999)所谓涉身科学真理并非在直接身体经验意义上理解,而是经过科学工具延伸的真理,因而是非涉身真理。在这个意义上,他们的上述论述有两个方面值得特别关注和思考。一是把科学真理与基本层面经验加以区分;二是科学真理通过科学工具延伸形成。实际上,这两方面的意义都不可低估,只是莱考夫和约翰逊急于用"涉身性"一统天下,关于真实性的多层次性,特别是对层次间的关系,他们的探索并不令人信服。实际上,真实性的层次问题绝非小事,莱考夫和约翰逊(1999)对此并非完全熟视无睹。他们(Lakoff & Johnson,1999:104 - 105)专辟一节"真理层次之困境"(The Levels of Truth Dilemma),进行了较为深入的论述。莱考夫和约翰逊在此提出的基本问题是:现象层面真理优先还是科学真理优先?他们认为,西方哲学传统秉持的是绝对真理观,其中科学真理对非科学真理具有优先性。按照他们的观点,自然语言表达"草是绿色的"("Grass is green")体现的是现象优先的真理观。该表达隐含的假设是:现象层面的真理对于科学真理具有优先性,而科学意义上的颜色在此无关紧要。莱考夫和约翰逊用颜色来例释,而且也提出颇为独特的见解。他们关于心智的理解区分了三个层面:现象层面(the phenomenological level)、认知无意识层面(the cognitive unconscoius)及神经层面(the neural level),三个层面的理解包含三种真实性形态。"草是绿色的"在现象层面是一元谓词表现的真实性,它认定"绿色"是草的内在固有性质,而在科学和神经层面上,"绿色"的真实性则由多元谓词(n-tiple predication)表现。其中的论元有视锥颜色细胞(color cones)、神经回路(neural circuitry)、物体表面光波反射比(reflectance)及局部光照情况。关于颜色范畴的科学原理我们曾有专门论述(吕公礼,2010),颜色范畴的语言表现之后再做详细讨论。这里要强调的是,真实性的多元性用层次来刻画，然后归结为优先性，并没有解决真实性多样性的形成机制问题。现象真理与科学真理是优先关系，而优先与否又取决于经验的领域类型。在日常生活经验中，自然语言体现的现象真理足以保证我们成功生存和发展，而在科学领域，科学真理的优先性不言而喻。缺少这种优先性，科学就失去意义。一个更为关键的问题是，真理区分为层次，除了区分外并无实质意义。倒是莱考夫和约翰逊提到的延伸更具科学意义，其理论解释力也更值得肯定。延伸合理解释了人类身体经验与非身体经验的区别和联系，而真实性的多元形态就是在延伸中形成的。我们之前在"涉身性"基础上确立了信息的原型非原型扩展回归原理，而延伸在这个原理中得到了科学合理的解释。

在这个原理中来审视，人类主体在身体经验中建构信息原型，这种原型是初始、简单和有限形态。随着人类活动的扩展，其信息活动也扩展到了科学技术、社会文化及艺术审美领域，形成了大量复杂多样的非原型信息形态。原型概括的是信息的原初形态，非原型形态通过扩展回归形成，两种形态既有差异也相互关联。我们在上一章指出，信息原型与非原型的扩展回归是一种拓扑关系，是不变性基础上的变换。莱考夫和约翰逊在很大程度上是在概念隐喻基础上建立涉身哲学的，而概念隐喻被视为源域到目标域的映射，映射的内容是意象图式。莱考夫（2000）提出"不变性假设"来解释映射，实际上就是一种拓扑解释。在拓扑意义上，源域到目标域的映射是一种变换，其中的意象图式保持不变，因而是一种拓扑不变性。人类信息活动从原型扩展到非原型领域，而非原型信息形态同样具有真实性，根本原因就在于这种变换是一种拓扑变换，其中包含着不变性。

以上论述综合起来，我们可以得出一般概括：信息的原型与非原型扩展回归原理具有普遍科学解释力。人类基本身体经验不断扩展，形成科学活动、社会文化、艺术活动等，其真实性形态无限复杂多样，但都可在该原理中得到科学合理解释。人们熟知的科学模型和模拟虽与隐喻没有直接关联，却从本质上服从信息原型与非原型扩展回归原理。这方面我们在本章最后的虚拟专题中将做深入讨论，这里只对文学艺术信息的真实性略作说明。文学艺术虽然源自生活，且常有生活原型，却更多依靠形象思维和虚构。在这个意义上，文学艺术显然是对真实性的背离。也许因为这一原因，与科学活动相比，文学艺术的真实性历来更具争议性。隐喻原本与艺术最具渊源关系，而莱考夫和约翰逊的概念隐喻却以超越修辞学传统为出发点，试图在认知意义上来探索隐喻，文学艺术反而成了边缘问题。实际上，概念隐喻的后继发展颇有戏剧性。莱考夫和艺术心理学家特纳（1989）合写了著作 *More than Cool Reason：A Field Guide to Poetic Metaphor*（《超越理性：诗歌隐喻实用指南》），之后特纳（2006）又编辑出版了文集 *The Artful Mind：Cognitive Science and the Riddle of Human Creativity*（《艺术的心智：认知科学与人类创造之谜》）。这两本书从认知角度探索艺术创造，试图消解理性心智与艺术思维之间的对立。这样的探索本质上是要消解科学真理与艺术真理的矛盾。然而，要真正消解科学真理与艺术真理的矛盾，信息的原型非原型扩展回归原理是更为科学的理论选择。从艺术虚构回归现实，我们会发现，日常生活其实也充斥着虚构和虚假信息。随着现代信息和通信技术的发展，人类进入了信息时代，信息浪潮对人类生活带来了极大冲击。这个浪潮中既有大量真实信息，也有不少虚假信息，可谓真假信息泥沙俱下，从而对人类信息活动构成空前挑战。在这一方面，本书研究继承了格赖斯质性准则的真假二元划分，真实信息与非真实信息都纳入解释范围，其理论上的科学合理性不言而喻。

第四节　信息质性的语言形态

人类从环境获取信息，这是认知的本质，而信息要成为主体间传递的内容，最终要变换为语言形态。在从世界到语言的复杂曲折变换中，信息的真实性是真正保持不变的部分。我们（吕公礼，2007：186）对格赖斯质性范畴的阐释表明，语言信息的真实性在表征和证实两个维度确立。格赖斯的继承者斯博伯和威尔逊（1986/1995：38）则明确指出："我们终生从事的是从共同的环境中获取信息，并建构最好的心理表征"。信息的表征看来是有共识的，最好的表征也无疑问，而什么是表征才最具争议。在我们看来，谈论表征我们总会想到什么表征什么。因此，表征并不是一个自足的概念，而是一种二元关系，包括表征系统与被表征内容。假定 X 是表征系统，Y 是表征的对象，则有 X 表征 Y。在信息质性意义上，表征就是 X 在何种意义上真实再现 Y，这就是英语 represent/representation 的意义。不过，这种意义上的表征恰恰又陷入了"真理符合论"的困惑。假如 X 是语言陈述，那么 X 表征的 Y 是什么呢？是认知和概念状态吗？假如是认知和概念状态，那么 Y 表征的又是什么呢？莱考夫和约翰逊（1999）之前提到"草是绿色的"，其中的问题也可从表征来认识。我们说"草是绿色的"传递真实信息，就在于它表征某种对象内容，其表征符合被表征的对象。而问题在于，该表述中的"绿色"是我们的认知概念状态，还是纯粹独立于认知，为草自身具有的客观属性？莱考夫和约翰逊（1999）显然不认同纯粹客观说，并通过颜色的神经物理过程表明，颜色由人类视觉与物体表面光波互动形成。我们（吕公礼，2010）曾详述了范畴形成的神经科学背景。我们指出，客观说无法解释人类与低等动物（如犬类）颜色感知的差异。颜色范畴的互动说也印证了一种民俗观念：颜色是看出来的。在这个意义上，莱考夫和约翰逊（1999）对"真理符合论"的质疑并非没有根据。他们认为，"真理符合论"的困难就是分析哲学的困难，而符合论的根本缺陷就是表征与实在之间的断层（chasm），该断层可进一步分为三个次断层（gap）（Lakoff & Johnson，1999：100）：

· 自然语言与形式语言符号之间的断层；
· 形式语言符号与语言集合论模型中给定抽象体之间的断层；
· 世界集合论模型与世界之间的断层

莱考夫和约翰逊（1999）的断层论虽然主要针对"真理符合论"而发，实际上也动摇了分析哲学背景中产生的形式逻辑语言模型和真值语义学。不过，我们在此更多关注的是其语言信息意义。莱考夫和约翰逊（1999）"涉身实在论"的价值在于，我们从中找到了信息真实性的源头、演化及因此形成的信息真实性多样形态。人类主体在身体经验中建构信息的原型形态，而人类经验活动的扩展衍生出了各种非原型信息形态，这一点并没有什么疑问。我们要进一步解决的问题是，信息表征如何从原型扩展为非原型形态？其本质和意义是什么？

让我们重新考察"草是绿色的"这一语言表征。在莱考夫和约翰逊（1999）区分的层面中，该表征属于现象层面。在神经物理学意义上，颜色实质上是物体反射的光波在主体视觉神经中引起的感觉。例如，绿色是波长为 495—535 微米的可见光在神经系统中引起的感觉，这种感觉的具体神经基础是视网膜上的感光细胞（Schiffman，1990：250）。放在原型非原型扩展回归原理中看，自然语言表征"草是绿色的"为信息的原型态，而神经细胞意义上的颜色属于扩展的非原型形态。这样的解释很容易使我们想到模糊数学，其中关于年龄的界定一直为人们津津乐道。例如，在"张三是中年人"中，"中年"表征的多半是现象层面的信息原型态，而"40—50 岁之间"便属于非原型态了。显然，前者是模糊的，后者是精确的。这样看来，语言的模糊性问题在原型非原型扩展回归原理中也可得到统一解释。如果我们看看日常生活中的语言使用，"年龄"的原型非原型表征并无显著差异。毕竟人们可以说"张三是中年人"，也可以说"张三的年龄在 40—50 岁之间"。但如果考虑产生的先后顺序，自然语言比数值表达的产生要早得多。年龄的数值表达以"年"、"月"、"日"为基础，而在天文学和历法没有产生之前，这些概念的确立是难以想象的。

我们之前的讨论（吕公礼，2007）表明，年龄的计算和表征还有好几个标准，如权威机构（如联合国）的统计标准、生物学标准及医学标准。在生物学意义上，人类和哺乳类动物的寿命可按性成熟时间的 8—10 倍计算。人类性成熟大概在 14—15 岁之间。按此推算，人类的最高寿命为 112—180 岁之间。在医学意义上，人体自然寿命相当于体细胞分裂次数和分裂周期的乘积。人体细胞自胚胎开始分裂为人，分裂周期平均为 2.4 年，分裂 50 次以上。据此推算，人的自然寿命应为 120 岁左右。综合起来计算，人的自然寿命应在 120—175 岁之间。现在我们可以概括说，年龄信息尽管形态多样，但总体上只有两种：原型形态和非原型形态。这样的二元划分有其现实信息根据和意义。年龄的表征虽有大量更精确的非原型形态，但在日常信息交流中，统计标准和生物医学标准并非首选。在日常生活中，语言信息主体感知年龄并形成范畴，主要依据人们对个体外部（如头发、皮肤、体型、个头、行动、体力等）变化的直观感知信息。显然，这种信息就是身体经验信息，而年龄信息的自然语言表达代表的是信息的涉身原型形态。另外，人们也常用"定性"和"定量"来描述信息表征模式。关于颜色和年龄的例释表明，自然语言信息表征是典型的"定性"形态，而科学信息表征（数学、物理、化学、医学、生物学等）是典型的"定量"形态。在这个意义上，"定性"与"定量"也可在信息真实性原型与非原型扩展回归原理中找到合理解释。两种模式可以说代表两种典型的信息认知尺度。自然语言代表的是信息真实性的原型尺度，而科学表述是扩展的非原型尺度。前者代表人的基本尺度，后者代表人的延伸尺度，而延伸是靠科学工具和方法（观测、实验仪器、计算推演等）实现的。当然，很多科学信息也用自然语言表述，这是语言信息形式与内容相互背离的有标记信息传递形式。而总体来说，上述比较加深了我们对自然语言尺度的认识。自然语言是人类最为基本的信息表征传递形式，这是显而易见的普遍认识，而这种认识的根本理据何在，却是需要科学解释的问题。信息原型非原型扩展回归原理对此提供了更为科学的解释。

最后我们回到语言信息真实性的证据维度。我们说"绿色"是波长在 495—535 微米之间的可见光引起的感觉，其实是对量值结果的表述。然而，这一量值并非主体直接感知获得，而是经过实验、测量、计算、推断等过程，以这些过程中获取的信息为证据而确立的。因此，信息的真实性还有证实维度，只是我们在表征维度的论述中暂时忽略而已。信息原型态在身体经验中确立，但内容多为主体直接感知，是主体亲历的经验内容。信息的非原型态虽然从原型扩展而来，但扩展往往是漫长的演化积累过程,因而很难在直接亲历意义上理解。所谓原型是对人类信息初始阶段的还原,因而是抽象的结果。任何个体来到世间,身体经验和原型建构是必经过程,但更多进入的是人类积累的既有信息场。这种信息场既有前人的身体经验,更有大量非身体经验信息。对特定个体来说,大量的信息是间接获取的,更多则在既有信息基础上间接生成。在这一方面,数学可谓典型的生成信息形态,其中最重要的生成方式是间接推演,而推演实际上就是证实的过程。我们之前提到,莱考夫和努你兹(2000)曾试图在涉身意义上解释数学理论的来源。在我们看来,这种解释必定在演化意义上才能成立。科学真理在演化意义上可以找到经验基础,但科学信息的真实性大多是间接生成的,包括工具延伸、实验仪器及逻辑推演(吕公礼,2007:197-198)。对于给定信息片段,我们判断它是真实的,这种判断来自工具延伸和逻辑推演提供的证实。这就是信息的证实向度,从中衍生出语言信息的真实性基础。综合起来看,身体经验形成信息原型态,其真实性在主体与世界直接感知中确立。作为给定信息片段,这种信息也被称为感知证据(perceptual evidence)(Franken,1997)。感知证据之外的证据确立的信息是非原型信息形态。在原型向非原型扩展中,人类信息活动早已超越了直接感知运动范围,大量信息的真实性在间接证实中确立。科学活动是典型的非原型信息活动,科学信息的真实性大多在间接证据基础上确立。对考古研究人员来说,古代世界和社会远远超越了基本感知范围,要获得古代世界的真实信息,必须依靠史料、遗迹和文物等。史料、遗迹和文物是证据,但自身的真实性也需要甄别。现代考古学运用 ^{14}C 测定出土的木、骨等有机物的年代,运用磁性度和热发光技术测定陶器的年代。我们知道,古生物学的主要证据来源是生物化石,古生物的真实状态信息从中得以证实。现有研究表明,宇宙产生于 150 亿年前,太阳系产生于 40 多亿年前,生命诞生于 500 万年前。然而,人类诞生只有 40 多万年。对人类认识主体来说,宇宙、太阳系及生命的诞生,显然远远超越了自身身体经验范围。在此情况下,人类又何以获取宇宙、太阳系及生命诞生的真实信息呢?

黑洞到地球的距离远远超越了人类直接感知观察范围，天文学家又凭什么认为，他们获取了黑洞的真实信息呢？概括起来说，人类自身的时空存在和认知能力极为有限，人类何以能够超越有限，获取远超身体经验范围外的非原型信息呢？显而易见，各种间接信息提供的汇聚证据（converging evidence）是最基本的方式。在迄今发现的黑洞中，离我们地球最近的也有约 1600 光年，而如此遥远的天象显然是无法直接观测的。天文学家只能借由所谓"边缘信息"来间接推测黑洞的存在和位置，这些"边缘信息"包括：物体被吸入黑洞前放出的紫外线、X 射线和恒星或星级云气团绕行轨迹等。天文学家考察宇宙空间中处于不同年龄天体的序列，从中追寻天体亿万年的演化历史，进而证实宇宙演化的理论假设和理论。回到语言本身的起源问题。人类诞生据说至今已有大约 40 万年历史，而如此区区时段起于何时，也多以间接证据（如类人猿、古人类头骨化石等）来推测和确立，人类语言的起源研究显然面临同样的问题。最后再回到我们所处的信息时代。除了传统媒介（如书籍）外，人们越来越多地依赖各种电子媒介获取信息。"思接千载，视通万域"可谓人类追求的最高认识境界，而在信息时代，这种境界显然越来越多地依靠间接证实才能实现。

第五节　现实与虚拟之辩

一　隐喻、文学及虚拟

在实在、真实和真理的语境中，隐喻、文学及虚拟大多被视为边缘话题。隐喻按日常意义理解就是打比方的意思。我们说"张三是木头"是把张三比作木头，而不是他当真就是木头。显然，隐喻不仅与真实无关，而且根本就是背离真实。文学艺术背离真实是不言而喻的，文学（特别是英文小说 fiction）原本就是虚构的代名词。至于虚拟，其名称就已是真实的反面。然而问题在于，隐喻、文学及虚拟确是认知和语言的基本形式，是我们生存和发展须臾不能离开的形式。莱考夫和约翰逊（1980）写了一部经典之作，冠以 *Metaphors We Live by*

（《我们赖以生存的隐喻》）的名称，已经明确揭示了这个道理。我们依赖隐喻生存表明，隐喻不仅没有背离真实，而且多数情况下是我们认识真实的基本途径。我们于是陷入了一种悖论，我们靠真实信息生存，但我们的生活同样不能离开隐喻，而隐喻并不传递真实信息。这种悖论在概念隐喻论中无法解释，只有在原型与非原型扩展回归原理中得到消解。我们在前文的论述表明，信息真实性在身体经验中形成原型，因而才有"涉身真实性"，而信息的非原型形态是对身体经验的超越，因而也远离了真实性。科学活动、文学艺术大都属于非原型信息活动，它们被认为背离真实性就不足为奇了。但我们都知道，科学恰恰以真理为根本追求，艺术也以艺术真理为己任。显然，真与非真原本就内在于人类信息活动。人类思想传统中有很多范畴用来表现这种关系，如实在与反实在、事实与想象、真实与虚构、现实与虚拟等。这些关系源自不同思想理论背景，自然存在种种差异。实在与反实在多半出现在哲学中，事实与想象、真实与虚构大多涉及文学艺术活动，而现实与虚拟无疑属于信息时代。然而，差异并不能掩盖内在联系。它们的后一极都与真实性形成对立，因而可在信息真实性背景中得到统一解释。对于建构更具概括性的信息真实性理论，这不失为正确的理论选择。我们首先要强调的是，上述关系是对立的，但也是统一的。其中的统一性是我们此处要特别聚焦和探寻的。显然，拘泥于简单的对立，肯定无法找到其中的统一性。例如，想象与现实对立，想象存在的理由何在呢？想象也可能变为现实又如何解释呢？虚构与真实对立，那么小说存在的理由何在呢？文学艺术的真理追求又如何解释呢？假设与真理对立，科学又为何倚重假设呢？假设被证实，成为科学真理，又该如何解释呢？虚拟与现实对立，虚拟技术的广泛应用和存在理由何在呢？虚拟又怎么可能用来模拟、体验、检验、设计和认识现实呢？人类认识的长期实践，特别是认知科学过去半个世纪的研究表明，想象、虚构、假设、虚拟等虽然与真实对立，却是人类认知世界获取真实信息的基本形式。人类认知世界获取信息，原本就离不开想象、虚构、假设和虚拟。

为了探寻对立中的统一性，让我们回到概念隐喻理论。实际上，隐喻研究、特别是概念隐喻提出后的大量研究，大都与上述对立关系存在种种牵连。从历史演化来看，隐喻研究历史悠久、思想渊源深厚，涉及多种跨学科领域。对这样一个成果丰厚、观念纷呈的研究领域，细述其中得失和争议已远超本书篇幅。我们在此更为关注的是，隐喻在原型与非原型变换原理中有何价值，并在此过程中消解上述对立和悖论。传统隐喻观的形成深受两个重要人物的影响，一是古代哲人亚里士多德，二是当代哲学家塞尔（Searle）。这两位的共同之处在于，他们都属于直陈主义者（literalists）。按照海塞（Hesse，1993）的观点，直陈主义的支配地位与近代经验主义科学观密切相关。在经验主义科学观中，科学知识被视为所有知识的楷模，科学语言是直陈语言的典范。海塞（1993）还认为，在新的隐喻观中，隐喻作为直陈观的对立面是语言的基本形态，隐喻形式在历史和逻辑上先于直陈形式产生。毫无疑问，这一观念发展到极致，就产生了莱考夫和约翰逊为代表的认知语言学隐喻理论，这一隐喻理论称为概念隐喻。概念隐喻在哲学上以"涉身性"立论，而"涉身性"又是真实性之源。因此，对于认识和解释上述对立背后的统一性，概念隐喻提供了合理的理论起点。概念隐喻以语言隐喻为材料来源，但其思想观念超越了语言，其边界扩展到了认知、思维、科学、哲学、政治、经济、艺术等广阔领域。为了说明隐喻的独特意义，让我们重回直陈语言与隐喻语言的对立关系。所谓直陈就是直接陈述和传递真实信息，就是按字面意义对其进行解码。在这个意义上，隐喻语言显然走向了反面。"山脚"中有"脚"，但该表达式传递的并非脚的信息。这样的理解自然会引发疑问。既然"山脚"中的"脚"不是脚，我们凭什么用"山脚下有一个村庄"来传递真实信息呢？我们说"张三是木头"，自然不是说张三当真就是木头。在我们已有的世界信息中，山是山，脚是脚，人有脚，而山没有脚。同样，人是人，人不是木头，也不是其他非人之物。既然张三不是木头，我们为何还说他是木头呢？这不是明摆着传递虚假信息吗？然而，无论是"山脚"还是"张三是木头"，都是语言交流中合格的表达式，听话人也能理解它们的意义，并从中获取说话人要传

递的信息。我们现在看到，隐喻表达中的确包含着的真与假、实与虚
的对立。概念隐喻对此显然没有明确的解释，其中包含的线索倒是不
少。在概念隐喻中，隐喻是源域向目标域的映射。所谓源域就是身体
经验领域，而目标域就是扩展的非身体经验领域。这样看来，问题的
答案就要在映射中探寻了。按照莱考夫（2000）的解释，从源域向目
标域映射的是意象图式（image schema）。由于意象图式在身体经验中
形成，意象图式跨越两个领域的映射而保持不变。莱考夫（2000）提
出所谓"不变性假设"（the Invariance Hypothesis），其本质意义就在于
此。该假设莱考夫（2000）所做后续研究十分有限，但其启示意义值
得肯定。我们在第六章确立了信息原型与非原型的扩展回归原理，我
们也得出结论，扩展回归本质上是拓扑变换。隐喻是源域向目标域的
扩展，扩展中的意象图式又保持不变，因而是一种拓扑变换。隐喻真
实性的本质在这种不变性中得到解释。

　　在语言文学活动中，诗歌和小说是隐喻最为集中的文学形式。想
象和虚构是诗歌和小说的基本特征，但在利科（2004［1997］）看来，
诗歌的目的在于对人类行为进行基本的描述，它的适当方式就是通过
虚构、寓言和悲剧性情节来表达真实。塞尔（1981）和利奇（Leech，
1981）对于小说现实性和虚构性均有独到研究和阐释。他们的研究表
明，语义真值与小说的真实性具有共同的语言信息背景和基础。利科
（2004［1997］）认为，文学作品只有在悬置描述性活动的指称条件下，
才能通过它特有的结构展示一个世界。这一观念的本义就是，文学作
品把第一级指称悬置起来，话语借此将其指称表现为第二级指称。在
信息的扩展回归原理中看，所谓第一级指称显然就是原型意义上的指
称真实性，第二级指称就是非原型意义上的指称真实性，而悬置就是
从原型向非原型的扩展。指称论立足于语义真值论，利科关于文学真
实性的阐释因而也包含着现实与虚构的统一性。在我们看来，小说的
真实性在于，小说并不是再现而是拟现，就是用语言构拟和创造现实
中没有的现实，即利奇（1981）所说的虚构的现实（mock reality）。在
英文中，小说称为 fiction，原本就与虚构同义，显然不是没有根据的。

塞尔（1979）认为，小说是一种"假装的言语行为"（pretended speech act），"假装的再现"（pretended representation）。何谓"假装的再现"？"假装"就是虚构，而"假装的再现"就是虚构的现实。学者们的说法多种多样，但贯穿其中的不变性就是真实与虚构的对立统一，而这种对立统一在原型与非原型扩展回归原理中得到了合理的解释和概括。

二　原型非原型扩展与虚拟信息

虚较之实更多带有负面色彩，而上述概括使我们有机会重新审视虚及与此相关的概念。在本书理论背景中，虚是信息的一种形态。如果实在的源头在身体经验，那么信息原型就是实在性的原点。这样，信息从原型向非原型的扩展就是虚化的过程。虚在这里不是虚假，而是更为间接、主观、抽象和概括之意。重新界定之后，我们就能更好地认识实与虚、真实与虚构之间的内在统一性。信息原型是实在性的原点，但这并不意味着非原型信息没有真实性。非原型意义上的真实性是更为间接、主观、抽象和概括意义上的真实性。放在第三章界定的"涉身性"关系中，非原型意义上的真实性也就是非涉身意义上的真实性。这样，我们也能更好地理解虚构和虚拟在人类信息活动中的独特地位。在某种意义上说，虚构和虚拟是更高层次和更为普遍意义上的信息真实性活动。纵观人类思想传统和演化，虚构其实具有深厚思想和广阔外延，其源流渗透在哲学、科学哲学、文学理论及语言学等多种学科传统。在巴博（Babour 1976）和哈瑞（Harré1961）的综述中，人们早期对"虚构"的探索涵盖神话、宗教、社会契约、永恒、自由及科学假设等众多问题，主要表现为这些问题的哲学思考。韦辛格（Vaihinger 1911/1924）在新康德主义背景下提出了"虚构主义"（fictionalism）（见 Blackburn，1996），集中概括了这些哲学思考的基本取向。在科学哲学中，"虚构"更多涉及科学理论的本质和结构，其影响和意义集中体现在科学模型的本质和意义中。20 世纪 60 年代，模型的普遍意义在科学与艺术、科学与语言等跨学科探索中逐渐显现出来，而模型的意义又在"虚构"范畴的普遍性中得到体现。在大量探索工作中，布莱克（Black，1962）的研究最具概括性。科学模型、类比和隐喻原本来自不同的学科理论背景，而布莱克却看到了这些看似不同现象的内在共性，把它们纳入了统一的理论视域。布莱克（1962）发表了名作 *Models and Metaphor*（《模型与隐喻》）。他在该书中指出，科学模型是"系统展开的隐喻"（systematically-developed metaphor）。而按照海塞（1963）的观点，科学中的理论解释是"隐喻性的重新描述"（metaphorical re-description）。科学哲学大家库恩（1993）认为，在科学的一些领域，隐喻似已成为科学模型的构成性特征。利科（2004［1997］）则对布莱克（1962）中的观点作了进一步阐释。他指出，Black（1962）在 *Models and Metaphor*（《模型与隐喻》）中确认了隐喻在艺术与科学模型功能间的相似性。利科在此基础上为"虚构是重新描述"的观念进行了辩护。可以看出，探寻艺术与科学的统一性，在很大意义上是围绕"虚构"展开的。

　　哲学、特别是科学哲学关注"虚构"，主要是探究科学理论的结构和真理性。然而，在这种语境中，"虚构"常以实在和真实的对立面出现，很容易陷入实在主义的误区。西方哲学传统中的真理讨论大多没有定论，与这种对立不无关系。我们在上文看到，实在与虚构对立统一，可在信息的原型非原型原理中得到合理解释。这种解释实际上就是历时解释，就是在信息自身的产生和历时演化中来解释。在本书开始部分，我们确立了"物质—能量—信息"统一性的哲学概括。我们指出，信息从这种统一性中分化而来。分化与生命的产生和演化相生相伴，因而标志着"主观"与"客观"的产生。如果说"物质—能量—信息"是实在自身，那么信息从统一性中一经分化，就已经虚化了。虚化如同真实性一样是信息与生俱来的特征。在纯粹实在意义上界定信息的真实性，人类认知、科学理论、文学艺术就没有真实性可言。真正普遍意义上的真实性恰恰是通过"虚构"揭示和确立的。为了避免"虚构"常有的负面意义，我们用相对中性的"虚拟"来概括相关结论。我们（吕公礼，2007）曾指出，信息相对一定的信息主体存在，是对物质能量结构形态的主观认知表征。结构形态的认知表征不是物质能量自身，因而已经是物质能量的虚拟形态。对此我们（吕公礼，2007：311）提出信息虚拟的不等同原理加以解释，而该原理概括的是人类信息活动的普遍特征。之前提到的模型、类比、隐喻是虚拟的具体认知形式，该原理的具体技术形态还包括模拟、仿真、军演（包括推演）等。显而易见，"虚拟"已成为信息时代的基本标志，这里自然需要多加讨论，本书最后一章还将针对"虚拟空间"进行专门探讨和论述。实际上，"虚拟"这一汉语表达本身已包含了不等同意义。"拟"有模仿、模拟之意，而"虚"对"拟"中的不等同意义加以明确表达。太阳系的原子模型是我们熟知的科学模型。在该模型中，太阳系在结构上按原子结构来刻画，但太阳系显然不能等同于原子。这个解释可以扩展到其他数学物理表达式。例如，$E = mc^2$ 为爱因斯坦质能方程式，刻画了质量与能量的数量关系，但方程式是方程式，并不等同原子裂变释放巨大能量的实际过程。货币用来购买商品，其依据是商品价值，但这并不意味着货币等于商品。在现代航空人员训练中，仿真驾驶系统早已广泛应用。这样的系统可为人员提供飞行器的操作体验，但仿真是仿真，仿真体验不等于真实的飞行驾驶过程。无论在科学测量、生产活动、交通运输、军事活动中，还是在日常生活和旅行活动中，地图都是人们须臾不能离开的信息源头。地图的本质在于提供真实的地理信息，包括地形地貌、空间位置、方位距离、角度方向等基本信息。然而，人们要追问的是，地图真的能提供完全真实的信息吗？地图总体上是按比例压缩制成，但细心的地图使用者会发现，地图展现的国家面积大小与实际测量结果多有出入，有些国家并没有地图展现的那么大，另一些国家也没有展现的那么小。实际上，大型（如世界）地图大都存在"失真"问题，这多少有违地图的本质，但在专业人士眼中是完全合理的。地球是球面，而地图为平面，地图的制作实际上是从球面向平面的变换。这种变换的基本方法是投影，而投影分为方位投影、墨卡托投影及圆锥投影等。投影方法不同，制作的地图也不同，哪种方法制作的地图更为真实，在真实度上显然并无可比性。无论是哪一种投影方式，"失真"都不可避免，因为投影意味着长度变形、角度变形及面积变形。在此意义上，地图制作实际上包含多种变换，地图信息的真实性只有在"虚拟"意义上才能得到合理的解释。大量的认知和技术活动表明，"虚拟"是人类信息活动的基本机制和普遍特征，贯穿在日常生活、生产活动、科学研究及艺术创作等各种活动中。

"虚拟"是人类信息活动的基本机制和普遍特征，这一特征具有深厚的大脑神经基础和大量证据支持。我们（吕公礼，2010）曾对现代神经科学、特别是镜像神经元进行了考察，为"虚拟"机制提供了重要神经科学支持。传统的认识论和心智观深受理性主义的影响，而理性主义在近代主要以笛卡尔的身心二元论为代表。西方哲学、心理学、认知科学中的很多二元对立关系由此衍生出来，如"思想"（conception）与"知觉"（perception）（Lakoff & Johnson，1999：37）、"内在"（inner）与"外在"（outer）、"心理"（mental）与"物质"（physical）、"理性"（reason/rationality）与"情感"（emotion）、"符号"（symbol）与"世界"（world）、"高级认知"（higher cognitive process）与"低级知觉"（lower perception）。类似的二元对立关系还有"知觉"（perception）与"行动"（action）、"视觉"（visual）与"运动"（motor）等（Svesson，Lindblom & Ziemke，2007；Johnson & Rohrer，2007）。上述关系在二元论中常被视为界限分明的对立关系，而信息认知的绝对"实在论"和"真理的符合论"从对立观直接衍生而来。涉身心智的产生和发展正在深刻改变这种严格对立关系。现代神经科学的一系列重大发现逐渐汇聚为一个基本认识："涉身性"是认知过程中多种通道神经系统的同时激活而实现的神经共享（neural sharing），共享在功能上是一种内在"模拟"。前运动—顶叶神经系统是神经科学近20年来最重要的发现之一，它包括三种神经元及相应的神经通路（Gallese和Lakoff，2005）。一是动作方位神经元（action location neurons），位于前运动区的F4区域，它与顶叶内腹侧区（ventral intraparietal，即VIP）形成F4—VIP神经回路，其主要功能是把主体外围空间（peripersonal）内事物的空间位置信息转变为与物体相互作用的运动程序；二是"标准神经元"（canonical neurons），它把前运动皮质F5ab区域与顶叶内前部（anterior intra-parietal，即 AIP）区域连接，形成 F5ab—AIP 神经回路。主体执行和看到可用于执行动作事物时，"标准神经元"被激活，其主要功能是把物体固有的物理属性（形状和尺寸）转换为对物体施加动作时手的运动程序；三是"镜像神经元"（mirror neurons），它把前运动皮质 F5c 区域和顶叶的 PF 区域的连接，形成 F5c—PF 神经回路。"镜像神经元"在主体执行动作和观察其他个体执行相同动作时均被激活。20 世纪 80—90 年代，意大利帕尔马大学的贾科莫·里佐拉蒂（G. Rizzolatti）等神经科学家开展了一系列研究，首先在猕猴大脑中发现上述神经元和神经回路。之后，其他研究人员运用脑成像技术和其他实验方法在人类大脑相应区域发现了类似的神经元和神经回路（Gallese 和 Lakoff，2005；Rizzolatti，Luppino，Matelli，1998）。

前运动—顶叶神经系统也称为"视—动"神经系统（见 Garbarini & Andenzato，2004），其发现的本质特征和重大意义在于，抽象概念思维与感知—运动之间的严格分离和对立被消解。加莱塞和莱考夫（Gallese 和 Lakoff，2005）的研究解释了两者的内在神经联系，深化了概念思维和语言理解涉身性的本质。他们认为，（概念和语言）理解是一种想象，想象与动作共用相同的神经基质（neural substrate），人类认知的本质是"神经的再利用"（neural exploitation），抽象（概念）思维包含了感知—运动系统神经基质的再利用。

图 7 - 1　多种通道神经系统共享（吕公礼 2010）

现代神经科学不断取得新的发现，而这些发现背后有何趋同机制，已成为认知科学和语言认知研究的核心和热点问题，其中神经"模拟"（simulation）是近年来提出的最重要的理论假设。在关于感知运动与概念知识的研究中，加莱塞和莱考夫（2005）对"模拟"假设已有探讨，而其他研究者则在认知科学的广阔背景中系统探讨"模拟"的一般原理（Garbarini & Adenzato，2004；Svesson，Lindblom & Ziemke，2007）。"模拟"的最完整理论假设见于赫斯洛夫（Hesslow，2002）。另外，达马西奥（Damasio，1994）的情感理论也被视为神经模拟假设的另一重要思想来源。按照该理论，情感产生于身体、情感中枢及大脑皮质构成的神经环路（loop），主体可通过虚设的身体环路（as-if body loop），跳过（by-pass）身体部分，内在地模拟情感状态。人类高级心智形态通过大脑神经系统的内在"模拟"与身体经验相连，而身体经验通向外部环境世界。这从根本上消解了心智与身体及上述各种二元对立，从而颠覆了绝对"实在论"和"真理的符合论"。绝对实在和符合意义上的信息真实性一旦动摇，"虚拟"自然成为人类信息活动的基本机制和普遍特征。

　　确立了"虚拟"的普遍性，我们还需要进一步探讨"虚拟"的基础和内在机制。现在我们可以确立的基本认识是，"虚拟"是信息原型与非原型的拓扑变换。我们的讨论从概念隐喻开始，这里我们需要重回概念隐喻。比较而言，概念隐喻要比"虚拟"包含更多的设定，引发的争议也更多。一方面，概念隐喻是用源域来认知目标域，这与"虚拟"系统有相似的功能。但源域不同于虚拟系统，源域更多是作为信息原型的源头理解的。另一方面，概念隐喻用映射来解释两个领域之间的联系，而映射的基础是两个领域之间的相似性。根特和伊杰奥洛斯基（Genter & Jeziorski，1983）曾在隐喻和类比基础上阐释西方科学发展历史。他们认为，类比和隐喻是科学思维的核心，而隐喻向类比的转换是西方科学发展的基本趋势。类比较之隐喻虽然更易于按事物间相似性来解释，但相似性本身究竟如何理解颇有争议。人们要问，在源域和目标域之间，在类比的事物之间，相似性是预先存在的还是生成创造的？（Indurkya，1992）按照莱考夫（2000）的"不变性假设"，源域和目标域之间映射的是"意象图式"，而"意象图式"是跨域变换的不变性基础。源域不同于目标域，就在于它们之间的不变性是相似性，而不是同一性。在这个意义上，探寻相似性基础和本质，意象图式是其基本依据。

如果把构式中的原型句包括在内，我们可对意象图式做出这样的概括：意象图式大都包含某种结构关系。根特（1983）提出"结构映射"（structure-mapping），这可能是重要依据。但仔细考察更多隐喻、类比及"虚拟"关系会发现，相似性并非全是结构性的。轮船模型、绘画、摄影中的相似性除结构特征外还有形状、颜色及状态等。"机械手"和"电子眼"包含着从手和眼到相应目标域的映射，但映射的基础不是结构，而是功能的相似性。"时间就是金钱"是拿金钱来类比和认知时间，但映射的不是金钱的结构，而是其价值。货币用于代替事物进行交易，同样是基于其价值。这表明，无论"意象图式"还是"结构映射"都没有充分解释隐喻、类比及更一般的"虚拟"过程中的相似性。我们（吕公礼，2007：312）曾提到格式塔心理学的事物质性说，从中概括出四类相似性特征。在我们看来，它们其实是"虚拟"普遍依据的概括。为了讨论方便，我们略作修改后重述如下：

（ⅰ）事物外在感知特征的可抽象性

（ⅱ）事物功能的可抽象性

（ⅲ）事物价值的可抽象性

（ⅳ）事物内在结构关系的可抽象性

事物外在感知特征包括颜色、形状等，这些特征解释了模型、雕塑、绘画、摄影等虚拟形式。功能顾名思义指的是事物的基本功用，如手有拿握、移动物体的功能，眼睛的基本功能是察看，大脑的基本功能是信息处理等。这些功能解释了"机械手"、"电子眼"、"电脑"等"虚拟"形式。价值是事物的另一主要属性，价值因而常常抽象出来，成为"虚拟"的基础。"时间就是金钱"是以金钱来理解时间的价值。在这一方面，货币是最为典型的"虚拟"形式，其依据就是商品的价值。上述四项概括还有两个方面需要进一步说明。一方面，"意象图式"和"结构映射"并没有被简单否定，而是在（ⅳ）中得到了概括。实际上,结构关系可进一步分为空间关系、时间关系、数量关系、事件关系等,在更普遍意义上概括和解释了"意象图式"。另一方面,列举并不意味着这些特征被等同看待。毫无疑问,(ⅳ)是最具综合性的概括,因而值得深入探讨。结构关系简单说就是事物内在组织、联系、变化在空间、时间、数量及事件方面表现出的状态。因此,结构关系概括和解释的是信息主体对事物内在状态的把握。值得关注的是,弗洛里迪(2004)的"信息实在论"恰恰是在结构意义上确立的。无论是关系共性还是结构同构,都以结构关系的可抽象性为前提。在弗洛里迪的信息哲学中,结构的分析抽取(factor out)是通过抽象层次(levels of abstraction)实现的。这给我们带来的启示是,结构一旦从事物中抽象出来,它所概括的事物的内在组成、联系、变化等便可用模型和符号来"虚拟"。这就是事物内在结构关系可抽象性的"虚拟"机制。在我们熟知的太阳系原子模型中,行星间的结构关系可抽象出来,然后用原子结构来"虚拟"。前面提到,地图是球面向平面的变换,这种变换在长度、角度及面积等结构关系基础上实现。在更为一般的意义上,数学和符号逻辑抛开符号具体内容,完全依靠形式建构和推演,而建构和推演的基础便是事物内在抽象结构关系。在这个意义上,数学理论和符号逻辑无疑是最为抽象层面的信息"虚拟"形式。

三　虚拟信息形态及其拓扑变换本质

本书的目标是建构语言信息理论。因此,我们在此要探索的核心问题是语言信息的"虚拟"本质。为此,我们先回到信息"虚拟"的分类,然后确定语言信息的"虚拟"特征。我们以隐喻为起点讨论"虚拟",而隐喻研究的边界也早已延伸到了模型、科学理论和艺术活动。仅就模型而论,现有文献中提到的就达30多种(参见吕公礼,2007:314)。在更一般意义上理解,雕塑、绘画、摄影、小说、诗歌、戏剧、电影等艺术形式都是"虚拟"形式。但我们要强调的是,这样的罗列无助于认识"虚拟"的普遍特征,也无法为探索语言信息"虚拟"提供合理的参照。为了确立合理的理论参照,我们(吕公礼,

2007：315）曾提出虚拟的两级划分。第一级是符号性与非符号性划分。显然，科学模型和艺术（文学艺术除外）是非符号性虚拟，而自然语言、符号逻辑、数学表述属于符号性虚拟。按照巴博（1976）的观点，数学模型和理论可视为目标系统的符号表征。第二级是技术与非技术划分。科学模型、雕塑、绘画、摄影是传统意义上的技术性"虚拟"，计算机仿真及衍生的各种"虚拟"技术是人类信息"虚拟"活动的现代技术延伸。自然语言和文学艺术在人类活动中自然形成，因而是非技术性"虚拟"。在各种"虚拟"类型中，电影无疑是多种"虚拟"（符号和非符号，技术和非技术）的最为综合的运用。上述划分用特征分析法概括，具体运用±二元特征方法（"＋"表示具有，"－"表示没有）来表示。这样，上面提到的虚拟可以概括为表7-1。

表7-1　　　　　　　　信息"虚拟"形式特征表示

虚拟形式 ＼ 虚拟特征	符号性±	技术性±
自然语言	＋	－
文学艺术	＋	－
符号逻辑	＋	＋
数学表述	＋	＋
地图和地貌模型	－	＋
科学建模和模型	＋	＋
计算机仿真	＋－	＋
沙盘推演和军演	＋－	＋
雕塑、绘画、摄影	＋	＋
电影艺术和戏剧	＋－	＋

　　需要指出的是，上表概括的是"虚拟"形式的共时稳定状态，其中的历时演化多被忽略了。实际上，从历时演化来看，"虚拟"形式呈现的稳定特征在演化中形成。以语言文字为例，其形成主要始于图画和象形，更多呈现为非符号形态，后来逐渐向符号演化。西方和中国文字的主要差异在于，前者演化为纯符号形态，而现代汉字仍保持明显的象形特征。数学总体上以符号为主，但也运用图形等非符号"虚拟"形式。现代艺术是高度技术性的虚拟形式，但原始的图画或涂鸦

是否需要技术，却是值得怀疑的。我们回到语言的整体"虚拟"特征。语言信息交流是人类信息活动的高级形态，而自然语言也是人类"虚拟"活动中最典型和最重要的高级信息"虚拟"形式。我们之前的论证充分表明，语言的产生是人类信息活动向高级阶段演化的必然产物，自然语言也是最贴近人类信息活动本质的信息形式。因此，自然语言作为信息"虚拟"形式，其地位是独一无二的。在共时意义上，自然语言是其他任何信息活动最终都要依赖的形式。无论何种信息活动，无论多么高级的信息系统，都要首先变换为自然语言形式，才能成为人类成员所能理解和接收的信息形态。从历时演化来看，自然语言是人类信息活动演化出来的最完整和有效的信息"虚拟"系统。我们在本书中的基本概括是，世界是"物质—能量—信息"的统一，信息从这种统一性中分化而来。信息的分化标志着生命的诞生，也意味着信息主体从主客体同一性中分化出来。分化伴随着信息中介的形成，而信息中介最终演化为符号。自然语言就是这一演化的高级符号形态。在这个意义上，自然语言自诞生起便是一种"虚拟"系统。塞比奥克（1991）指出：在人类演化的早期，语言的初始形态是一种无声的模拟手段（a mute verbal modeling device），其功能是模拟感知到的现实，而成熟的语言是主体信息活动内容的符号化，是一种二阶模拟系统（a secondary modeling system）。重回共时研究我们发现，关于语言的虚拟性学界同样不乏精辟论述。利奇（1981）指出："语言从本质上讲就是一种抽象和离散化工具"（Language is by nature a vehicle for abstraction and differentiation）。在我们看来，任何符号系统都是对信息内容的简约化、离散化、静态化和抽象化，自然语言当然不会例外。显然，这些特征都是信息虚化特征。

最后我们再回到虚与实的对立统一性，从中揭示信息从实到虚的变换机制。从实到虚的变换解释两者的统一性，并不能从根本上消解其中的对立性。显然，对立统一仍然是信息虚实的基本矛盾。重新审视上述讨论我们发现，从对立引出的是差异，而差异已在不等同原理中得到概括；而统一性引出的是相似性。我们（吕公礼，2007：314）

在相关部分探讨过"同构性"（isomorphism）和语言的象似性（iconic-ity）。从语言信息的虚拟性来看，同构、象似及相似看似不同，本质上其实是相通的，我们不妨用相似性来统一表达。我们要强调的是，相似性的存在是必然的。没有相似性就谈不上"虚拟"，更谈不上信息的真实性。这只能从语言和认知的拓扑性（吕公礼、宫英瑞，2013；吕公礼、布占廷，2016）中寻找科学的解释。差异性意味着，从世界到认知再到语言，信息要发生一系列变换。相似性意味着，这些变换不是任意的，其中必定包含着不变性。概括起来讲，信息从世界到认知再到语言必然是一种拓扑变换。莱考夫（2000）用"不变性假设"解释隐喻映射，其根本依据就在于此。莱考夫的局限性在于，差异和相似性在他那里并没有统一起来，同构和象似性等更没能得到统一解释。实际上，针对"同构性"的深层原理，我们（吕公礼，2007：314）曾明确提出了拓扑解释，也对语言的象似性做出了类似的解释。在本书研究中，我们确立了信息原型与非原型扩展回归原理，然后提出了扩展回归的拓扑解释，并系统探讨了信息的"虚拟"原理。在这一理论框架中，相似性、同构性、象似性等找到了更为一般也更为合理的统一解释。第九章还要针对虚拟空间对"虚拟"原理进行进一步探索。

第八章

语言信息量性论：跨越形式与内容之鸿沟

第一节 信息量性的现实和理论背景

人类生存和发展每时每刻都伴随着物质能量信息交换。交换有多有少，因此形成量的规定性。人与环境的信息交换、人类主体间信息传递是人类信息活动的两个基本维度。信息交换和传递有多有少，由此形成信息量的规定性。在我们之前确立的信息模式中，信息是形式和内容的结合。形式是信息的物质表现，内容是信息的非物质意义形态。信息内容有关联、质性、量性三种规定性，它们在信息过程中按这一优先顺序展开。第六章探讨了信息质性，而本章聚焦信息量性特征和语言形态。

信息量性问题自信息论诞生起就已出现，而信息时代把信息量推到了现实和理论焦点位置。实际上，经典信息论的概率信息，所说的信息其实就是信息量。在很大意义上，信息时代就是信息量的时代，这个时代的所有发展和挑战大都与信息量密切相关。信息时代以信息传递、加工、获取的极大便捷为显著特征，这些又以单位时间内信息传递、加工、获取的数量为基本标志。足不出户而世界触手可及，无疑是信息追求的更高境界，而恰恰因为便捷，才能达到这种境界。毫无疑问，这样的信息境界离不开计算机、互联网、移动通信等现代信息技术的高度发展。而从根本上看，现代信息技术产生和发展，恰恰是信息量追求驱动的。计算机、互联网、移动通信的升级换代大都以信息量（存储、加工、传输）为基本特征。近年来，大数据、云计算等大批新技术涌现，显然都是信息量极端发展的产物。世界超级计算机的竞争中，运算速度的不断超越是根本追求和标志，而运算速度是单位时间内信息处理数量的标志。人们为这些成就欢呼是理所当然的，而欢呼之余，也不应忽略信息量追求产生的诸多挑战。信息超载和信息爆炸无疑是人们面临的最大挑战。

信息时代是不断追求更高信息境界的时代，也是不断面对信息爆炸巨大挑战的时代。这无疑是信息时代的最大悖论，这种悖论归根结底因信息量而产生。因此，信息量应如何界定和理解，无疑是认识信息时代之本质的关键问题，对此民间和学界都有大量探讨。这里我们仅以美国加州大学伯克利分校 2003 年的调查研究为例，探索信息量在现代社会的界定和影响。该项目的标题是"How much information? 2003"（2003 年，信息知多少?）。在这项调查中，研究者首先区分了信息存储媒介（storage media）与信息流动通道（information flow channels），前者包括四种物理媒介：印刷（print）、胶片（film）、磁体（magnetic）及光学（optical），后者包括四种电子通道（electrical channels）：电话（telephone）、收音机（radio）、电视（TV）及互联网（internet）。在上述分类基础上，该研究重点调查了 1999—2002 年三年中世界范围新信息的增量。研究结果显示，2002 年一年四种存储新增信息为 5 exabytes（艾字节），其中 92% 存储媒介为磁体，大部分为硬盘。5 exabytes 的信息量有多大呢? 按照该研究报告，如果变换为数字形式，5 exabytes 相当于美国国会图书馆中 1900 万本书和其他印刷品，包含 10 terabytes（兆兆字节）字节信息（相当于 2^{40}）。报告还显示，1999—2002 年三年中，四种存储媒介中的信息增长了一倍。2002 年流经电子通道的信息量包含 18 exabytes 新信息，相当于四种存储媒介信息的 3.5 倍。在 18 exabytes 新信息中，世界范围的电话信息流量（变换为数字存储）包含 17.3 exabytes 新信息，万维网包含 170 terabytes 信息，相当于国会图书馆印刷品信息的 17 倍，电子邮件流量每年生产

400000 terabytes 新信息。该研究报告所列信息量单位（从小到大）和描述用表 8 – 1 加以重述。

表 8 – 1　　　　　　　　　　信息量基本单位和大小

单位名称	单位信息量大小	等价信息度量实例
Kilobyte（KB）	千字节，10^3 比特	2KB：一张打印页面；100 KB：一张低分辨率照片
Megabyte（MB）	兆字节，10^6 比特	1MB：一本小小说；500MB：一张只读光盘
Gigabyte（GB）	十亿字节，10^9 比特	1GB：一辆轻型货车装载的书籍；20GB：贝多芬作品全集
Terabyte（TB）	兆兆字节，10^{12} 比特	1TB：5 万棵树制成的纸张印制品；10TB：美国国会图书馆印刷品汇集
Petabyte（PB）	千万亿字节，10^{12} 比特	2PB：美国全部学术图书馆书籍；200PB：全球印刷品总和
Exabyte（EB）	百亿亿字节，10^{18} 比特	2EB：1999 年全球产生的全部信息；5EB：人类迄今所说全部话语

　　该研究报告以上述媒介和储存形式为基础，分别给出了每种媒介和储存形式的年均信息量表。可以看出，文中所列表格所述信息量都以表 8 – 1 中所列单位计算，显然全部在比特意义刻画信息量。这个研究报告是一项关于全球信息量问题的专题研究，涉及时段为 1999—2002 年。时过境迁，对于 10 多年后的信息社会，这个研究报告的局限性不言而喻。不过，我们在此关注的不是具体的数量问题，而是信息量是如何理解和界定的。显而易见，该报告通篇都在比特意义上谈论和计算信息量。这里需要特别提到的是，西方信息哲学代表人物弗洛里迪（2004）为同年出版的 *The Blacwell Guide to the Philosophy of Computing and Information*（《布莱克威尔计算和信息哲学指南》）一书撰写了导论，其中有关信息革命的论述就引用了上面的调查报告，在很大程度上表明弗洛里迪认同比特信息观念。从上面的讨论我们得出的基本结论是，信息时代就是信息量的时代，而信息量实质上是比特数量。比特信息量观念进一步延伸，可用以解释信息时代的诸多重要特征。例如，何谓信息超载和爆炸？现在我们可以说，所谓信息超载和爆炸，实质上就是比特超载和爆炸。人们常说信息时代是数字化时代，但何为数字化时代呢？数字化时代是否意味着我们每天都同数字打交道？当我们面对计算机或手机显示屏幕时，我们看到的都是数字吗？显然，

答案并非如此，数字化是信息的技术形态，说这个时代是数字化时代只是借代和类比表达，而比特时代的说法也不无类比简化色彩。从本质上看，比特信息量是技术主义的信息量，这是认识信息时代种种现象的关键，而关于信息时代的各种认识误区，大都与技术主义的信息量有关。

要真正理解比特信息量的本质和影响，进而超越技术主义信息量的局限，我们还需回到前文确立的语言信息界定，从中探寻真正面向人类信息活动本体意义的量性范畴和观念。在语言信息的符号学界定中，我们确立了形式和内容双极信息构成。语音和文字形态是语言的形式极，语言意义是语言的内容极。在通信信息论诞生之初，语言的确是重要研究对象，但其中的语言信息量实际上是形式极的数量特征，包括语音信号的数值特征和字母出现的概率。在文字信息技术中，文字通过光学转换为矩阵，再转换为数字形式。数字计算机中的文字要转换为数码形式，其信息量按此计算。在计算机系统中，标准存储由 8 个 0、1 数码组成一个字节，也就是一个"Byte"。这些都充分表明，无论在经典信息论还是现代信息技术中，所谓语言信息量实际上是语言形式信息量，而形式信息量归根结底就是比特信息量。对于我们时代来说，语言文字信息处理早已成为计算机和移动终端的基本界面和组成，也深深融入日常语言信息处理和交流。这在直观上产生了一种错觉，似乎计算机已初具人类语言处理能力。然而，直觉毕竟是直觉，技术现实的局限也不容忽略。计算机和移动终端大多限于语音和文字信息处理，而信息内容最终要靠人来理解和获取。对信息接收者来说，语言信息的双极构造还意味着，信息形式先于内容展开。语言信息交流自然离不开语音和文字，因而要从形式开始解码加工。然而，语言信息交流并非只为形式而形式，形式信息虽先于内容展开，却最终要转向信息内容。通俗来讲，在语言交流中，人们的确要发出声音或写下文字，人们也会听到语声或看到文字，但人们并非只为听到声音看到文字而交流，而是要透过语音或文字获取信息内容。其实，语言交流如此，非语言交流同样如此。非言语信息交流中，手势可能是最为常见的信息传递形式。手势在空间呈现的模式固然是信息，看见手势也获得了信息，但那只是信息形式。手势要用来实现信息交流目的，还需要交流者知晓手势的意义，并从中获取信息内容。人们不是为手势而手势来交流，而是通过手势传递接收一定的信息内容。以上是自然信息交流，而技术主义信息传递方面，密码可谓经典信息传递形式。在密码信息学中，最经典的模式又非莫尔斯电码莫属。我们之前的分析表明，莫尔斯电码也是双极结构，按形式与内容对应结构建立。密码与语言组合起来，包含两级双极结构。第一级是"滴答"（．—）与字母的对应，第二级是字母组合与语义内容的对应。显然，"滴答"信号的传递接收也是信息传递，但传递的只是第一级形式信息，发送电报并非只为接收"滴答"组合模式。同样，字母组合的传递也是信息传递，但只是第二级形式信息，发送电报并非只为接收字母组合模式。电码信号接收者只有把字母组合与语义信息对应起来，并完成信息意义内容解码，才能完成整个信息的传递接收过程。

　　回到我们关于信息量的讨论。人类信息活动形式多样，信息传递也都以形式信息开始，但不以信息形式为根本追求。人类信息活动追求的是信息形式传递的信息内容。信息形式是信息，信息内容是更为重要的信息，由此形成人类信息活动的两种量的追求：信息形式数量和信息内容数量。两种信息量构成了信息量的具体完整形态。我们之前的讨论表明，信息形式具有相对独立性，而恰恰因为这种独立性，经典信息论和现代信息技术可以忽略信息内容，实现纯粹形式意义上的信息界定和传播，由此实现了信息形式数量的最大追求。形式信息量的追求在很大程度上成就了信息时代，但也造成了信息形式与内容间的巨大鸿沟，而跨越这种鸿沟无疑是新时代信息研究面临的重大理论和实践课题。

第二节　语言信息量性的内容重构

　　从信息形式转向信息内容，跨越信息形式与内容间的鸿沟，是信息量性重构的根本理论选择。实际上，这种转向和跨越自从经典信息论诞生之后就已开始。我们之前提到的"语义信息论"就是转向信息内容的重要标志。如前所述，"语义信息论"转向语义内容来刻画信息量，其初衷并无挑剔之处。然而，语义信息论者大都出身哲学和逻辑学，而当时占据主流的是逻辑形式主义。在思维方式和理论工具方面，语义信息论者要超越当时的主流，难度是可想而知的。这主要表现在两个方面。一方面，哲学和逻辑学背景中的语义信息，关注的基本问题是科学假设和陈述确证的逻辑问题；另一方面，语义信息论既然无法超越主流，就只能继承经典信息论传统，在概率意义上界定语义信息量。我们在第二章的论述充分表明，概率意义上的信息与人类自然语言信息活动本体相去甚远，存在诸多先天不足。我们之前提到，在语义信息论的概率观念中，语义信息量与命题的可能性呈反比关系（即遵循反比原则 Inverse Relationship Principle）：一个命题 P 的可能性越小，它的语义信息量越大。然而，逻辑矛盾式刻画的是不可能状态，其概率为零。而按照反比关系，逻辑矛盾式的语义信息量应该最大。由于语义信息以真值为基础，自相矛盾的语句，其真值却因其信息量过大反而变假，从而陷入了"Bar-Hillel Carnap Paradox"（巴希勒－卡尔纳普悖论）（见 *Stanford Encyclopedia of Philosophy*）。显然，语义信息论以概率界定，最终难免陷入了反直觉的困境。这是我们需要重新强调和认识的重要问题。

　　略微回顾之后，现在我们回到本章开始的讨论。我们的基本结论是，所谓信息超载和爆炸大多在比特意义上理解，而比特信息量刻画的是信息形式数量。实际上，除了语义信息传统，人工智能、知识表征、自然语言理解等，显然也应以信息内容的研究为目标。以自然语言理解为例，语音和文字处理涉及的是信息形式，而要真正做到理解自然语言，就要面向信息的语义内容。毫无疑问，这些领域起初曾经弥漫着美好憧憬，之后的不懈努力也取得了大量成果，但经过半个多世纪的曲折发展，至今没有实现大的突破，真正贴近人类自然语言的智能系统仍然比较遥远。这样的目标能否实现，取决于两方面的研究进展。一方面，语言学关于语言本质（包括意义、信息、理解等）的认识是相关研究的基础。自然语言的计算机理解是否能取得实质性突破，首先取决于语言学对人类语言信息认识的深入程度。在这一方面，现代语言学流派纷呈，理论模式多种多样，人类语言信息处理的认识也存在很大差异，选择适当的语言学模式是首要任务。另一方面，自然语言和智能系统毕竟要靠计算机系统来实现，要变换为计算机"语言"，才能进入计算机系统。因此，计算机硬件和软件原理也至关重要。我们之前的讨论表明，现有的计算机系统建立在形式符号逻辑之上，是纯粹形式化系统。显然，在信息形式处理方面，形式化系统成效显著，而面对信息内容处理却有重重困难。要真正回归人类信息活动的自然形态，超越现有计算机的信息量范式是必然选择，而跨越信息形式与内容的巨大鸿沟是通向这一目标的根本出路。

让我们回到语言学模式的选择问题。我们之前确立了语言信息的两个基本维度。一是人类主体认知世界获取信息;二是人类主体间的信息传递。前者以认知语言学及其相关学科为理论基础，后者以语用学、特别是格赖斯语用学重构模式为理论基础。本章聚焦信息量性特征，我们仍然继承两种理论模式选择。我们之前的研究表明，语言信息量性问题源于格赖斯的量准则。为了讨论方便，我们先从格赖斯的语用模式说起。格赖斯的模式产生于分析哲学传统，而后者恰恰以形式化人工逻辑为基本特征。格赖斯所属的日常语言学派是对分析哲学形式传统的超越。格赖斯提出其会话逻辑之初就抱有明确的目标，那就是探寻形式主义逻辑之外的自然语言逻辑（natural counterpart）。（格赖斯1975）如前所述，格赖斯模式的量准则（maxim of quantity）显然针对语言信息量而确立。在我们重构的模式中，信息内容按关联、质性、量性三种规定性展开。显然，信息量性是信息内容展开过程的终端。可以说，格赖斯的量范畴概括的信息量是真正自然意义上的语言信息量性特征:对于给定信息对象，说话人话语提供的信息满足会话所需信息量要求，提供的信息量不超过也不少于当前目的所需。在语言学核心领域，信息量其实贯于功能主义语言学全部发展过程。早期，布拉格学派的功能语句观把信息视为语句组织的基本动因。这一思想为之后的伦敦学派所继承，并发展出系统的信息结构理论。美国功能主义的发展有其自身的思想背景，但信息量同样被视为语句和语篇组织的基本动因，产生了吉冯（Givón），茄夫（Chafe），贡德（Gundel）为代表的多种模式。在这些模式中，信息量不仅是结构动因，而且是语篇编码和解码的基本原理。不过，就继承关系而言，格罗瑞（Gioria，1998）的语篇信息结构研究是对格赖斯信息量（informativeness）最为直接的发展。格罗瑞提出了范畴包含原则和信息量轴（informativeness axis），用来解释和刻画语篇信息组织原理。最后需要强调的是，近期备受关注的认知语言学也包含着重要的信息量动因。实际上，认知语言学研究语言的认知基础，解释人类主体认知世界，把认知信息变换为语言形态的过程。因此，认知语言学是我们认识语言信息第一维度的理论基础，对探索语言信息量性特征同样具有重要价值。兰盖克（1987：132）在分析图式结构抽象度（abstraction of schematicity）时指出，"一个图式相对于非零级阐发详述（elaboration）显示自身的抽象度，即提供较少信息，并与更广泛选择一致，以便覆盖相同的领域，成为阐发的基本性质"，而按照温格瑞尔和施密特（Ungerer & Schmid，1996：68）的观点，基本层面范畴上，主体可以最小认知努力获取对象最大数量的信息。这表明，信息量同样是认知范畴层级组织的基本动因。

第三节　信息量性的语言学范式

一　信息量的"疑问"起点和量级形态

信息量性的内容重构，实际上是要探寻经典信息论之外的新构信息量原理。这种原理的根本追求是建立以人类主体为核心参照、贴近人类信息活动本体的信息量理论。显然，"问—答"原型是这种信息量理论的建构起点。我们之前的论述表明，"对话性"是人类与环境、人类主体间活动的普遍特征，而"问—答"原型是刻画这一特征的基本出发点。"对话性"具体表现为两种信息过程：人与世界的信息认知和获取过程，人与人之间的信息交流过程。"问—答"是人类信息活动的原型，所谓原型具有多方面意义。在理论层面上，"问—答"原型构成了语言信息的格式塔，也是信息空间的基本结构形式。在操作层面上，"问—答"原型为信息刻画提供了基本参照，具体包括两个方面：一是信息类型的划分；二是信息量的测度和刻画。传统的语义信息量难以进行系统一致的刻画，一个根本原因就是缺少系统的参照和统一的起点。为了讨论方便，我们回到科学哲学家波普尔（2002：122）的有关讨论，以下是讨论涉及的语言表达式：

（1）All orbits of Heavenly bodies are circles.（天体的所有轨道是圆形）

（2）All orbits of planets are Ellipses.（行星的所有轨道是椭圆形）

（3）All orbits of planets are circles.（行星的所有轨道是圆形）

波普尔认为，（1）要比（2）包含更多的语义信息，（2）比（3）包含更多的语义信息。波普尔的解释是，（1）要比（2）更具普遍性（universal），而（2）比（3）更精确（precise）。显然，这一解释至少包含两种标准：普遍性和精确性。我们暂且不论普遍性和精确性自身的界定，波普尔用两种度量标准来评价信息量，至少有双重标准之嫌。按双重标准和意义讨论语义信息，显然很难得出系统一致的信息度量结论。莫塔扎威（Mortazavian，1983）关于语义信息量有类似的论述。以下是他所举例句：

（4）John is a translator.（约翰是做翻译的）

（5）John translates from several languages.（约翰做好几种语言间的翻译）

（6）I will see you sometime next week.（我下周某个时间去看你）

（7）I will see you next Monday.（我下周一去看你）

在上述示例中，（4）与（5）形成比照，（6）与（7）形成比照。莫塔扎威认为，（4）比（5）包含的信息量要小，（6）比（7）包含的信息量要小。显然，这样的比照得出的信息量有不小的任意性。这里的信息量显然与事相信息量一致。例如，若以 "I will see you on the morning of next Monday" 为比照，（7）的信息量更小。这是语句间的信息量比较，而在语句背后还有语言信息主体的信息状态和需求。考虑以下三种天气信息状态：

（8）明天会有事情发生。

（9）明天天气会发生变化。

（10）明天要下雨。

显然，世界处在不断的变化之中，每天都有无数的事情发生。因此，对于任何信息接收者，（8）传递的信息量都为零。同样，天气也处在不断变化之中，而对于需要获取明天天气信息的人来说，（9）传递的信息量很小，而（10）传递了更多的信息。这表明，参照不同，信息量值也不同，这种参照就包含在我们之前确立的语境范畴中。在局部微观层面，"问—答"作为信息启动点无疑是信息量最直接和基本的参照。格赖斯（1975）的量准则恰恰是这样界定的。量准则的两个次则如下：

（ⅰ）使你的会话贡献提供所需的信息（对于当前交流目的）；

（ⅱ）不要让你的贡献提供超出所需的信息。

显然，在格赖斯的信息量中，言语信息量的多少以"所需的信息"为基准来衡量。那么，什么是"所需的信息量"呢？在我们看来，"所需的信息量"由当前交流目的而定，而当前交流目的又需要参照语境来确定。因此，在局部微观层面，"问句"是信息启动点，自然包含着当前交流目的，因而是信息量最为直接的参照。实际上，格赖斯（1975）的确曾用问答语例来说明量准则：

（11）　A.　Where does C live?（C 住在哪里?）

　　　　B.　Somewhere in the south of France.（C 住在法国南部
　　　　　　某地。）

　　这一问答的更大语境是：A 和 B 为法国度假制定行程计划，A 打算
拜望朋友 C，B 在此所答没有提供 A 拜望朋友 C 所需信息量（less in-
formative than is required to meet A's friend）。在格赖斯语用模式之外，哈
塞和扎佛若（Hausser & Zaefferer, 1978）对于问句的信息量参照意义也
有明确分析和解释（见吕公礼，2007：223 - 224）。显然，信息量性的问
句参照已是共识，问题的核心是如何系统和准确分类，而这些我们在第
二和第三章已经确立。我们区分了三种问句类型：事态问句、事相问句
和话题问句，它们包含着三种信息量参照。具体内容和讨论重述如下。

　　1. 事态信息

　　事态范畴有多种理解，这里所说的事态是语句为边界界定的信息
单位，如"火星绕着太阳转"、"火星是圆的"、"火星上存在水"等。
这些语句的信息意义在于，它们传递了关于火星运动、形态及存在的
事态信息。事态信息是关于是与不是、存在与不存在、有与无、发生
与不发生的陈述和断言。我们之前提到，"是"与"否"的信息与经
典信息论的标准问句界定相通，但事态信息的语言表现有其自身特征。
按照我们在第四章确立的认识，事态对应的问句设定了三种信息形态：
极化信息态，非极化形态，退出状态。三种形态综合起来，事态信息
的状态空间由集合 S 定义：

$$S = \{ (p \vee \sim p), (\Diamond p, \Box p), (\sim Kp) \}$$

　　该定义表明，语言信息在很大程度上是对事态状态空间的压缩，
而事态信息的本质在于，针对问句设定的信息空间，答句作出特定选
择（alternative），从而消除了信息接收者关于事态认知的不确定性。然
而，事态信息并非数值意义上的连续形态，而是表现为量级形态。在

事态信息的状态空间中，事态信息呈现为零级、部分级和全量级三个基本量级。发话人没有传递关于事态的信息，受话人关于"事态""是"与"否"的不确定性没有得到消除，信息量呈现零级；发话人传递了部分信息，受话人的不确定性得到部分消除，信息量呈现部分量级；发话人传递全部所需信息，受话人不确定性完全消除，信息呈现为全量级。事态信息的三个基本信息量级用表 8 - 2 来重述。

表 8 - 2　　　　　　　　　　　　事态信息量级

信息量级	不确定性消除	语言表达选择
零级	没有消除	退出（不答）
部分级	部分消除	非极化
全量级	全部消除	极化（是与否）

事态信息量表现为三个基本量级，但基本量级之间还存在更细微的信息量级。例如，针对是与否有"完全是/有/存在"或"完全不是/没有/不存在"。基本量级间的细微变化有时也可直接运用数值形式来表现，如"100% 肯定"，"只有 50% 的把握"等。不过，语言信息量总体上呈现为离散粗略量级，这与语言的模糊性基本一致。这里我们需要再次关注的是经典信息的"标准问题"界定（钟义信，1986）。在语言信息量中，"标准问题"大体上相当于事态信息。"标准问题"在概率意义上界定，因而是信息的数值刻画，这是经典信息论与语言信息的根本区别。数值信息界定有其技术意义，但局限性也不言而喻。我们讨论比特信息量时就指出，在人类日常语言信息交流中，数值毕竟不是信息的主要呈现形式，充其量只是辅助形式。信息量数值形态虽然更为精确，却不是最为经济高效的信息传递形式。这实际上是精确性与模糊性的关系。在信息原型非原型扩展回归原理中，我们对此已有论述。现在看来，自然语言信息量级形态是信息原型态，而数值信息量是非原型形态。显而易见，人类日常信息交流大都以高度简化和离散的量级展开，而自然语言是最佳编码和传递形式。对人类主体来说，自然语言在主体有限性与信息的无限多样性的矛盾运动中演化，是演化形成的最佳信息量级形态，这一点我们将在第九章再作深

入探讨。

2. 事相信息

事相是事态的某一维面,是以事态为结构边界界定的信息形态。从镜像关系来看,事相对应特殊问词(即英文 Wh-概括的成分),自然以 Wh-问词为启动点。Wh-问词设定了一种不确定性空间,相应的回答使相应的信息空间缩小,消除了事相的不确定性。这样,事相信息量就以 Wh-问词类型和对应的不定形式为起点界定。按照问答镜像原理,我们构建以下等价关系(见表 8 - 3)。

表 8 - 3　　　　　　　事相信息量起点的镜像等价形式

范畴	疑问形式	不定形式	设定空间
THING	what 什么	something 某物	所有事物
PERSON	who 谁	someone 某人	所有人
PLACE	where 什么地点	somewhere 某地	所有地方
TIME	when 什么时间	sometime 某时	所有时间
EVENT	what-happen 发生什么事	something-happen 发生某事	所有事件
ACTION	what-do 做什么	do-something 做某事	所有动作
POSSESION	what-have 有什么	have-something 有某物	所有事物
STATE	what-be 是什么	be-something 是某物	所有状态
EXISTENCE	what-exist 存在什么	something-exist 存在某物	所有事物

表 8 - 3 概括的是类属事相信息类型,在此基础上还可界定特定事相信息(WHICH)类型,后者与前者的不同在于,它的设定空间由给定(事物、人、地点、时间、事件、动作、状态等)元素构成,这里不做详细概括。(详见吕公礼,2007:227 - 228)事态信息量表现为基本量级,事相信息也呈现为量级,其基本量级概括为图 8 - 1,其中的全形(full form)是完全(名词、动词等)的概括。

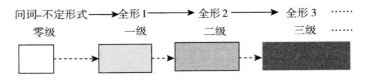

图 8 - 1　事相信息的量级

3. 话题信息

我们用 T 代表话题，那么任何可以代入"能告诉我关于 T 吗?"
(Can you) tell me about T? 中的 T 为话题。语言信息交流围绕话题展
开，特定语言片段传递特定话题信息，所传话题信息的多少就是话题
信息量。以话题为语言信息起点，我们可以区分三类信息：类属话题
信息、特指话题信息和独指话题信息：

$$T = \begin{cases} 类属: 人，战争，旅行 \\ 特指: 这个人，这场战争，这次旅行 \\ 独指: 鲁迅，二次世界大战，南美之行 \end{cases}$$

这一分类表明，话题有其共性框架，但因话题自身不同而呈现为
不同的信息特征。这主要源于不同话题的不同预设，而预设是信息量
刻画的起点。我们在信息的构成性中指出，话题信息的实质是，话语
信息单位揭示和展现了信息对象的属性和特征，话题信息量性就是属
性特征多与少的理论刻画。例如，"人"是一个话题，其预设是人类属
性，在人区别于非人事物属性的对比中确定。"这个人"预设的是特定
个人的属性，在此人与其他人的对比中确定。鲁迅是独一无二的个体
人，其预设是鲁迅区别于其他作家（如曹雪芹、莎士比亚等）的特征
和属性。这样，类属话题的信息是话题对象的普遍和共性特征，特指
话题的信息涉及个体对象的属性特征，独指话题的信息涉及特定个体
对象的属性特征。

表 8 - 4　　　　　　　　话题信息类型和信息特征

话题类型	信息特征	例释
类属话题	话题对象的普遍共性特征	人，战争，旅行
特指话题	话题个体对象的特定属性特征	此人，这场战争，这次旅行
独指话题	特定个体对象的独有属性特征	鲁迅，二战，南美之行

话题信息是话题对象的属性特征，每一特征可视为话题对象的一
个维面。显然，话题信息关于话题对象刻画的维面越多，信息量越大；

在每一维面上的属性展现越多，信息量也越大。需要指出的是，特指话题和独指话题信息涉及信息对象的外延属性特征，沿着类属特征规定的维度或属性展开。例如，人都有"体貌"、"性别"、"年龄"、"职业"、"行为"等属性维面，战争是一种事件，包括"参与者"、"时间"、"地点"、"方式"、"原因/目的/后果"等属性维面。对于特定的（如"这场战争"）和独指的（如"二战"）话题信息对象，其外延属性就是沿以上维面展开的具体特征，是相应类属维面的具体化信息形态。显然，信息量的增加是对类属维面的具体化，而具体化又表现为层级。话题信息关于话题对象展示的层级越多，信息量就越大。在每一层级上，话题包含的义项越多，话题的信息量也越大。由于特指和独指话题的信息为对象的外延属性，其信息量由话题涉的对象外延特征决定。展示的外延特征越多，信息量也越大。

二　语言信息量级的信息和认知基础

　　语言信息量表现为量级，而量级建立在抽象具体层次之上。这显然不是语言学的一家之言，而是信息研究的内生思想观念，为众多信息研究者所普遍认同。实际上，杨（1987）就在抽象具体层次意义上详细探讨了信息问题。杨（1987：98）在概念操作意义上探讨认知和信息。他指出，概念操作不仅依靠表征和符号形成能力，而且依靠层级过程，这种过程是信息从简单向高阶概念的抽象和概括（abstraction and generalization of information from simpler to higher order concepts）。当一个符号表示一类具有共同特征的物体和事件时，该符号被认为表征一个抽象和概括性概念。抽象和概括有几种形式，包括选择输入的一部分而不是另外一部分特征，把信息输入加以分类形成更为一般的范畴及对输入进行平均化处理。任何对输入选择、压缩或减少，或者比输入的加和总体表征要少的过程都是抽象。概念在越来越抽象层面建构起来，而每一概念由低层阶概念组成。近期，信息哲学家弗洛里迪（2004）提出了"信息实在论"（information realism），其中抽象具体层次被视为信息的基本特征。弗洛里迪（2004）提出了信息对象（information objects) 的类属层级（hierarchy of classes）和抽象层次（levels of abstraction）。在弗洛里迪的类属层级中，每类信息对象从上层级继承特征，所谓类属是赋予名称的抽象表征，而抽象是特征和行为规则的聚类。按照"信息实在论"，世界是相互动态作用的信息对象的总和（totality of information objects dynamically interacting with each other）。"信息实在论"的一个基本设定是，构成系统对象的内在本质无法直接认识，但可间接认识系统要素的结构关系特征，这样的认识必然呈现为抽象层次（levels of abstraction）。显然，杨（1987）概念抽象具体层次论和弗洛里迪（2004）的"信息实在论"为我们确立的语言信息量级提供了信息和哲学解释。不过，信息的"抽象层次"虽在信息哲学中确立，其根本理据却不限于哲学，而是包含在多种学科的长久认识中。普通语义学家很早就提出了所谓"抽象梯级"说（杜任之，涂纪亮，1988）。

上面的综述表明，"抽象层次"和"抽象梯级"由类属构成，而类属的认知形态是范畴（category）。在这个意义上，20 世纪 60 年代兴起的范畴化研究无疑是抽象层级和相关思想的集大成。范畴化研究是一场汇聚了语言学、人类学、心理学、认知科学、模糊学等多个学科领域智慧的跨学科思想大潮（吕公礼，2011），为第二代认知科学的发展奠定了概念基础。其中，范畴层级（levels of categorization）理论是范畴化研究的一个重要贡献。温格瑞尔和施密特（1998）的相关论述表明，范畴层级说的背景是分类学（classification/taxonomy），包括民俗分类和科学分类。我们知道，信息主体认知世界始于分类，而分类的结果形成范畴。范畴之间有抽象概括程度之别，因而呈现层级（hierarchy）组织形态。范畴化理论的层级说与传统分类有重合之处，但有区分地看待层级。范畴化理论的层级说主要区分了以下三个层级（我们以动物分类为例，见图 8 - 2）。

范畴层级的三个层级为：上层级范畴（superordinate category）、基本层级范畴（basic level category）及下层级范畴（subordinate category）。实际上，语义学上下义关系（hyponymy）包含相似原理，而范畴层级的独特贡献是揭示了其中的认知机制。温格瑞尔和施密特（1998）

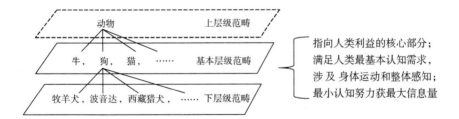

图 8-2　范畴层级的三个层级

则赋予了范畴层级信息意义。他们用特征束（bundle of attributes）来刻画范畴，并认为特征传递了信息（convey information）。温格瑞尔和施密特（1998：68）他们对于基本层级的"涉身性"解释最值得关注：基本层级指向了人类利益的核心，满足人类最基本的认知需求，大多涉及身体运动和整体感知。基本层级的独特信息意义在于，在此层级上，人类主体可以最小的认知努力获取最大的信息量（the largest amount of information can be obtained with the least cognitive efforts）（Ungerer & Schmid 1998：68）。那么，信息量是如何在范畴层级中表现的呢？认知语言学家兰盖克（1987：132）提出了抽象度解释，对认识范畴的信息量机制颇有启示意义。兰盖克（1987）用 schema 表示范畴，用"schematicity"表示范畴的抽象性。他认为，"schematicity"与具体层级（level of specificity）有关，而具体层级刻画包含的细节（finesse of detail）。他还指出，一个"schema"相对于非零阐释（elaboration）而抽象，其意义是提供较少信息。我们看到，以上提到的说法除抽象外，还增加了具体、细节和详述等，而这些说法本质上都可归结为信息对象属性和特征的多少，其本质又可归结为主体认知获取的对象信息量的多少。普通语义学家从神经系统的抽象功能解释"抽象梯级"，而我们（吕公礼，2010）探索了范畴化的现代神经科学基础，为抽象具体找到了更为科学的解释。我们指出，范畴化其实是神经系统对外部信息的简化，而简化的神经信息原理就是"稀疏编码"（sparse coding）（见汪云九，2006：131）。

在更为概括层面上，简化和"稀疏编码"是主体有限神经资源（神经元数和连接）与无限外在环境信息之间矛盾运动的产物。这种矛盾运动实际上揭示了认知经济性的根本动因。在这一方面，齐夫（Zipf 1949）早期关于人类行为经济性的研究也不乏真知灼见。齐夫着眼于有机体对环境的感知活动，并在这一大背景之下研究了人类信息活动。他特别研究了语言语义系统的经济性，对范畴层级的认知经济性独具启示意义。我们在上面提到，范畴建立在分类之上。齐夫恰恰从分类经济性探索分类动因。他认为，主体（Zipf 所说的工匠）依靠事件出现的频率来预测未来的发展，而预测首先需要对感知样本的内容加以界定和分类，以此为基础确定事件的异同，相同的归为一类。按照齐夫（1949：181）的观点，事物的类有"宽"（broad）有"窄"（narrow）。例如，furniture（家具）要比 chair（椅子）"宽"，因为前者包括后者。显然，齐夫的"宽"与"窄"实际上就是抽象与具体，所以他（Zipf，1949：182 - 185）用（一般）（generic）（具体）（specific）来刻画类（即范畴）的差别。齐夫在此还认为，一般与具体是相对的，这恰恰解释了范畴的层级性。关于齐夫的分类经济性我们在下一章将作进一步探索。

在原形非原型扩展回归原理中看，基本层级范畴无疑代表范畴的认知原型。人类信息活动始于原型领域，然后从原型领域扩展到非原型领域，形成了上层级范畴和下层级范畴。上层级范畴意味着人类信息范围之"宽"，而下层级意味着人类信息细节之"多"。显然，科学、哲学等领域的范畴大都由扩展形成，扩展是人类信息量递增的过程。因此，上层级范畴和下层级范畴也有其重大的信息意义。强调基本层级的信息意义并不意味着非基本层级范畴没有信息意义。恰恰相反，非基本层级范畴是人类信息活动扩展的结果。基本层级范畴的独特之处在于，它刻画了人类基本生存经验领域的信息量级。在基本层级上，人类主体可以最小的认知努力获取对象最多的信息量。

综上所述，范畴化是人类主体获取世界信息的过程，其中就包含着信息的量级编码机制。获取的信息进入信息的主体间传递，信息的量级机制因而自然延伸到语言信息的编码和传递。实际上，认知语言学有其自身形成背景，其主要宗旨是解释语言的认知基础。因此，认知语言学研究并未延伸到主体间语言信息传递。信息的量级机制在语言层面如何表现，我们需要进行进一步探索。

第四节　语言信息元层面信息量级形态

　　语言信息编码和传递由两个层面构成：信息对象层面和元信息层面，前者面向信息对象，后者面向语言信息的组织展开。语言用于传递言外世界对象的信息，这是语言信息的基本层面。语言信息传递过程不是一次性展开，而是多个信息单元和模块按线性组织依次展开。模块内部的组织和模块之间的连接变换，既是编码者的任务，又为解码者传递了指令信息。这种信息过程就是基本信息层面外的元信息过程。语言中的上指（anaphora）和衔接（cohesion）是这种元信息的基本编码形式。在现代语言学功能主义思想中，一个语言信息单元模块由已知（given information）和新传（new information）两部分组成，前者是信息起点，后者是信息目标。语句作为基本信息模块就是从已知向新传信息的铺展和流动，多个信息模块构成更为复杂的语篇信息格局。从总体上来看，语言信息的基本层面呈现为信息量的递增，而元信息层面呈现为信息量的递减，两种过程的信息都以量级编码。功能主义语言学者针对已知性和确定性提出了诸多模式，但大都揭示了类似的量级机制。这方面最为典型的模式是吉冯（1983）提出的主题识别的语法等级，表现为主题语词信息编码量级变化梯级，从左向右信息量逐级增加：

　　　　zero anaphora > unstressed/bound pronouns >
　　　　零前指　　　　　非重读/受约代词
　　　　stressed/independent pronouns > full NPs
　　　　重读/独立代词　　　全名词

　　之后，贡德等人（1989，1993）提出了给定程度等级（Givenness Hierarchy）。所谓给定程度就是等级，就是语言信息的量级形态。这两个模式虽有差异（吕公礼，2007），也不乏共识：最高信息量级均以名词编码，其次是代词，最低量级是零形式，整体概括为图 8 - 3。

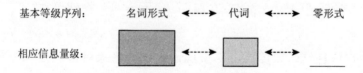

图 8 - 3   语言信息元层面信息量级形态

我们再以英语编码形式构建如下模式（见图 8 - 4），其中的指代形式不限于代词，而是代名词（pronoun）、代动词（pro-verb）及代形容词（pro-adjective）的总称。

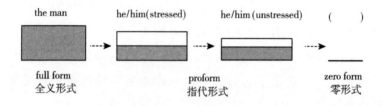

图 8 - 4   英语信息元层面信息量级形态

上面我们提到，元信息的展开呈现信息量的递减过程，以上两图展示的就是元语言信息量逆向递减展开量级。笔者（吕公礼，2007：245）曾提出信息量级的同一性原理：语言信息度量要以同一信息对象为基础，在量级变换中对象保持不变，否则度量便失去意义。在这个意义上，同一性就是信息量级变换过程中的不变性。放在我们之前确立的语言信息内容规定性优先展开中，信息量级变换过程中的不变性就是信息质的不变性。在优先展开中，信息质性先于量性出现，信息量性以质的不变性为前提得到刻画。在这个意义上，语言信息从质性到量性的展开是不变中的变换，因而完全符合拓扑变换原理。显然，这一原理在格赖斯的语用模式中没有现成的解释，需要在此稍加探索。放在"问—答"镜像关系中看，上图概括的指称形式是元信息层面的答案，与此对应的应该还有疑问形式。显然，这种疑问由信息接收者围绕所指对象的识辨（identification）而发。在这一方面，哲学家塞尔

（1969）提出的识辨原则对此提供了重要支持。该原则针对指称表达式
（referring expression）确立。按照塞尔的解释，说话人指谓某一对象，
从而使受话人从其他对象中分辨出指谓的对象，识辨就是（受话人）
对"所谈论的确切对象"（What exactly is being talked about?）不再置
疑或存在歧解。更为值得一提的是，塞尔恰恰是在"问—答"意义上
来界定识辨的。Searle 提到的识辨性问题包括"谁?"（Who?）"什
么?"（What?）"哪一个"（Which one?）等。在我们确立的信息量模
式中看来，识辨的依据是发话人语言表达式体现的信息量级形式。由
于识辨涉及的是元信息层面，这样的信息过程常以隐性的"问—答"
来实现。识辨从根本上说是语言信息主体对所论对象同一性的确认（i-
dentification），而认知语言学家兰盖克（2008:276）在论述名词性成
分（nominals）的定位（grounding）时也有相似的解释:名词性表达式
的定位是双方关注同一感知对象（the same conceived entity）。语言信息
单位（事态、事相、话题）质的不变性可从两个层面来理解:一是过
程不变性，在信息过程 i 点出现的信息对象与出现在 j 点上的指谓对象
相同;二是主体间不变性，即说话双方确认谈论的是同一对象。如果 i
点出现的信息对象与 j 点出现的指谓对象不同，或者说话人说的是 X，
而听话人理解的是 Y，就违背了质的不变性原则，指称语则另有所指。
语言信息量质的不变性原理如图 8 - 5 所示。

图 8 - 5 语言信息量主体间质的不变性原理

　　在事态、事相、话题信息中，这一原理具有不同的表现。上图中
的 X 是事态、事相、话题信息对象的概括。在事态信息中，质的不变
性是语句内含的核心命题的不变性，其信息量量级在命题不变的基础

上变换。考察以下语言信息过程:

（1）a. Does John love Mary? ——→b. Yes. John loves her/ No. John doesn't love her（信息量级变换）

LOVE（John，Mary）——→LOVE（John，Mary）（质的不变性）

（2）a. Does John love Mary? ——→b. It's possible that John loves Mary（信息量级变换）

LOVE（John，Mary）——→LOVE（John，Mary）（质的不变性）

（3）a. Does John love Mary? ——→b. I don't know if John loves Mary（信息量级变换）

LOVE（John，Mary）——→LOVE（John，Mary）（质的不变性）

事相信息质的不变性可从对话结构和语篇组织来说明。在对话结构中，前部提到的对象在后部指谓，指谓部分就成为已知信息，通常选择低信息量级表现形式。在上例中，回答部分是对话后部，前部中的 Mary（玛丽）的指谓选择低量级形式 her，其质的不变性为 Mary（玛丽）（上文提到的那个人，而不是别人，是女性不是男性等）。在语篇结构中，前一信息模块出现的信息对象，在下一模块中成为已知，选用低量级形式（如指代）。考察以下例子:

（4）　（John bought <u>a car</u> yesterday）i ——→（ <u>It</u> does not start）j.

i模块　　　　　　　　　　　j模块

指谓对象为a car　　　　　　指谓对象也为a car

在（4）中，信息模块 i 中包含信息对象 a car，在下一模块 j 中选用低量级形式 it，信息量级的变换以上一模块中对象的不变性为基础。在语法成分分类中，某类成分由中心成分扩展构成，而扩展在质的不变性（即中心成分）基础上实现。韩礼德（1985/1994）确认了两种主要结构成分：名词性组类（nominal group）和动词性组类（verbal group），它们分别是名词中心语和动词中心语的扩展。在生成语法中，基本语类范畴（category）（如 NP，VP，AP，PP，S 等）用 head + complement 关系概括，其基本特征是："整体短语与中心词指谓相同"，"每一短语语类与其中心语具有相同的句法类型。"（Fromkin et. al, 2003）。当然，质的不变性还有语义内容的不变性。正是基于这种不变性，语类范畴在语用信息过程中才能够实现信息量级变换下的替代：

（5）The child found the puppy in the garden. ——He found it in the garden.

替代性转换：NP ——Pronoun：the child ——he；the puppy ——it

（6）John found the puppy and so did Bill.

替代性转换：VP ——Pro-verb：found the puppy ——so did

（7）A：I'm glad to meet you. ——B：So am I.

替代性转换：AP ——Pro-adjective：glad ——so

（8）The child found the puppy in the garden. ——The child found the puppy there.

替代性转换：PP ——Pro-preposition：in the garden ——there

　　最后我们要提到的是信息量级质的不变性原理在宏观语篇中的意义。范戴克（Van Dijk，1972）和格罗瑞（1998）的研究表明，语言信息量级质的不变性也是语篇组织的基本原理。我们（吕公礼，2007：243－244）曾重点分析格罗瑞（1998）引用的两个语篇，它们都是动态（事件）话题信息过程。我们按照格罗瑞（1998）的思路把相关语篇按层次加以展示。前面提到，格罗瑞（1998）的研究提出了范畴包含原则（categorical inclusion principle）和信息量轴（informativeness axis）。所谓范畴包含原则就是大范畴（更为概括但信息量较小）包含更小范畴。这与前述的范畴化层级关系完全一致。语篇信息按照量级递增形态逐步展开，但递增围绕信息量轴展开，信息量轴的本质是信息展开中质的不变性。在这两个语篇中，质的不变性是话题的不变性。语篇信息从话题的低量级开始，在质的不变性基础上逐渐增加量级，直至满足语篇信息量目标为止。

第九章

信息时代宏观传播的语言信息阐释

第一节　面向信息时代的语言信息范式

信息无疑是我们时代社会文化形态的基本标记，信息范畴也凝结了深刻理论内涵，承载着普遍实践价值，这是我们在本书开始就确立的基本观念。实际上，我们正是抱着这样一种观念，开始长达数十年艰苦探索之旅的。这样的观念自然建立在作者多年来坚持的学术研究原则：不仅要追求专业边界内的纯粹理论性研究，而且要关注时代大势和现实需要，力求为重大现实问题和挑战提供理论解释。之前的章节较多理论建构，这一章是本书的最后章节，自然要聚焦现实问题，对信息时代的现实问题有所解释和交代。

现代意义上的信息无疑诞生于通信工程技术背景，是技术主义的产物。随着计算机、互联网及移动通信技术的蓬勃发展，技术信息演变为一场信息革命浪潮，塑造着一种全新的社会文化生态。在此意义上，技术主义的信息经过长期发展，已经演化为一种普遍的人文社会现象。语言学历来被誉为人文社会领域的领先科学，信息及衍生的诸多人文社会现象，自然也是语言学不应回避的重要问题。语言研究是语言学的本分，但语言学不能止步于语言，而要超越自身边界，直面我们所处的时代，对这个时代的基本问题和发展大势有所回应。语言与信息内在地连在一起，面向信息时代是语言学的天然使命，这也是本书研究的最重要初衷之一。现在强调语言学的时代使命，自然不是无视语言学与信息研究的原有关联。实际上，自从经典信息论诞生之日起，语言就与信息结缘了。只是因为经典信息论固有的技术主义背景和局限，在历次重要思想变革中，语言学与信息研究的深层融合大多失之交臂。这些问题本书好几处都有讨论，这里我们要特别强调的是，在其他人文社会科学背景中，语言学与信息也多有交叉。其中现代传播学就是最为重要的背景科学。翻阅斯蒂芬·W.小约翰（Stephen W. Littlejohn，2002）所著 *Theories of Human Communication*（《人类传播理论》）一书的目录，我们会意识到，语言学与现代传播学其实具有广泛渊源。其中，符号与语言理论、话语理论和语用学直接源自现代语言学。在梅罗维茨（Meyrowitz，1993）的划定中看，上述理论属于微观传播层面。传播学在宏观层面也与语言问题多有联系。其中，特布雷尼和麦克卢汉的媒介演化论最值得关注。特布雷尼（Tebranian，1993：286 - 287）认为，传播与社会的发展历程可用以下隐喻来刻画：从前科学到机械物理、有机论、控制论及语言学模式的转变。与此相对应的是人类世界观念的下述转变：从传统的前科学形态到自然科学范式的转变，而自然科学范式又经历了从牛顿物理学到达尔文进化论、再到计算机技术、控制论及系统论为代表的信息论范式的出现，最近的阶段是以语言学转向为基本特征的符号学、后结构主义及后现代主义的理论范式。这样来看，传播与社会的发展可分别概括为以下演化阶段和范式转变（paradigm shifts）：超自然（supernatural）、机械（mechanical）、控制（cybernetic）及语言学（linguistic）阶段。毫无疑问，由英尼斯开创并由麦克卢汉发展的媒介演化论对传播研究的影响最为深远。英尼斯从政治经济学角度出发，试图把人类社会和文明历史重写为传播媒介技术的演进过程，而麦克卢汉（1964）则把传播历史分为口语、书写/印刷及电子三个阶段，认为每一种媒介形式的产生都是对人类知觉的延伸。显然，麦克卢汉所说的媒介是人类语言信息传播的基本载体，他的媒介演化论本质上也是语言信息物质形态的演化，其中的语言取向是显而易见的。媒介演化的语言本质在费德勒（Fidler，1997/2000：45）那里则有明确的阐述："说到传播技术，有两种变革的催化剂最显突出——口头语言和书面语言。两者都巨大地延伸了人类的传播系统，并在文明的进化和传播中起到中心作用。现在，一种新的并且相当不同的语言种类——数字语言——正作为另一种变革的催化剂出现了"。弗德勒所说的数字语言是与计算机和现代通信技术相关的信息传递形式的总称。数字语言作为口语和书面语之后新兴的信息传递形式，其意义同样受到了语言学家的关注。20 世纪末，以计算机为中介的信息交流（computer-mediated communication）研究兴起，现已成为语言学与计算机科学的交叉领域。近十年来最重要的交叉研究成果要数克里斯托（2001）所著的 *Language and Internet*（《语言与互联网》）。该书从语言学视角全面探讨了网络对语言的影响，是语言学家撰写的关于语言与网络的最主要的论著。

需要指出的是，任何研究都有其独特思想取向，我们在此谈论传播学，自然也会认识到其独特性，对其思想和理论有所选择。由于学科间普遍存在的隔膜，传播学对语言学的理解难免存在局限性，对语言学的借鉴也有明显的移植痕迹。我们知道，经典信息论关于语言信息的认识过于肤浅，而传播学对语言的复杂性认识同样不够充分。实际上，语言学研究信息传播，也深受相同学科隔膜的影响。在信息传播研究方面，上面提到的克里斯托（2001）所著 *Internet and Language*（《语言与互联网》）可谓最重要的成果，但该书更多的是聚焦于网络对语言交流形式和风格的影响，还算不上真正的跨学科研究。在我们看来，面对信息时代的诸多问题和巨大挑战，语言学要真正有所作为，就需要探索建立一种新的理论范式。这种范式不是两个领域概念的简单移植，而是建立在语言与信息的内在共生联系之上。在这种范式中，研究从微观信息模式开始，确立基本原理，然后扩展到信息社会的宏观形态，对信息时代的基本特征和大趋势进行把握和解释。正如我们开始所说，这样的理论必然是解释性的，其理论目标是追求知其然，更追求知其所以然。在本书中，我们就是抱着这样的研究目标，致力于建构语言信息的新范式。显而易见，信息时代的问题复杂多样，而一本书篇幅有限，自然难以做到面面俱到。因此，我们在此聚焦两大核心问题。一是注意力问题，二是虚拟空间问题。对一个时代来说，靠观察两个问题来把握，在数量上显然远远不够。然而，我们在此要做的不是现象的全面罗列，而是探索现象背后的内在动因，并致力于问题的原理性解释，以期收到以简驭繁、烛幽发隐之理论功效。

第二节　信息时代之注意力困境

一　注意力问题溯源

信息社会面临很多重大问题，而"信息超载"和"信息爆炸"为人们提及最多。尽管这些问题已成老生常谈，但在老生常谈之外，新的现象却层出不穷，如数字化、虚拟化、快餐化、移动化、掌上化、微小化、碎片化、甚至终结论等不一而足，我们不能不对它们进行重新深入探索。实际上，这些现象都与"信息超载"和"信息爆炸"密切相关。我们的目标自然不是对现象再做重复罗列，而是透过种种表象，探寻现象背后的深层动因，并对其中的信息机制加以科学解释。显然，无论"信息超载"还是"信息爆炸"，其本质都是信息量极度增加。这里，我们首先要提出一个常识性问题：究竟多少信息算超载？多少信息又会爆炸呢？这样的问题显然不能离开特定的参照来简单评判和回答。按常识理解，信息多少自然不是绝对的。信息的多与少最终取决于信息受体，以受体的需求和条件为参照来评判，而注意力和加工能力便是根本参照。那么，"微小化"和"碎片化"又该如何理解呢？显然，"微"和"碎"同样与信息产生数量和传播速度有关。所谓"微"和"碎"是说信息传递单位短小零碎，加上"化"就有愈变愈短、愈变愈小之意。同样的道理，大小长短也不是绝对量值，要参照受体单位时间内的关注和加工来判断。这里人们同样要问，信息单位为何越来越微小零碎呢？答案只能在人类主体与信息的相互关联中来探寻。毫无疑问，随着现代信息和通信技术的发展，人类信息活动已经发生了巨大变化。然而，无论信息技术如何发展，人类信息活动变化有多大，信息最终要靠人类主体接收。与信息量的急速增加相比，人类主体的基本信息感知和加工系统并未发生显著变化。真正的变化在于，人类信息产出量更大，加工传播速度更快。两者叠加带来的变化之大，已经远超人类信息感知和加工系统的边界。在如水如潮的信息面前，信息接收者越来越无暇关注长篇大论，"微小化"自然成为信息传递的选择。人们可能还要追问的是，为何越来越"碎片化"呢？实际上，所谓"碎片化"与"微小化"是相通的。面对越来越多的信息流动，信息受体在单位时间内要关注更多信息，同样多的注意力分配到更多信息，自然呈现"碎片化"之势。当然，无论是"微小化"还是"碎片化"，大都为经验之谈和通俗说法，并不是我们在此细究的问题。我们需要真正关注的是"信息超载"和"信息爆炸"塑造的文化形态，并从正负两面探讨这种文化形态，对其时代意义和潜在影响做出理论解释和概括。显然，学术性的研究可能更热衷于讨论负面影响。1996 年，路透社针对"信息超载"的负面影响开展了一项全球性调查（见 Heylighton，1999；Waddington，1998）。结果显示，面对越来越多的信息，受访者中有一半人感到无法应付，38% 的经理或管理人员把大量时间花在了信息搜寻本身。面对越来越多的信息，2/3 的经理或管理人员感到了越来越大的压力和焦虑，他们的记忆力减退，注意广度（attention span）减小，1/3 的人员出现了健康问题。根据上述调查结果，国际减压管理协会的心理学家刘易斯（Lews）甚至提出了"信息疲劳综合征"（information fatigue syndrome）。显然，该术语用来概括信息超载带来的健康问题，其实是在强调其负面影响。对于更大的群体或机构来说，政策制定和决策过程都离不开信息支持。信息的充裕与贫乏都会影响政策和决策的好坏和成败。按直觉来理解，信息越充裕，决策更为成功。然而，直觉毕竟是直觉，信息越充裕是否意味着决策更为有效，却并非没有争议。路透社的调查显示，43% 的受访者认为，由于信息收集本身占用了过多时间，他们的注意力被转移到了主要任务之外的事情，过量信息造成了所谓"分析力瘫痪"（a-nalysis paralysis），延迟了决策进程。在这个意义上，"信息超载"不是提高而是降低了决策的效益。梅洛迪（Melody，1993）对小公司与大公司决策的比较表明，在相似的决策过程中，比起决策系统相对简单的小公司，具有最先进和最复杂决策系统、并拥有更多信息资源的跨国公司的决策质量并不比后者更高。梅洛迪的解释并未出乎预料：面对海量的无语境信息，个体极易被难以理解和消化的信息所淹没，更多的信息反而带来混乱，阻碍独立的思考。时隔20年的今天，面对海量信息，众多新兴技术涌现出来，如超级计算机、云计算及大数据等，对于应对处理海量信息似乎带来了希望。而问题在于，信息技术本质上面向的是数据，并非真正意义上的信息。数据就是数据，数据最终需要信息主体进行科学解读，才能成为真正有用的信息，才能转化为科学有效的决策和成功的实践。

　　显然，上面的结论更适用于信息接收者，而对于信息的产出和发送者来说，产出和发送速度就是效益，而商业信息更意味着价值和收益。上面的讨论表明，注意力是评判信息量的基本参照，而随着信息量极度超载和爆炸，注意力的价值也被极大推高，注意力越来越成为稀缺资源。在注意力成为稀缺资源的时代，在存在就是被关注的时代，吸引眼球自然成为商家的重要信息策略，所谓注意力经济（attention economy）大概由此衍生而来。克劳福德（Crawford，2015）还就此写了一部专著 *Introduction：Attention as a Cultural Problem*（《导论：注意力作为文化问题》）。书中特别提到，注意力是一种资源，一个人只有那么多（Attention is a resource—a person has only so much of it）（Crawford，2015：11）。实际上，20世纪70年代，人工智能学家西蒙（Simon，1971：40-41）对此早有精辟论述。他指出：“在信息充裕的世界，信息富裕意味着其他东西的匮乏，其他东西就是任何信息消耗的东西。信息消耗了什么是显而易见的：信息接收者的注意力。因此，信息的充裕造成了注意力的匮乏。在信息来源日益多样的情况下，有效分配注意力变得必要”。

　　当然，我们在此不是重复罗列和描述已经罗列和描述的现象，更不是探索经济和商业现象。我们的根本目标是，探寻现象背后的深层理据和形成机制，进而对其做出科学的理论解释。为了实现上述目标，我们需要暂时抛开现象的多样形态，从中抽象出本质因素。上面的讨论表明，注意力（attention）就是其中的本质因素。注意力的民俗意义显而易见，但其深厚科学意义要在认知心理学中探寻。我们知道，注意是心理学、特别是认知心理学的重要研究课题。在注意研究的多种理论模式中，"选择性"都被视为其基本特征，也成为几乎所有理论模型的共识。如"瓶颈模式"（bottleneck）、"过滤模型"（filter model）、"衰减模型"（attenuation model）都包含某种"选择性"思想（Solso，MacLin，& MacLin，2004）。我们之前的综述（吕公礼，2007：270）表明，"选择性"（selectivity）是包括信息感知、记忆、意识及中心加工的普遍特征，而信息加工的"经济性"是主体认知系统"选择性"的内在制约机制。实际上，在语言学的思想传统中，"经济性"也历来为各路研究者所关注，被视为语言构造的基本原则。早期，马丁内（1955）明确提出了语言的"经济原则"。吉冯（1983）研究了主题连续性编码方式，其中就涉及"经济性"问题。在近期兴起的认知语言学中，"经济性"贯穿在各种理论模式，涉及范畴基本层面和语言的象似性等问题。在斯博伯和威尔逊（1986/1995）的关联理论中，语言信息、注意和"经济性"的内在联系得到最为直接和充分的阐释。斯博伯和威尔逊在 Relevance：Communication and Cognition（《关联：交流与认知》）一书的前沿中指出，人类认知的导向是以最小加工努力获取最大认知效果。为了实现这一目标，个体必须聚焦对其最具关联性的信息。信息交流就是占有个体的注意，信息交流因而意味着，交流的信息是关联的。斯博伯和威尔逊是在认知意义上理解语言信息交流的，体现了明显的"认知转向"。在更广泛意义上，美国功能主义研究和认知语言学体现出更为系统的"认知转向"。显然，关联理论以人类信息交流为主要研究对象，致力于其认知动因和机制研究，对语言信息新范式的建构具有直接意义。认知语言学虽然没有直接涉及语言信息，但对于认识主体与世界的信息关系，其理论形态和研究成果至为具体深刻。

二　信息的"能量—效应"理据

我们多次强调，现象的简单罗列和归纳，抑或是理论和概念的简单整合，都是本书研究竭力避免的。我们的根本追求是揭示信息的深层机制和普遍原理。为了达到这一目标，我们需要超越语言学和认知心理学的"经济性"观念，首先在哲学层面进行概括。实际上，我们在第一章就确立了"物质—能量—信息"的统一性，为认识和界定信息建立了基本理论框架。我们的基本概括是，信息从"物质—能量—信息"的统一性中分化而来。这一理论框架一经确立，前面提到的注意"经济性"就有望得到科学解释。我们知道，人类的认知系统建立在物质基础上，认知系统的运作又包含能量付出，能量的付出以信息效应为动因。注意是人类的基本认知机制，注意力自然有其物质能量基础。斯博伯和威尔逊（1986/1995：124）对此有明确阐释：信息加工包含着努力付出，努力付出产生的语境效应涉及心理过程，而心理过程涉及能量的付出（expenditure of energy）。在这个意义上，人类认知就是在给定有限资源（能量）的基础上，获取最大信息效应的过程，其基本机制是有限资源与最大信息效应。这一机制的关键是中心加工资源的最优分配（allocation），分配的方式是以最小的代价获取最大的认知效应。所谓"关联性"就是努力与效应之间的最佳比例关系，而最佳比例关系本质上就是最大效益（efficiency）。显然，效益是"经济性"的核心和本质。在"物质—能量—信息"统一性层面上，这一关系我们概括为"能量—效应"理据（吕公礼，2007：258）。语言与信息内在地联系在一起，而语言信息自然以"能量—效应"为根本理据组织、加工和传递。

回到语言的经济原则，我们可以提出新的解释："能量—效应"是语言"经济性"的深层信息机制。提到语言的"经济性"，20 世纪 40 年代齐夫（1949）出版的名作 *Human Behavior and the Principle of Least Effort：An Introduction to Human Ecology*（《人类行为与最小努力原则：人类生态导论》）是代表性文献。齐夫在该书中提出的"省力原则"（*the Principle of Least Effort*）为多个领域的研究者所普遍推崇和引用。重读齐夫的著作我们发现，现代语言学中的经济观念都可以在齐夫的"省力原则"中找到根据。法国功能主义语言学家马丁内深受齐夫的影响，提出了语言的"经济原则"。斯博伯和威尔逊的关联理论同样可以找到齐夫的影响。萨拉塞维克（Saracevic，1996：201－218）在论及关联理论时指出，斯博伯和威尔逊所谓最小的加工努力获取尽可能大的认知效果，与齐夫的"省力原则"论点相似，而前者并没有引用后者的思想。齐夫的"省力原则"的现实意义当然不止这些。齐夫（1949：1）在该书的导论部分明确提出了"经济性"的物质能量本质，并把人的生存界定为"物质—能量运动"（movement of matter-energy）。他在论及语言的"经济性"时认为，语言是感知和心智过程更为普遍的问题的一部分，而齐夫所说的更普遍问题就是主体从环境获取信息的认知过程（见 Zipf，1949：156）。

确立了语言信息的"能量—效应"理据，我们再回到语言学的"经济性"理论。法国语言学家马丁内（1955）提出了"语言经济原则"。20 世纪 80 年代，美国功能主义语言学家吉冯（1983）研究了主题连续性象似原则，其中同样包含"经济性"观念。这些研究始于不同时代，形成于不同理论背景，表述方式也各异，但仔细审视会发现，它们都包含两种变量。马丁内（1955）认为，言语活动存在着从内部促使语言运动发展的两种力量，这两种力量可以归结为"言语交际表达需要"与"人在生理和精神上的惰性"间的冲突（另见冯志伟，1999）。吉冯（1983）认为，象似原则可以转译为一种心理和行为原则：对于一项任务，只需支付完成该任务所需的能量（Expend only as much energy on a task as is required for its performance）。斯博伯和威尔逊（1986/1995）则用"努力（付出）"（effort）与"（语境）效应"（effect）来阐释信息加工，成为两种变量关系的最为完整的概括。因此，我们不妨以斯博伯和威尔逊的概括展开讨论。首先探讨"努力"的意义。在我们看来，所谓"努力（付出）"首先以注意力为主要参量。我们关注某事，自然要有所付出。我们付出注意力，实际上也付出了心力、心思、心机、心血、脑力等。因此，"努力"虽为通俗心理学说法，却也不乏理论概括意义。当然，我们不能停留在通俗心理学层面，而是要追求更为科学的概括。显然，"能量—效应"理据是对语言经济性研究的更为科学的概括，这种概括是"物质—能量—信息"统一性的必然延伸。这种必然性不仅可从哲学上得到阐述，也能在语言现实结构形式中找到合理性。我们曾经指出，人类主体和人的经验本身就是"物质—能量—信息"统一性的展开过程（吕公礼，2007：259）。生命产生和演化，人类之后演化产生，实际上就是信息从"物质—能量—信息"统一性中分化的过程，而人类感知（视觉和听觉等）运动系统、特别是大脑神经系统，就是分化而来的专用信息系统。人的心智虽然是非物质的，却建立在大脑神经系统的物理化学过程上，大脑神经细胞又靠能量支持而运作。脑科学研究表明，人脑仅占人体重量的 1/15，却要消耗人体全部氧气和葡萄糖供应的 1/5。大脑神经系统自然不是为物质而存在，也不只是消耗能量的装置。同人体的任何组成一样，大脑神经系统是物质能量形态，但也有物质能量之外的功能，心智和信息处理就是最重要的功能。感知运动系统和大脑神经系统专为信息演化而来，其根本功能是信息感知、加工和储存，而这些功能都要消耗能量。笔者曾考察过现代脑科学的成像技术，发现这些技术大都建立在大脑物质能量变化基础上（吕公礼，2007：262）。功能的发挥消耗能量，而能量的消耗意味着效应的产生。实际上，信息传递自身的界定就包含了这种关系。纽曼（2003）提到"划分"对事物和生命系统的意义。而在纽曼之前，贝特森（2000）讨论"划分"时指出，当人进入信息交流、组织过程时，力、撞击和能量交换在人身后的世界中便产生了效应。人进入世界，效应便由差异产生了，信息的基本单元是产生了差异的差异。这一点与我们之前确立的信息示差原理相通。另外，麦凯（1969：162）也提出了一种信息定义，同样揭示了信息的效应本质。按照麦凯的界定，信息是它所产生的功效（What it does），而信息的效应是表征构造的改变（The effect of information is the change in representation construct）。无论是心理过程差异、还是表征结构的变化，用通俗的方式来表述，就是信息受体认知状态的改变。从根本上讲，人类主体是"物质—能量—信息"的统一，信息从这个统一性中分化而来，人类语言信息的组织、加工和传递，也必然建立在"能量—效应"理据上。在物质能量意义上，人类个体是有限的，而人类群体的经验和信息活动却是无限的。人类主体以有限应无限，"能量—效应"理据是必然选择。人类语言活动是人类信息活动的高级形态，语言信息的"能量—效应"理据由此演化形成。这一理据我们曾有详细论证（见吕公礼，2007：265），这里不再赘述。在第二章和第三章，我们提出了语言信息"形式—内容"构造和信息内容"关联—质性—量性"优先展开。现在来看，这种机制无疑是以"能量—效应"为理据构造和展开的。下文我们从语言信息微观机制开始，探索其具体"能量—效应"形态，然后延伸到信息的宏观传播，以期解开信息时代的注意力之谜。

三　从信息微观构成到宏观传播

在微观层面上，语言信息基本构成和展开模式包括两个部分：一是信息的"形式—内容"两极构成，二是信息内容的两级展开过程：形式与内容的展开和内容的"关联性—质性—量性"优先展开。分别重新整理，其内容如图9-1、图9-2所示。

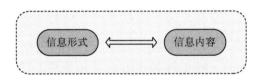

图9-1　信息的基本构成

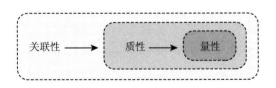

图9-2　信息内容按"关联性—质性—量性"优先顺序展开

为了讨论方便，这里对语言信息的"形式—内容"两极构成和展开略作阐发。两极构成的意义在于：语言信息是形式与内容的统一，不存在没有内容的纯形式信息，也不存在没有形式而完全裸露的信息内容。在人类自然语言构造中，形式表现为语音和文字模式，语音和文字形式只有与一定的语义内容结合起来，才能构成完整的语言信息单位。一方面，人类语言信息活动是形式与内容的统一；另一方面，语音是声波物质形态模式，文字是一定物质（如纸质）形态承载的光波模式，因而都有一定的独立性。正是由于这种相对独立性，同一信息内容才能通过不同物质载体传播。人类语言从口语向书写，再向电子形态的演化，在很大程度上就是信息形式的演化。语言信息的"形式—内容"构成是一种抽象概括。在语言信息实际传播中，形式与内容在相互变换中展开。变换是信息效应的产生过程，因而包含着能量的付出。对于信息传递者来说，变换是信息内容与形式的结合，其中包含着信息主体心力（用于内容）和体力（用于发声或书写）的能量付出。对于信息接收者来说，变换是从形式到内容的解码过程。信息主体从形式（语声或文字）感知进入信息内容，其中包含着体力和心力的能量付出。显然，从信息发出到信息接收，信息形式是基本变换界面。

在图9-3中，无论对信息主体A还是对B来说，信息与信息受体一方都以形式为界面呈现出来。通俗地讲，信息接收者首先听到（语声）或看到（书写），才能通过解码变换到信息内容。上述变换同样是在抽象意义上讨论的。在主体的中心信息系统中，语言信息形式与内容按常规组合起来。因此，在现实的语言信息接收中，形式到内容的变换并非分步进行，而是瞬间完成的无意识过程。我们之前的深入探索和论证表明，经典信息论诞生于工程技术背景，技术主义的信息限于信息形式的数学刻画，现代信息技术的各种操作（编码、传递、解码、搜索、获取及存储等）大多是信息形式的操作。我们在第八章的系统分析表明，形式信息量按比特来度量和计算。这一结论对认识信息时代的本质具有重要现实意义：现代信息技术的大容量高速处理传播，其实多在信息形式上实现，信息时代的大量问题也大都由此衍生而来。我们所以更多看到的是问题，是因为形式信息量不同于信息内容的度量，形式信息量的进一步演化意味着，信号数量特征最终延伸外化为具体可见的物质形态。如前所述，形式相对于内容有其独立性，物质形态会进一步延伸，异化为更多的物质数量形态，如字符、书本、磁盘、光盘等信息载体本身的数量。为了简化讨论，我们不妨仍用比特来表示这种广义的形式信息。在广义形式信息意义上，信息时代的发展归根结底就是比特信息量和传播速度的大幅增加。对于信息传递者来说，信息技术极大地提高了语言信息传递和处理效益，降低了文字手写所包含的巨大体力付出。对于信息受体来说，信息技术减少了主体信息感知和搜寻的能量付出。由于信息形式具有相对独立的物质外化形态，信息成为可独立复制、存储、加工、转换及传输的物质对象。显然，现代信息技术正是通过信息形式外在物质形态的发展，极大提高了信息复制、存储、加工、转换及传输的速度与容量，满足了人类活动和社会发展对信息速度与数量的需求。

主体 A　　形式 — 内容 — 形式　　主体 B

图 9-3　信息形式是基本变换界面

然而，速度和数量对发送者是优势，而对信息接收者却未必总是优势。技术的发展促进了信息形式界面的发展，而这种发展所创造的需求，又进一步促进了信息技术的发展。由于形式界面向更直观物质形态异化，信息技术的发展也塑造了一种泛比特信息文化，这种文化的价值取向不是信息内容本身，而更多是对信息外在物质形态数量的崇尚和追求。我们在第八章提到美国加州大学伯克利分校 2003 年的调查研究。在该项研究中，书籍的印数和收藏（册数）量、期刊和报纸的发行量、电影胶片、光盘等的数量都被视为信息量的等价形态。与这些物质媒介数量相对应，销售量、借阅量、收视率等也成为重要的信息量指标。信息感知和获取需要透过形式界面来实现，而形式的感知和加工需要巨大的能量投入。因此，比特信息过度膨胀，必然挤占信息主体有限的注意力资源，形式到内容变换的能量付出大幅增加，从而严重迟滞信息内容的获取和加工，反而降低了信息活动的总体效益。这就是"能量—效应"理据对注意力困境的启示和解释。

我们再回到信息的内容极。信息内容按"关联性—质性—量性"的优先顺序展开，意味着信息内容处理并非一次完成，而是按优先顺序依次展开，其中"关联性"是展开的起点。信息内容以"关联性"为起点展开，并非没有科学依据的方便概括，而是从人类信息活动中演化而来的基本信息机制和加工策略。我们之前多次指出，人类主体是有限的物质能量形态，人类需要应对无限多样的信息，人类信息活动在这一基本矛盾运动中产生和演化。面对无限多样的信息刺激，主体的优先任务是对信息加以筛选和取舍，而这恰恰需以信息的"关联性"为基础。那么，什么是关联信息、什么是不关联信息呢？关联信息是主体所需的信息，所需信息由主体的活动类型、利益所在、兴趣范围、目的追求所决定，其他则为不关联信息。显然，关联与不关联的选择，决定了主体关注与否的选择。关注需要能量付出，而付出是为了获取信息效应。因此，"关联性"归根结底以"能量—效应"为基本动因。"关联性"是人类信息活动的基本共时信息策略，而这种策略在生命长期生存和历时演化中形成。这里我们不妨重新回到"选择性"注意，从中探寻"关联性"策略的历时生物演化。霍顿和蒂珀（Houghton & Tipper, 1994）从抑制（inhibition）角度研究了"选择性"机制的生物学动因。抑制与强化相对应。在功能层次上，"选择性"注意有利于有机体维持其目的性行为（goal-directed behavior）。"选择性"通过一种闸门（gating）机制实现，闸门把感知信息导向反应系统（response system）（包括行为和思想），又通过突出和强化与目标关联的信息，把不关联的环境信息背景化来实现。在神经心理学层面，"选择性"注意涉及前额叶活化（信息流）从感知系统导向前运动（frontal motor）计划和执行系统。从抑制性角度看，注意性导向要求保持对内在目标的认定，认定与高层次的感知表征来匹配，相匹配的表征得到强化（facilitated），而不匹配的表征被抑制（inhibited）。显然，"关联性"起点对应于闸门（gating）机制，不关联信息因为闸门而被阻挡，从而实现最小能量付出基础上的最大信息效应。信息内容

"关联性"有其"能量—效应"理据，其背景在于生物的历时演化。

　　实际上，齐夫（1949）对"省力原则"的阐释包含了相似的理据。齐夫从有机体内平衡（homeostasis）背景阐释了感知"选择性"的生物学背景。按照有机体内平衡思想，外部环境（milieu exterieur）处在不断变化中，有机体需要保持内在环境（milieu interieur）的恒定状态。齐夫（1949：168）认为，在与环境的相互作用中，有机体面临各种刺激（触觉、光波、热能、空气、气体、液体等）的轰击（bombardment）或撞击（impingement）。这些刺激有利或者有害，有机体的感知系统首先要做出选择。那么刺激是什么呢？在基本意义上，刺激是物质能量形态，而一定刺激对应一定内容，刺激就传递了信息。显然，环境刺激对有机体的效应可按两种相反的意义理解。一方面，有机体为了维持内稳态，需要从环境刺激中获取所需物质能量信息；另一方面，有机体在特定时间内面对的刺激数量巨大、形态复杂，从而对有机体内稳态形成干扰（disturbances）。为了获取信息，在环境中找到生存机会，同时排除有害刺激和过多刺激造成的干扰，有机体必须做出选择。这种选择齐夫视为有机体对环境刺激进行的取样（sampling）。齐夫（1949：165 – 167）认为，克服上述矛盾需要两个重要机制。一是屏蔽机制（insulation），屏蔽机制阻挡了（screen out）有害和过多刺激对有机体的干扰；二是敏感性（sensitivity），有机体可以通过增加感知的敏感性获取更多的环境信息。上述机制齐夫概括为感知的"经济性"（economy of sensation）。一方面，感知系统的控制需要付出工作，有机体可以通过缩小敏感区域的面积、减少视窗（sensory peepholes）的数目和大小实现信息的"经济性"；另一方面，屏蔽刺激的干扰需要付出工作，有机体可使刺激种类最小化实现信息的"经济性"。这种论述和概括并非纯粹思辨，而是具有现实的有机演化证据。我们之前提到眼睛的形成，就是最好的演化证据。现代生物学研究表明，眼睛的演化经历了信息细胞、眼点细胞、杯状眼及照相眼的演化阶段。显然，这种演化是感知和认知系统特异化的过程，而特异化完全符合齐夫的感知"经济性"理据。齐夫（1949：167）用感知系统的局部化（the localization of sensory peepholes）来概括视觉的演化过程。现代神经生理研究表明，人类是高度视觉化的动物（见 Schiffman，1990：198）。在人类的多种认知系统中，视觉占据核心地位，因而被称为五官之首。据估计，人类认知活动的 80%—90% 与视觉有关，而人类大脑皮质的 60% 也与视觉信息处理有关（汪云九，2006：206）。显然，在环境信息刺激选择中，眼睛的功能至关重要。在我们看来，人类视觉系统以"能量—效应"为理据演化而成，而信息"关联性"策略也在很大程度上靠视觉系统实现。实际上，我们之前的详细论证也充分表明，人类主体的高级认知系统也按上述理据演化形成（吕公礼，2007）。回到信息原型与非原型扩展回归原理来看，视觉是主体的基本感知系统，获取的是原型信息形态，而人类信息活动不断向非原型信息扩展。其中，扩展在很大程度上借助科学工具延伸实现。自然而然，科学延伸系统也以"能量—效应"为理据发明建造。观测仪器（如显微镜、放大镜及望远镜）、摄像仪器及显示器等延伸系统无一不是以信息内容"关联性"的"能量—效应"理据建造的，这样的建造实现了主体认知系统与延伸系统"能量—效应"的最佳对接。

　　萨拉塞维克（1996）的研究表明，"关联性"是信息检索技术的基本问题，贯穿在现代信息科学发展的全部过程。在我们看来，"关联性"在信息时代的意义早已超出了技术层面，成为新时代信息文化的核心问题。为了认识"关联性"的文化意义，我们重回齐夫（1949）建立的"省力原则"，特别是他提出的"感知机制的选择性"（the selectivity of sensory mechanism）。齐夫（1949：168）把主体获取环境信息的过程界定为一种取样（sampling），感知的"经济性"就是取样的"经济性"，而取样"经济性"由 n 和 s 两种变量决定。n 是样本中不同信息对象的数目，s 为样本的大小。对于给定的感官窗口和时段，为了增加样本 s，主体必须减少取样对象的种类数目 n，s 的增大意味着关于较少数目对象信息量的增加。相反，通过减少样本 s，增加样本内对象数目 n，主体获取的信息多样性增加（Zipf，1949：172 – 173）。这两种信息取向分别体现统一性力量（Force of Unification）和多样化力量（Force of Diversification）（齐夫，1949：171 – 172）。最值得一提的是，齐夫的相关调查和说明都以媒体传播为基础进行，对认识现代信息传播具有直接现实意义。我们知道，现代信息技术极大强化了传统传播媒介，同时也衍生出了新的信息传播模式。所谓"人人都是通讯社，个个都有麦克风"显然指的是信源的多样化，而日益多样化的信源意味着，信息多样化力量日益成为信息时代的重要传播形态。回到当代中国流行的微小化和碎片化现象。微小化是信息传递文本形态的变化，具体包括短信、微博、微信等。显然，在注意力和信息样本不变的情况下，更多关联信息意味着信息种类数目的增加，而数目增加必然导致每一信息文本的微小化。碎片化是信息主体注意力分配的变化。同样的道理，在注意力和时间不变的情况下，更多关联信息意味着，主体需要在更多信息种类间频繁切换，很难将大块时间投入到少数信息，其生活难免呈现碎片化之势。

实际上，为了概括经济原则的认知机制，齐夫（1949：179）曾提出了"假设性眨眼定律"（The Hypothetical 'Law of Winks'），对媒体信息传播加以形象概括。这一概括背后的隐喻是，媒介是读者的"眼目"，而"眨眼"（winks）表示"注意广度"（span of attention）。对于给定信息主体，其注意力总量是相对恒定的，注意在时间—空间上主要以线性方式展开。因此，信息主体对同一信息的更多关注意味着对其他信息关注的减少，而主体对更多相关信息关注的切换必然分散对同一信息的关注。因此，"眨眼定律"的基本意义在于，它包含两种能量的分配方式：减少关注对象的数目，以增加对较少对象的关注广度；增加关注对象的种类数目，从而减少对每一对象的关注广度。这样，仅仅从关注对象和关注广度来考虑，所谓"经济性"实际是两种力量的平衡状态，而这恰恰是"能量—效应"理据的本质所在。

齐夫的"感知机制的选择性"和"假设性眨眼定律"于 20 世纪 40 年代提出，无疑带有时代的局限性。齐夫关注的是传统信息传播媒介，而之后的半个多世纪中，现代信息传播技术取得了巨大发展。回到"扩展回归原理"中来看，现代传播媒体是人类信息活动从原型向非原型扩展的结果。在齐夫（1949：179）的观念中，记者和编辑是读者的"眼睛"和"耳朵"。在信息意义上，"眼睛"和"耳朵"是视觉听觉系统，是信息接收系统，而记者和编辑接收信息是为了传播信息，因而又成为信息发送者。这里需要特别认识到的是，齐夫是在传统媒介背景中谈论"眼睛"和"耳朵"的。我们今天所生活的世界，无论在信源、形式、规模、速度、便捷等方面，信息传播已经与齐夫所处的时代不可同日而语。互联网和移动通信高度发展，形成了纵横交错和相互链接的复杂网络信息世界。用前面提到的流行语概括，这是"人人都是通讯社，个个都有麦克风"的世界，其中有数以亿计"眼睛"和"耳朵"，借助无数的网站和信息平台，通过评论、分享、上传、转发等形式，每时每地不断生成和传递新的信息。如果说"关联性"是信息受体的选择和闸门，那么在互联网和移动通信技术时代，对于每个个体来说，"关联"信息量之大，早已远超其注意力上限。笔者（吕公礼，2007）曾提出了一个简单的公式来概括这种变化。设 It，Ir 及 Ii 分别代表信息总量、关联信息及不关联信息，显然有：It = Ir + Ii。假定人类拥有的信息总量不变，那么信息时代人类需要关注的信息已经大为增加。这意味着，关联信息 Ir 在增加，而不关联信息 Ii 在减少。实际上，人类活动范围在不断扩展，信息总量也在不断增加，关联信息 Ir 必然随之增加。这里我们需要进一步探索的是，关联信息的急剧膨胀，究竟对人类信息活动有何重大影响？显然，信息内容的优先展开机制为此提供了理论工具。按照这一机制，信息内容加工按照"关联性"、"质性"、"量性"的顺序展开。这样，对于给定的信息受体，其注意能量和时间是恒定的。随着关联信息急剧膨胀，信息受体需要把更多注意能量投向更多关联信息的切换，其结果是大大迟滞了向真实信息的转换。我们知道，在商品极度匮乏的时代，商品选择并不是问题，而在商品极大丰富的时代，选择反而成为问题，而选择真品就更加不易了。同样，在信息极度匮乏的时代，信息受体需要关注的信息也极为有限，而在信息急剧膨胀的时代，关联信息的选择已经远超主体的注意力极限，留给真实信息的能量之少，是不难想象的。

毫无疑问，人类信息活动的根本追求是真实信息。信息时代虽然带来了信息速度和数量的极大满足，但在关联信息的急剧膨胀中，我们究竟是在接近还是远离真实，却是值得深入思考的重要问题。

最后回到我们开始提出的"信息超载"问题，对上述讨论进行更为深入的理论解释。20 世纪 80 年代，詹姆斯·米勒（1980）首次提出"信息输入超载"（information input overload）。在通俗意义上，所谓超载就是输入信息超过受体的承受能力，涉及的显然仍是信息量问题。之后，类似的表达频繁出现在当代信息语境中，如"信息爆炸"和"信息泛滥"（inundation of information）等。然而，面对这些问题，相应的理论解释却不多见。我们在此所作就是弥补理论缺失，而信息内容的"关联性"起点和"能量—效应"理据为此提供了科学理论。如前所述，信息量的多与少并非绝对数值，"信息超载"之超同样不是绝对的，而是以人类信息主体注意力为参照判定的。注意力资源是有限的，而信息量却在无限膨胀，"信息超载"是这一矛盾运动的必然结果。如前所述，注意是有机体产生之后就演化而来的基本认知机制，而人类的"选择性"注意是为应对环境信息演化而来的一种自动保护机制。人类主体凭借这一机制，对信息进行"关联"与"不关联"的二元划分，然后屏蔽大量不关联信息，使人类免于过多信息干扰，进而避免识辨和决策失误。然而，人类信息需求在急剧增加，而现代信息技术的传播处理速度日益加快，又加剧了信息量的极速膨胀。人类信息受体需要关注的关联信息大大增加，其与生俱来的"选择性"保护功能面临极大的挑战。面对如水如潮的信息，主体日益陷入一种注意力分配的两难境地，而这种境地是信息"关联性"矛盾演化的必然产物。从信息内容展开的优先顺序来看，信息受体要在更多关联信息间切换，注意能量必然大量透支，进而大大迟滞向真实信息的变换和能量投入，信息活动的整体效益反而降低了。显然，信息形式膨胀导致信息内容获取迟滞，而关联信息量剧增又迟滞了真实信息获取，也最终迟滞了信息内容量的获取效益。在这个意义上，注意力困境是信息时代面临的重大挑战，而两种迟滞为此提供了合理解释。上述讨论的核心思想概括为图 9 - 4。

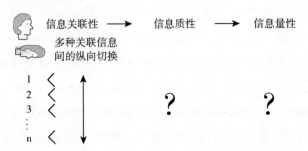

图 9 - 4　过多关联信息迟滞了信息过程向真实信息的变换和投入

第三节　虚拟空间之谜

在某种意义上，信息时代就是虚拟时代，这似已成为信息社会的基本共识。就源头来说，虚拟空间又称赛博空间（cyberspace），最早出现在威廉·吉布森（William Gibson）的科幻小说 Neromaner（《神经巫师》），指人类通过计算机中介进行交流的概念空间（conceptual space）（Fidler，1997：238）。这一说法虽然包含了计算机中介这一基本要素，却毕竟源自文学艺术，想象远多于科学，用于信息时代的科学探索，其局限性不言而喻。在我们看来，虚拟空间和虚拟现实同属虚拟问题，同样可在虚拟范畴中找到科学解释。我们在信息质性一章对虚拟已有详细讨论。我们的基本观念是，虚拟与真实相连，都涉及信息主体与世界的信息关系。因此，虚拟空间同样需要回到虚实关系中来讨论。我们需要在此重述的是，虚拟不是一个孤立现象，虚与实相对，虚因实而生。没有实在作参照，虚拟就无从谈起。在信息质性讨论中，我们对实在提出了"涉身性"解释。我们认为，实在形成于直接身体经验，而虚拟就是扩展的经验特征。前者是信息原型，后者为信息的非原型形态。这样，虚拟可在信息原型与非原型扩展回归原理中得到合理解释。在最基本意义上理解，空间是主体经验展开的场所。因此，实在空间是主体直接身体经验的空间形态，而虚拟空间是主体经验扩展的空间形态。这完全符合我们在第五章所作的基本概括。这一概括的核心是信息原型的"涉身性"界定，其基本参量包括人类、物质、空间、三维、基本、具体、现实及焦点，而非人类、非物质、非空间、非三维、非基本、非现实及非焦点界定的就是信息的非原型扩展形态。按照相似的思路，实在空间与信息原型对应，而虚拟空间是与信息非原型形态对应的空间形态。在上述参量对举中，空间是指物理空间，而非空间指非物理空间，这是需要与虚拟空间加以区别的。

　　虚拟空间略作界定之后，我们进一步探讨虚拟空间是如何形成的。在信息扩展回归原理中来看，这实际上涉及实在空间向虚拟空间的扩展问题。关于这一点我们已针对语言微观结构演化进行了讨论。在宏观信息传播方面，传播学大家麦克卢汉的媒介延伸论无疑最具启示意义。麦克卢汉（1964）出版了名作 *Understanding Media：The Extensions of Man*（《认识媒介：人类的延伸》），延伸论是该书的基本论题。按照麦克卢汉的延伸论，每一种媒介都是对人类一种或多种知觉、肢体或过程的延伸，轮子是对脚的延伸，书本是对眼睛的延伸，衣服是对人的皮肤的延伸，电子线路是对中枢神经系统的延伸。不过，麦克卢汉的延伸论更多是一种形象描述，而且建立在一种泛媒介观念之上，这在很大程度上削弱了其科学概括力。在我们看来，延伸的实质是信息空间的扩展。扩展虽然涉及多种参量，但在"物质—能量—信息"的统一性中看，扩展可归结为物质与非物质两个基本层面。物质层面是物质能量基础上的延伸，而非物质层面是信息系统功能的延伸。轮子对于脚的延伸，衣服对于皮肤的延伸，都是物质能量的延伸。显然，现代交通工具是对腿脚肢体功能的最为系统和最大规模的延伸形态。书本对于眼睛的延伸实际上是对人类视觉和认知系统的延伸。这种延伸显然不止于书本，而且包括现代信息技术衍生的多种信息传播形式，如电话、电视、网络、移动通信等。我们曾区分两种主要信息过程：一是主体认知世界获取信息的过程；二是主体间信息交流传播过程。现在我们可以区分两种延伸。显然，科学观察工具是前一过程的扩展延伸系统，通信和媒体传播是后一种过程的扩展延伸系统。正如笔者之前（吕公礼，2007：300）所概括的那样，科学活动是人类基本生存活动的扩展，科学活动的每一发展都包含着人类基本活动功能的延伸。现代交通工具把人的肢体功能延伸到了地球的每个角落，宇宙飞船把人类活动的范围延伸到了地球之外的广袤宇宙空间。随着人类活动的扩展和延伸，人类感知世界获取信息的系统也得到极大延伸。望远镜把人类视觉信息系统功能延伸到了视距之外的信息对象，而显微镜把主体视觉信息系统功能延伸到了视觉识辨之外的微观世界信息对象。随着现代信息通信技术的发展，人类个体间面对面的信息交流借此延伸到人类全体成员之间。在"信息扩展回归原理"中看，两种延伸扩展形成的信息空间都属于虚拟空间。

确立了人类活动演化的一般原理，我们再回到信息社会的宏观形态，探索虚拟空间的基本特征及现实意义。为此，我们需要重新审视麦克卢汉的媒介延伸论。尽管麦克卢汉的媒介有泛化之嫌，而对于我们认识信息社会传播，他的学说仍具有重要启示意义。麦克卢汉（1962；1964）区分了口语媒介（oral media）、书写/印刷（writing/printing media）媒介和电子媒介（electronic media）三种形态。麦克卢汉（1962；1964）继承和发展了英尼斯的媒介决定论，把传播的演化分为三个阶段：口语媒介、书写/印刷媒介和电子媒介。根据费德勒（1997/2000：46）提供的时间表，口语媒介、书写/印刷媒介和电子媒介对应人类信息传播三个基本演化阶段。在我们确立的基本原理中看，三个演化形态完全契合原型与非原型扩展回归原理，是我们进一步探索虚拟空间的主要切入点。这里我们把三个演化形态对应的原理用图9-5加以概括。

现在我们需要指出是，信息空间是在多参量关系中界定的，而媒介只是其中一种参量。以媒介界定信息传播空间的演化，是暂时忽略其他参量条件，对信息空间的一种抽象规定和极致化解释。尽管如此，信息靠媒介传播，人类信息活动的扩展带来媒介的延伸，而媒介的发展反过来又影响其他空间参量，从而塑造出不同的信息活动形态。语言信息交流是人类信息活动的高级形态，媒介如何影响和塑造信息社会，可在语言信息范式中找到合理解释，这一点我们在第六章第四节

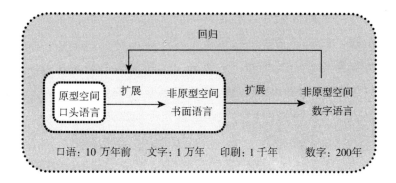

图9-5　媒介演化与语言信息空间扩展回归

已有初步概括，这里再作详细阐释。在口语交流为基本形态的原型信息空间中，信息主要以语声媒介传播，而语声最大的特征是瞬间产生瞬间消逝，其传播以声波所及距离为边界。与外在传播模式对应的是内在短时记忆和信息加工模式。在原型信息空间中，信息交流总体上呈现为即时—现场模式。随着人类活动范围的扩展，其信息活动也发生了量的巨大积累和传播距离的极大延伸，信息活动超越了基本信息系统和运动系统界定的功能范围和界限，扩展到了超视距、超听距和超力距（肢体效应系统的功能范围）的广大领域。同时，信息量的积累和质的飞跃也超越了信息主体短时记忆和加工容量的限度，信息的存储、传递和加工需要外化为更具稳定性的物质载体。信息活动从原型空间扩展到了非原型空间，伴随这种扩展的是信息传递从即时—现场向异时—异地的延伸。书写/印刷媒介的产生和发展既是延伸的动因也是延伸的结果。与口头语声媒介相比，书写/印刷媒介更具稳定性和持久性。写作作为信息过程从原型空间的即时—现场背景中分离出来，信息传播到了更为久远宽广的时空范围。信息存储和加工在分离中也实现了更大程度的外化，主体有可能对信息进行更为持久和从容的处理和加工。书写/印刷媒介产生后，人类信息活动的数量和质量得到巨大发展。然而，信息活动数量和质量得到巨大发展，信息传播速度却大为降低，传播时间也大为延迟。之后，电子媒介为基本媒介形态的现代信息通信技术诞生，书写/印刷媒介的时间延迟在电子的高速传播中得以消除。这种变化是通过媒介的叠加实现的。电话实现了语声与电磁的叠加，消除了文字信息传播方式所带来的时间延迟，电视实现了基本光介质与电磁的叠加，从而减少了视觉信息传播所带来的时间延迟，进而实现了信息活动向即时化和现场化的回归。计算机、网络及移动通信技术极大地推动了主体信息处理向高速度、大容量的延伸，实现了更大信息量在更大时空范围传播和加工的现场化。显然，数字语言为基本形态的空间并非书写/印刷媒介为特征的空间的简单扩展，而是向语声为特征的原型空间的回归。

第四节　虚拟空间的时空拓扑变换

传播学以媒介演化看信息传播演化，难免有唯媒介之嫌。语言信息范式着眼信息传播的具体完整性，显然要比传播学更具理论优势。在语言信息范式中看，媒介属于信息的形式，可在广义方式 "HOW" 中得到概括。语言信息传播在信息空间中发生，而信息空间是多种参量界定的格式塔，其中任何参量的变化都引起其他参量的变化。媒介作为方式的一种形态，其变化会带来其他参量的变化，而最主要的是时空关系的变化。重新审视语言信息空间格式塔，时空关系分别由 "WHEN" 和 "WHERE" 变元概括。为了讨论方便，我们把信息空间原型与非原型扩展回归原理重述如下。之前我们用 "say-what" 表示口语信息交流空间核心变元，用 "write-what" 表示书面信息交流空间核心变元。现在我们提出 "e-what" 变元，表示电子数字信息传播核心变元，在此基础上建构数字信息传播空间。三种信息传播空间的演化关系如图 9 – 6、图 9 – 7 和图 9 - 8 所示。

上图显示的是信息空间的演化，而在我们看来，演化的实质是时空关系的变换。在讨论语言信息空间的时空变换前，我们首先对第六章的相关讨论略作回顾。在人类思想文化的大背景中看，20 世纪是一个独特的世纪，这个世纪在很大程度上见证了人类时空观念的重大转变。这种转变无疑首先发生在物理学中，而爱因斯坦的相对论是转变

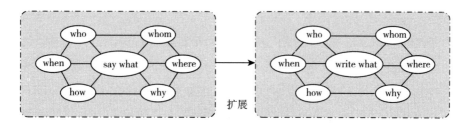

图 9 - 6　口语信息空间向书写信息空间的变换

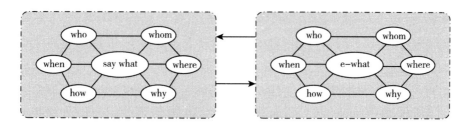

图 9 - 7　口语信息空间向电子信息空间的变换

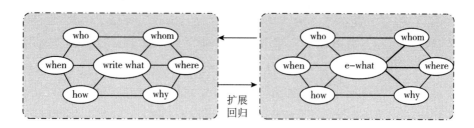

图 9 - 8　书写信息空间向电子信息空间的变换

的根本标志。爱因斯坦的相对论改变了牛顿物理学确立的绝对时空观，在之后霍金（Hawkin）的宇宙学中，相对时空观被发展到了极致。在社会学领域，19 世纪和 20 世纪同样见证了人类时空观从绝对到相对的巨大转变。实际上，社会学早期的时空观的确深受牛顿自然时空观的影响，而随着爱因斯坦相对时空观的出现，社会学的自然时空观也发生了动摇。不言而喻，社会学关注的不是物理系统，而是人类社会的现实活动，包括人类信息实践活动。现代社会学深受物理学时空观的影响，但也形成了面向社会现象的时空观念，"时—空压缩"（time-space compression）（厄里，1996/2000：524）无疑是现代社会学最重要的观念之一。显而易见，现代社会的生活节奏越来越快，人类生存发展边界也愈加宽广，"地球村"之类概念的流行不无道理。实际上，早在我国唐代，诗人王勃就有名句"海内存知己，天涯若比邻"，表达了类似的认识。在诗人的时代，友人离别远去，千里迢迢，几多惆怅和无奈，故友重聚成为诗人无限向往的境界。这种境界在艺术想象中实现。在千年后的信息时代，借助现代通信工具，诗句表达的境界弹指间变为现实。不过，无论是"地球村"，还是"时—空压缩"，大都在大众文化语境中流行，带有太多直觉经验色彩，而诗句表达的意境也多为艺术想象，在稍微严格的科学推敲面前会出现不少漏洞。在我们看来，人类生存和发展的空间不是在压缩，而是不断扩展和延伸，这是一个简单事实和趋势。时空变化需要在人类活动的整体构成参量中考察，才会得出有意义的结论。在我们看来，时空变化需要在两种基本活动层面来解释：一是物质能量活动；二是信息活动。物质能量（人员、物资、资本等）的流动借助交通工具实现，而信息的流动借助传播媒介实现。显而易见，借助现代交通工具的不断延伸，物质能量（人员、物资、资本等）的流动范围得到扩展，借助现代信息和通信技术的延伸，信息传播流动得到扩展，而两种延伸都带来了人类活动空间的极大扩展。实际上，关于物质能量和信息流动，现代社会学确有一个简洁比喻，那就是从原子到比特的流动，从前者向后者的演化就是从原子向比特的转变（厄里，1996/2000）。我们要强调指出的是，两种流动通道的演变并不仅仅意味着活动空间的扩展，其中内在的演变是流动速度的极大提升，而速度提升又意味时间的压缩。显然，正是由于时间的压缩才带来空间压缩。具体来说，物质能量流动时间压缩，意味着物理空间的压缩，而信息流动时间压缩，又意味着信息空间的压缩。物理空间的压缩是不言而喻的，而关于信息传播速度和时间变化，厄里（1996/2000）也有具体的数字描述："当代的技术和社会实践所基于的时间框架，已经超出了人类的自觉经验。电传、电话、传真机将人的反应时间从以月、周和日计缩减为以秒计，而计算机则已经将反应时间缩减为以毫秒计，即十亿分之一秒的事件时间"。这样来看，"时—空压缩"实际上包含着一种悖论，而只有在"时""空"变换的因果相关中，才能走出悖论。显然，人类活动的空间在不断扩展，这原本意味着时间在延迟。然而，由于物质流动和信息传播速度的极大提高，延迟的时间又被压缩，而扩展的空间随着时间的压缩也被压缩。这是"时—空压缩"的内在变换机制。时间压缩带来空间压缩，这一观念马克思早在19世纪就已经提出。马克思（1857—1858/1980）提出了"用时间消灭空间"的著名命题。在这个意义上，马克思对现代社会学的时空观做出了富有预见性的贡献。

当代时空观念的演化略作回顾后，我们重回语言信息传播空间。我们的主要目的是确立语言信息交流空间原型与非原型扩展回归原理，从中解读虚拟空间的时代意义。为了讨论方便，我们把之前的概括（吕公礼，2007：305）略作修改后重述于此（如表9-1、表9-2所示）。

表9-1　　　　　语言信息空间参量的时—空结构和组合方式

	原型信息空间	非原型信息空间	
	信息空间—0	信息空间—1	信息空间—2
时间	即时	异时	异时→即时
空间	现场	异场	异场

表9-2　　　　　语言信息空间参量的时—空大小的变化

	原型信息空间	非原型信息空间	
	信息空间—0	信息空间—1	信息空间—2
时间	极小	极大	极小
空间	极小	极大	极大

在表9-1中，"信息空间—0"是口语媒介对应的原型信息空间，"信息空间—1"是书写/印刷媒介对应的非原型信息空间，"信息空间—2"是电子数字媒介对应的非原型信息空间。需要指出的是，上述概括都有充分的语言学证据支持，这里结合这些证据对上述概括进行重新解释。我们知道，在最基本意义上，时空是无限的，信息主体以有限物质能量来把握无限时空形态，最基本的认知策略是时空的二元划

分："即时—现场"与"异时—异场"。我们之前提到语言的指示系统（deixis），其中的时间空间指示就是这种二元划分的语言形式。在英语中，指示语"now/then"对时间做出二元划分，"here/there"对空间做出二元划分。汉语较之英语缺乏时态系统，但时间上也有"现在、此时、此刻"与"彼时"的二元划分，而空间有"这里、此地、现场"与"那里、彼地"的二元划分。实际上，"延移"（displacement）被视为语言的一种固有特征（designed feature），而该特征显然是对时空变换的深层概括。所谓"延移"就是，语言能够超越交流现场情景，用来谈论不在现场的人和事。这个原理稍加引申，语言信息空间从"即时—现场"向"异时—异场"的扩展，实际上就是一种"延移"。当然，真正的跨越是通过语言文字和书写实现的，语言文字借助书写媒介得以长久保存，语言信息活动借助这种时—空隧道通向"异时—异场"。这里当然还有一点需要补充说明。在书面信息交流中，写作与阅读在不同时间和地点发生，信息发送与信息接收时间和空间发生了极大"延移"和扩展。因此，文字/书写媒介极大扩展了信息传播空间，因而不是"时—空压缩"，而是时空扩展。显然，从"信息空间—0"到"信息空间—1"是空间的扩展，而真正的压缩发生在"信息空间—2"。如图9-2所示，"信息空间—2"是以电子数字为媒介的信息空间形态，而电子媒介的最大特征是信息的极速传播。一方面，伴随着电子媒介信息传播的发展，书写/印刷媒介扩展的时间得到极大压缩，从而也极大压缩了扩展的空间；另一方面，电子媒介的极速传播也使信息传播的整体时间空间得到极大扩展。电子媒介的极速传播实现了空间极大扩展下的"即时—现场"效应。显然，"信息空间—2"是扩展也是回归。至此，我们确立的信息原型与非原型扩展回归原理得到完整说明。

为了使上述概括变为具体的语言信息空间形态，我们回到语言信息空间参量的格式塔模式。图9-9显示口语信息空间向书写信息空间的变换，图9-10显示口语信息空间向电子信息空间的变换。

图9-9和图9-10是信息空间扩展回归的一般概括。其中，"信

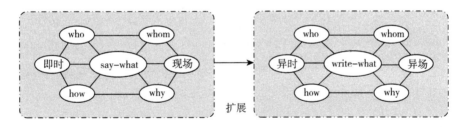

图 9-9 口语信息空间向书写信息空间的变换

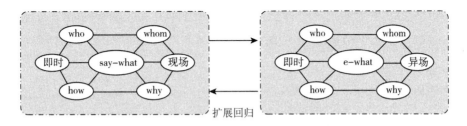

图 9-10 口语信息空间向电子信息空间的变换

息空间—1"中的"write-what"忽略了阅读一方,无疑留下一个重大缺失。我们知道,在书面交流中,作者与读者处在时空分离状态,"信息空间—1"视为虚拟空间,信息主体的时空分离是重要因素。同样,在"信息空间—2"中,电子媒介既能与语声叠加,也能与文字光波叠加。因此,"信息空间—2"与"信息空间—0"是回归关系,但与"信息空间—1"却没有回归关系。这些具体关系我们进一步用图 9-11 来加以概括。

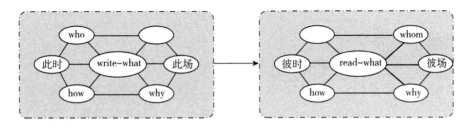

图 9-11 写作与阅读、作者与读者时空分离和不在场

最后我们回到本节的核心问题——虚拟空间。在我们看来,虚拟

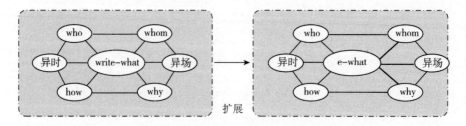

图 9 - 12　电子媒介扩展了书写媒介，但没有改变时空关系

是在虚实关系中界定的，而虚实关系如何解释，只有回到信息扩展回归原理，从其中的变换中才能找到科学答案。在语言信息的原型空间中，信息靠语声媒介在发送者与接收者之间直接传播，信息主体在视觉距离内相互呈现，信息过程在"即时—现场"中展开。如前所述，信息实在空间建立在原型空间之上，而偏离原型空间的信息传播便具有虚拟特征。在"信息空间—1"中，信息靠语言文字传播，信息主体在时间空间上呈现分离状态，彼此缺少原型空间具有的直接视觉呈现。虽然书写/印刷媒介相对语声呈现出更多实在特征，但由于主体间的时空分离和直接视觉缺失，"信息空间—1"就已具有虚拟特征了。所谓"眼见为实，耳听为虚"，就是这个道理。耳听既已为虚，缺少直接视觉呈现的信息空间之虚就不难理解了。在"信息空间—2"中，信息靠电子媒介传播，主体间也缺少原型空间具有的直接视觉呈现。然而，电子媒介以极速传播信息，信息主体间的时间"延移"被消除，因而呈现向原型空间的回归态势。同时，电子媒介的极速传播也使信息空间得到更大扩展，信息主体间处在更加分离的状态，这是信息时代虚拟空间的基本特征。

　　实际上，虚拟空间之虚还可在更深层面来解释。从原型与非原型扩展回归原理来看，虚拟空间是信息空间从原型向非原型变换的产物。我们在信息质性论中提出，这种变换实际上是一种拓扑变换，是不变中的变换。那么，信息空间从实在向虚拟的变换中，什么保持不变呢？我们知道，语言信息空间是多种参量构成的格式塔。显然，信息空间的变换主要是信息传播媒介的变换，但媒介变换不是完全取代原有媒介，而是对其进行叠加和延伸。语言文字虽然不同于语声媒介，却是口语形式的记录，而不是取代口语媒介。电子媒介是更为充分的叠加和延伸。现代信息和通信技术延伸了语声和文字，但这种延伸不是语声或文字的取代，而是它们的电子叠加。信息主体直接面对语声和文字，其感知和接收界面并没有改变。综合起来看，在信息空间演化中，媒介是最重要的变换形式，由此带来了时间空间的巨大扩展或压缩。然而，时空变换只是时间空间大小改变，归根结底是数量的变换。时空还是那个时空，时空关系并没有发生变化，信息空间的格式塔结构也没有发生变化。在这个意义上，所谓虚拟空间之虚拟性，是主体关于信息空间变换形成的感知和意识特征（吕公礼，2007：307）。人类信息空间的实在性大都在原型空间中形成，而扩展形成了非原型空间，这种空间便在主体意识中呈现为虚拟形态。这一点可在两个参量上认识。一是信息主体空间感知尺度的稳定性。口语交流是人类语言信息活动的原初形态，信息交流的现场感在主体意识中固化为实在性空间。二是信息媒介呈现的直接感知特征。在语言信息交流的原型空间中，语声媒介虽然缺少稳定性，却与发声者和听声者的信息感知系统直接对应，因而更具实在性。在书面交流中，纸质媒介比语声更具实在性，由此衍生的信息载体（如图书、报纸、杂志、图书馆等）也呈现为实在形态。然而，在书面交流中，主体间呈现时空分离状态，相互缺少直接视觉呈现，同样具有一定的虚拟性。在电子信息技术和通信时代，语声和文字媒介被电子媒介所叠加，而电子和数字形式是信息技术系统的内在形态，并没有与信息主体的感知系统直接对应，因而在主体的感知和意识中呈现为虚拟形态。

在现代信息学术文化中，虚拟空间显然多与电子和数字信息相关联。电子媒介的高速大容量信息传递把传播时间压缩到了极小状态，时间的压缩形成了社会学的"即时性时间"（厄里，1996/2000），伴随着时间的极小化是空间距离感的消失。马克思在经济学的背景下提出"时间消除空间"，这一观念在信息时代正在变为现实。麦克卢汉 20 世纪 60 年代曾经预言："电子的速度会取消人类意识中的时间和空间。

即使事件一件接一件，也不存在任何延迟的效果。"（见 Fidler，1997/ 2000）这里需要特别关注的是，麦克卢汉认为时间和空间是"人类意识中的时间和空间"。在这个意义上，虚拟空间更多是主体的一种感知和意识状态。在语言信息空间的格式塔中，信息主体间的关系也是重要参量。如前所述，原型空间中的主体相互直接呈现在视觉中，由此形成实在空间意识。在书面交流中，主体因时间和空间"延移"而分离，相互直接视觉呈现消失，虚拟意识由此形成。在电子和数字信息传播中，电子和数字信息以极速传播，从而消解了时空分离。随着多媒体整合技术的发展，视频交谈互动也使主体间"直接"视觉呈现成为可能，信息空间呈现回归实在空间之势。然而，电子和数字信息极速传播，也使信息空间大幅扩展，主体间呈现更大的物理空间分离，形成了新的虚拟空间意识。人类信息活动的演化是从原型空间向非原型空间的扩展和回归，我们的讨论在这一基本原理中得到科学概括和解释。实在空间在原型空间中确立，而虚拟是非原型空间在主体意识中呈现的形态。尽管如此，信息空间的格式塔结构关系保持未变。媒介变化也引起了时空巨变，但这种变化本质上是一种量变，信息传播空间中的基本时空关系并未改变。在此意义上，人类信息活动空间的演化是一种拓扑变换，而虚拟空间在这种变换中形成，虚拟空间更多是人类时空感知和意识变化的产物。随着人类信息活动新常态的形成，虚拟空间最终会逐渐衍生出实在特征，从而形成新的实在空间意识。

参考文献

Anderson, M. L. Embodied Cognition: A Field Guide, *Artificial Intelligence* 2003, 149 (1).

Arens, Edmund. *The logic of pragmatic thinking: from Peirce to Habermas.* New Jersey: Humanities Press, 1994.

Attardo, S.. Locutionary and perlocutionary cooperation: The perlocutuinary cooperative principle, *Journal of Pragmatics*, 1997, (27).

Austin, J. L. *How to Do Things with Words: The William James Lectures delivered at Harvard University in* 1955. Oxford University Press, 1962.

Barbour, Ian G.. *Myths, Models and Paradigms.* San Francisco: Harper, 1976.

Bar-Hillel, Y. & Carnap, R. Semantic Information, *British Journal for the Philosophy of Science*, 1953, (4).

Barsalou, L. W. Perceptual Symbol Systems. *Behavioural and Brain Sciences*, 1999, 22.

Barsalou, L. W. Grounded Cognition: Past, Present, and Future, *Topics in Cognitive Science*, 2010, 2.

Bateson, Gregory. *Steps to an Ecology of Mind.* Chicago: The University of Chicago Press, 2000.

Beadle, G. W. *Genetics and Modern Biology.* Philadelphia: American Philosophical Society, 1963.

Berlin, B. & Kay, P. *Basic Color Terms: Their Universality and Evolution*. California: University of California Press, 1969.

Blackburn, Simon. *Oxford Dictionary of Philosophy*. Oxford University Press, 1996; Shanghai: Shanghai Foreign Language Education Press, 2000.

Black, Max. *Models and Metaphor. Studies in Language and Philosophy*. Ithaca, New York: Cornell University, 1962.

Brown, J. S. & Duguid, P. *The Social Life of Information*. Boston: Harvard Business School Press, 2000.

Brugman, C. & Lakoff, G. Cognitive topology and lexical networks. In Dirk Geeraerts (ed.), *Cognitive Linguistics: Basic Readings*, Mouton de Gruyter, 2006.

Bussmann, Hadumod. *Routledge Dictionary of Language and Linguistics*. Translated and edited by Gregory P. Trauth, and Kerstin Kazzazi. Routledge, 1996.

Cacciari, Cristina. Why Do We Speak Metaphorically? Reflections on the Functions of Metaphor in Discourse and Reasoning. In Albert N. Katz, Cristina Cacciari, Raymond W. Gibbs, Jr. & Mark Turner (eds.), Figurative Language and Thought, Oxford University Press, 1998.

Carnap, R. *Introduction to Semantics*. Cambridge, Massachusetts: Harvard University Press, 1942.

Carter, R. *Mapping the Mind*. Berkeley: University of California Press, 1998.

Casatic, Robert. Topology and Cognition. *Encyclopedia of Cognitive Science*, published Online: 15 JAN 2006, onlinelibrary. wiley. com.

Chafe, W. L. The flow of thought and the flow of language. In T. Givon (ed.), *Syntax and Semantics, Vol. 12, Discourse and Syntax*, New York: Academic Press, 1979.

Clarke, D. S, Jr, *Sources of Semiotic: Readings with Commentary From Antiquity to the Present*. Southern Illinois University Press, 1990.

Collingwood, R. G. *An Essay on Metaphysics*. Oxford University Press, 1940.

Cooper, D. E. Truth and Metaphor. In F. R. Ankersmit & J. J. A. Mooij (eds.), *Knowledge and Language*, *Vol. III*, *Metaphor and Kowledge*, Kluwer Academic Publishers, 1993.

Coren, Richard L. *The Evolutionary Trajectory: the Growth of Information in the History and Future of the Earth*. Gorden and Breach Publishers, 1998.

Crawford, M. B. *Introduction, Attention as a Cultural Problem. The World Beyond Your Head: On Becoming an Individual in an Age of Distraction (hardcover) (1st ed.)* . *Farrar, Straus and Giroux*, 2015.

Croft, W. *Typology and Universals*. Cambridge University Press, 1990.

Croft, W. *Explaining Language Change: An Evolutionary Approach*. Pearson Education Limited, 2000.

Croft, W. *Radical Construction Grammar: Syntactic Theory in Typological Perspective*. Oxford University Press, 2001.

Croft, W. *Typology and Universals* (2nd edition) . Cambridge University Press, 2002.

Crystal, D. *A Dictionary of Linguistics and Phonetics*. New York: Basil Blackwell Limited, 1985.

Crystal, D. *Language and the Internet*. Cambridge University Press, 2001.

Culicover, Peter W. *Syntax*. New York: Academic Press, 1982.

Damasio, A. *Descartes' Error: Emotion, Reason and the Human Brain*. New York: Penguin Books, 1994.

Dawkins, R. *The Selfish Genes*. Oxford University Press, 1977.

Dawkins, R. *The Extended Phenotype: The Long Reach of the Gene*. Oxford University Press, 1982.

Delvin, K *Logic and Information*. Cambridge University Press, 1991.

Dingwall, William Orr. The Evolution of Human Communicative Behavior. In Frederick L. Newmeyer (ed.), *Linguistics: The Cambridge Survey*,

Vol. 3, Cambridge University Press, 1988.

Dodig-Crnkovic, G. System Modeling and Information Semantics. In Janis Bubenko, Owen Eriksson, Hans Ferlund, and Mikael Lind (eds), *Proceedings of the Fifth Promote IT Conference*, . Borlange, Sweden, 2005.

Doursat, Rene & Jean Petitot. Dynamical systems and cognitive linguistics: toward an active morphodynamical semantics. *Neural Networks*, 2005, 18.

Dretske, F. *Knowledge and the Flow of Information*. MIT Press, Cambridge, MA, 1981.

Edelman, G. *Neural Darwinism: The Theory of Neuronal Group Selection*. New York: Basic Books, 1987.

Edmondson, W. *Spoken Discourse: A Model for Analysis*. London: Longman, 1981.

Eliasmith, Chris. (ed.) . *Dictionary of Philosophy of Mind*. http: //philosophy. uwaterloo. ca/MindDict/.

Emmeche, C. & Hoffmeyer, J. From Language to Nature-the Semiotic Metaphor in Biology. *Semiotica*, 1991, 84 (1/2) .

Evans, V. & M. Green. *Cognitive Linguistics: An Introduction*. Edinburgh University Press, 2006.

Fauconnier, Gilles. *Mappings in Thought and Language*. Cambridge University Press, 1997.

Flanagan, Owen. *The Science of the Mind*. MIT Press, 2001.

Floridi, L. Internet: Which Future for Organized Knowledge, Frankenstein or Pygmalion? *The Information Society*, 1996, 12.

Floridi, L. What is the Philosophy of Information? *Metaphilosophy*, 2002, 33 (1 − 2) .

Floridi, L. Information. In L. Floridi (ed.), *The Blackwell Guide to the Philosophy of Computing and Information*, Blackwell Publishers, Inc. , Cambridge, MA, 2003.

Floridi, L. Information Realism. In J. Weckert and Y. Al-Saggaf (eds.), *Computing and Philosophy Conference*, Conferences in Research and Practice in Information Technology, Vol. 37. Canberra: Australian Computer Society, 2004.

Foley, W. A. *Anthropological Linguistics: An Introduction*. Blackwell Publishers Ltd, 1997.

Fortescue, M. Thoughts about thoughts. *Cognitive Linguistics*, 2001, 12 – 1.

Franken, N. Vagueness and approximation in relevance theory'. *Journal of Pragmatics*, 1997, (28).

Fromkin, V., Rodman, R. & Hyams, N. *An Introduction to Language*. Thomson and Heinle, 2003.

Gallese, V. & Lakoff, G. The Brain's Concepts: the Role of the Sensory-motor System in Conceptual Knowledge. *Cognitive Psychology*, 2005, 22.

Garbarini, F. & Adenzato, M. At the Root of Embodied Cognition: Cognitive Science Meets Neurophysiology. *Brain and Cognition*, 2004, 56 (1).

Gärdenfors, P. Meaning as conceptual structures. In Martin Carrier and Peter K. Machamer (eds.), *Mindscapes: Philosophy, Science, and the Mind*, Konstanz: University of Pittsburgh, 1997.

Geeraerts, Dirk. *Theories of Lexical Semantics*. Oxford: Oxford University Press, 2010.

Gentner, D. & Jeziorski, M. The shift from metaphor to analogy in Western science. In A. Ortony (ed.), *Metaphor and Thought*, Cambridge: Cambridge University Press, 1993.

Gentner, D. Structure-mapping: A theoretical framework for analogy. *Cognitive Science*, 1983, 7.

Gioria, R. On the Informativeness Requirement. In Asa Kasher (ed.) (1998), *Pragmatics: Critical Concepts*, London: Routledge, 1998.

Givón, T. Topic Continuity in Discourse: A Quantitative Cross-Language Study, In T. Givón (ed.) Amsterdam: John Benjamins, 1983, 243 – 267.

Givón, T. *Syntax*: *A functional-typological introduction*, *Vol.* 2. Amsterdam: John Benjamins, 1990.

Givón, T. Coherence in text vs. coherence in mind. In Morton Ann Gern-stacher (ed.), *Typological Studies in Language* 31, John Benjamins, 1995.

Givón, T. *Bio-Linguistics*: *The Santa Barbara Lectures.* Amsterdam: John Benjamins Publishing Company, 2002.

Gleick, James. *The Information*: *A History*, *a Theory*, *a Flood.* New York: Pantheon Books, 2011.

Goddard, C. Thinking across languages and cultures: Six dimensions of varia-tion. *Cognitive Linguistics*, 2003, 14 – 2/3.

Goldberg, A. E. *Constructions*: *A Construction Grammar* Approach to Argu-ment Structure. The University of Chicago Press, 1995.

Goodwin, C. & Duranti. A. Rethinking context: an introduction. In A. Du-ranti & C. Goodwin. (eds.), *Rethinking context*: *language as an inter-active phenomenon*, Cambridge: Cambridge University Press, 1992.

Gorn, S. Informatics (Computer and Information Science): Its Ideology, Methodology, and Sociology. In F. Machlup & Una Mansfield (eds.), *The Study of Information*: *Interdisciplinary Messages*, New York: John Wiley & Sons, 1983.

Grant, Glenn. *A Memetic Lexicon.* Principia Cybernetica Web. http: //pespmc1. vub. ac. be/MEMLEX. html, 1990.

Grice, H. P. Meaning. In: P. Grice (ed.) (1989), *Studies in the Way of Words.* Harvard University Press, 1957.

Grice, H. P. Logic and conversation. In: P. Grice (ed.) (1989), *Studies in the Way of Words.* Harvard University Press, 1975.

Gronendijk, J & Stokhof, M. On the Semantics of Questions and the Pragmat-ics of Answers. In Fred Landman and Frank Veltman (eds.), *Varieties of Formal Semantics*, Dordrecht: Foris Publications, 1984.

Gumperz, J. Contextualization and Understanding. In A. Duranti & C. Goodwin (eds.), *Rethinking context: language as an interactive phenomenon*, Cambridge: Cambridge University Press, 1992.

Gundel, J. K., Nancy Hedberg and Ron Zacharrski. Cognitive Status and the Form of Referring Expressions in Discourse. *Language*, 1993, 69.

Haeckel, E. *Anthropogenie: oder, Entwickelungsgeschichte des Menschen (Anthropogeny: Or, the Evolutionary History of Man)*. Leipzig: Engelmann, 1874.

Halliday, M. A. K. *Language as Social Semiotic: The Social Interpretation of Language and Meaning*. Edward Arnold Ltd.

Halliday, M. A. K. (1985/1994). *An Introduction to Functional Grammar*. Edward Arnold, 1978.

Harré, R. *Theories and Things: A Brief Study in Prescriptive Metaphysics*. London: Sheed and Ward, 1961.

Harris, Zellig S. *Language and Information*. New York: Columbia University Press, 1988.

Haspelmath, M. The Geometry of Grammatical Meaning: Semantic Maps and Cross-Linguistic Comparison. In Tomasello, Michael (ed.), The new psychology of language, Vol. 2., Mahwah, NJ: Erlbaum, 2003.

Hausser, R. & Zaefferer, D. Questions and Answers in a Context-Dependent Montague Grammar. In F. Guenthner & S. J. Scmidt (eds.), *Formal Semantics and Pragmatics for Natural Languages*, Reidel Publishing Company, Dordrecht, Holland, 1978.

Hawkins, John A. *Definiteness and indefineteness: A study in reference and grammaticality prediction*. London: Croom Helm, 1978.

Heine, B & U. Claudi, F. Hünnemeyet. *Grammaticalization-A Conceptual Framework*. Chicago: Chicago University Press, 1996.

Heine, Bernd, Ulrike Claudi and Friederike Hünnemeyer. From cognition to grammar-Evidence from African Languages. In Traugott, E. C. & B Heine（eds.）*Approaches to Grammaticalization*: *Volume II. Types of grammatical markers*, John Benjamins Publishing Company, 1991.

Herring, Susan C. （ed）. Computer-Mediated Communication, Linguistic, Social and Cross Cultural Perspectives. *Pragmatics & Beyond* 1996, 39.

Hesse, Mary B. *Models and Analogies in Science*. London: Sheed and Ward, 1963.

Hesse, Mary B. Models, Metaphors and Truth. In F. R. Ankersmit & J. J. A. Mooij （eds.）, *Knowledge and Language*, *Vol. III*, *Metaphor and Kowledge*, Kluwer Academic Publishers, 1993.

Hesslow, G.. Conscious Thought as Simulation of Behavior and Perception. *Trends in Cognitive Science*, 2002, （6）.

Heylighton, F. Change and Information Overload: Negative effects. *Principia Cybernetica*, 1999.

Hickmann, M. & Robert, S. Space, language, and cognition: Some new challenges. In Hickmann, M. & Robert, S. （eds.）, *Space in Languages*, *Linguistic Systems and Cognitive Categories*, John Benjamins, 2006.

Hintikka, J. On Semantic Information. In J. Hintikka and P. Suppes （eds.）, *Information and Inference*, Dordrecht-Holland: D. Reidel Publishing Company, 1970.

Hintikka, J. On the logic of an interrogative model of scientific inquiry. *Synthese*, 1981, 47.

Hopper, P. J. On Some Principles of Grammaticalization. In E. C. Trangott & Bernd Heine. （eds.）, Approaches to grammaticalization. Vol. , John Benjamins Publishing Company, 1991.

Hopper, Paul J. & Traugott, E. C. *Grammaticalization*. Cambridge: Cambridge University Press, 1993.

Houghton, G. & Tipper, S. P. *Inhibitory Process in Attention*, *Memory and Language*. Academic Press, Inc. , 1994.

Indurkhya, B. *Metephor and Cognition.* London: Kluwer Academic Publishers, 1992.

Innis, Harold A. *Empire and Communications.* Toronto: University of Toronto Press, 1972.

Israel, David. Concepts of Information: Comparative Axiomatics. In R. H. Thoason (ed.), *Philosophical Logic and Artificial Intelligence*, Kluwer Academic Publishers, 1989.

Israel, D. & Perry, J. What is Information? In Philip Hanson (ed.), *Information, Language and Cognition*, Vancouver: University of British Columbia Press, 1990.

Israel, D. & Perry, J. Information and Architecture. In John Barwise, Jean Mark Gawron, Gordon Plotkin and Syun Tutiya. (eds.), *Situation Theory and its Applications.* Vol. 2, Stanford University: Center for the Study of Language and Information, 1991.

Jackendoff, Ray. *Semantics and Cognition.* Cambridge, Mass. : MIT Press, 1983.

Jackendoff, Ray. Language in the ecology of mind. In Paul Cobley (ed.), *The Routledge Companion to Semiotics and Linguistics*, London: Routledge, 2001.

Jakobson, Roman. *On Language.* Cambridge: Harvard University Press, 1995.

James, W. *The Principles of Psychology.* 3 Vols. Cambridge: Harvard University Press, 1976 [1890].

Johnson, M. & Rohrer, T. We Are Live Creatures: Embodiment, American Pragmaticism and the Cognitive Organism. In T. Ziemke, J. Zlatev & R. Frank (eds.), *Body, Language and Mind I: Embodiment*, Mouton de Gruyter, 2007.

Kant, Immanuel. *Critique of Pure Reason* (Translated by J. M. D. Meiklejohn). New York: Prometheus Books, 1990 [1781].

Klapp, Orrin E. Meaning Lag in the Information Society. Journal of Communication. Vol. 32 (2) . 1982.

Kuhn, T. S. *The Structure of Scientific Revolutions* (2nd Edition) . University of Chicago Press, 1970.

Kuppervelt, J. V. 'Directionality in Discourse: Prominence Differences in Subordination Relations', *Journal of Semantics*, 1996, 13.

Lakoff, G. & Mark Johnson. *Metaphors We Live By*. University of Chicago Press, 1980.

Lakoff, G. The invariance hypothesis: is abstract reason based on image schema? *Cognitive Linguistics*, 1990, 1 – 1.

Lakoff, G. & Johnson, M. *Philosophy in the Flesh: The Embodied Mind and Its Challenge to Western Thought*. New York: Basic Books, 1999.

Lakoff, G. & R. Núñez. *Where Mathematics Comes From: How the Embodied Mind Brings Mathematics into Being*. New York: Basic Books, 2000.

Lakoff, G. & Mark Turner. *More than Cool Reason: A Field Guide to Poetic Metaphor*. The University of Chicago Press, 1989.

Lakoff, R. T. Conversational Logic. In Jef Versehueren, Jan-Ola Ostman and Jan Blommaert (eds), *Handbook of Pragmatics Manual*, John Benjamins Publishing Company, 1995.

Langacker, R. W. *Foundations of Cognitive Grammar*. Vol. 1. Standford University Press, 1987.

Langacker, R. W. *Foundations of Cognitive Grammar*, *Volume II*, *Descriptive Application*. Stanford University Press, 1991.

Langacker, R. W. The Contextual Basis of Cognitive Semantics. In Jan Nuyts & Eric Pederson. Eds. , Language, Culture and Cognition: 229 – 252. Cambridge University Press, 1997.

Langacker, R. *Cognitive Grammar: A Basic Introduction*. New York: Oxford University Press, 2008.

Langan, T. *Being and Truth*. Missouri: University of Missouri Press, 1996.

Langrish, J. Z. Different Types of Memes: Recipemes, Selectemes and Explanemes. *Journal of Memetics-Evolutionary Models of Information Transmission* 1999, 3. http: //jom-emit. cfpm. org/1999/vol3/langrish-jz. html.

Leech, G. N. & Short, M. N. *Style in Fiction: A Linguistic Introduction to English Fictional Prose.* London: Longman, 1981.

Levinson, S. C. *Pragmatics.* Cambridge: Cambridge University Press, 1983.

Levinson, S. C. *Space in language and cognition: explorations in cognitive diversity.* Cambridge: Cambridge University Press, 2003.

Linell, Per. *Approaching Dialogue: Talk, interaction and contexts in dialogical perspectives.* Amsterdam: John Benjamins Publishing Company, 1998.

Littlejohn, S. W. *Theories of Communication. Thomson Learning.* Tsinghua University Press, 2003.

Lumsden, C. J. & E. O. Wilson. *Genes, Mind and Culture: the Co-evolutionary Process.* Harvard University Press, 1981.

Lynch, A. Units, Events and Dynamics in Memetic Evolution. *Journal of Memetics-Evolutionary Models of Information Transmission* 1998, 2. http: //jom-emit. cfpm. org/1998/vol2/lynch-js. html.

Maasen, S. & Weingart, P. *Metaphors and the dynamics of knowledge.* Routledge, 2000.

Machlup, F. & Mansfield, Una. *The Study of Information: Interdisciplinary Messages.* New York: John Wiley & Sons, 1983.

Machlup, F. & Mansfield, Una. Cultural Diversity in Studies of Information. In F. Machlup & Una Mansfield (eds.), *The Study of Information: Interdisciplinary Messages*, New York: John Wiley & Sons, 1983.

Mackay, Donald M. *Information, Mechanism and Meaning.* Massachusetts Institute of Technology Press, 1969.

MacLean, P. D. *The Triune Brain in Evolution Role in Paleocerebral Func-*

tions. Springer. com, 1990.

Martinet, A. *Economie des Changements Phonetiques.* Berne, 1955.

Matlin, Margaret W. & Suny Geneseo. *Cognition.* Wadsworth Thomson Learning, 2002.

McLuhan, M. *The Gutenberg Galaxy: The Making of Typographic Man.* Toronto: University of Toronto Press, 1962.

McLuhan, M. *Understanding Media: The Extension of Man.* New York: McGraw-Hill, 1964.

Melody, W. Electronic Networks, Social Relations and the Changing Structure of Knowledge. In *Communication Theory Today.* red af Crowey og, Mitchell Polity Press, 1993.

Meyrowitz, Joshua. *Medium Theory. In Communication Theory Today.* red af Crowey og, Mitchell Polity Press UK, 1994.

Miller, James Grier. *Living System.* New York: McGraw-Hill, 1980.

Miller, George A. *Informavores. In Fritz Machlup and Una Mansfield (eds.),* The Study of Information: Interdisciplinary Messages, Wiley-Interscience, 1983.

Miller, George A. The cognitive revolution: a historical perspective. *TRENDS in Cognitive Science*, 2003, Vol. 7 No. 3.

Montague, R. Pragmatics. In R. H. Thomason (ed.), *Formal Philosophy, Selected Papers of Richard Montague*, New Haven and London: Yale University Press, 1974.

Morris, C. *Foundations of the Theory of Signs.* Chicago: University of Chicago Press, 1938.

Morris, C. *Signs, Language and Behavior.* Englewood Cliffs: University of Chicago Press, Prentice Hall, 1946.

Mortazavian, Hassan. On System Theory and its Relevance to Problems in Information Science. In Machlup, F. & Mansfield, Una. (eds.), *The Study of Information: Interdisciplinary Messages*, New York: John Wiley &

Sons, 1983.

Nauta, Deode. *The Meaning of Information*. Mouton, 1972.

Neuman, Yair. Co-generic logic as a theoretical framework for the analysis of communication in living system. *Semiotica*, 2003, 144 – 1/4.

Nicolin, F & Poggeler, O. *Enzyklopadie der philosophi schen Wissenschaften im Grundrise*. Hamburg: Felix Meiner, 1969.

Nirenberg, M. W. The Genetic Code II. *Scientific American*, 1963, 208.

Ogden, C. K. & I. A. Richards. *The Meaning of Meaning*. London: Routledge & Kegan Paul, 1923.

Oliveira, R. P. & Bittencourt, Robson de Souza. An interview with Mark Johnson and Tim Rohrer: From neurons to sociocultural situatedness. In Roslyn M. Frank, Rene'Dirven, Tom Ziemke Enrique Berna'rdez (eds.), *Body, Language and Mind Volume* 2: *Sociocultural Situatedness*, Mouton de Gruyter, 2008.

Parker, E. B. Information and society. In C. A. Cuadra & M. J. Bates (eds.), *Library and information service needs of the nation: proceedings of a Conference on the Needs of Occupational, Ethnic and other Groups in the United States*, Washington DC, 1974.

Parrsons, T. *The Structure of Social Action*. New York: Free Press, 1937 [1968].

Peirce, C. S. *Collected papers of Charles Sanders Peirce. Vol.* 2. Cambridge: Harvard University Press, 1931.

Peters, John D. Information: Notes Toward a Critical History. *Journal of Communication Inquiry*, 1988, Vol. 12 No. 2.

Popper, K. *The Logic of Scientific Discovery (Logik der Forschung. Zur Erkenntnistheorie der modernen Naturwissenschaft*. Mohr Siebeck, in German, 1934). Hutchinson & Co., 1959.

Popper, K. *Conjectures and Refutations: The Growth of Scientific Knowledge*. London: York Routledge, 2002.

Prince, Ellen F. Toward a taxonomy of given-new information. In Peter Cole (ed.) Radical pragmatics, New York: Academic Press, 1981.

Pylyshyn, Zenon W. Information Science: Its Roots and Relations as Viewed from the Perspective of Cognitive Science. In Machlup, F. & Mansfield, Una. (eds.), *The Study of Information: Interdisciplinary Messages*, New York: John Wiley & Sons, 1983.

Regents of the University of California. (2003) . How Much Information? 2003. Executive Summary.

Ramachandran, V. S. Mirror Neurons and Imitation Learning as the Driving Force Behind "the Great Leap Forward" in Human Evolution. *Edge*, 2000 (69), http: //www. edge. org/3rd_ culture/ramachandran/ ramachandran_ index. html.

Ritchie, L. David. Shannon and Weaver: Unraveling the Paradox of Information. *Communication Research*, 1986, 13 (2) .

Ritchie, L. David. *Communication Concepts* 2: *Information.* Newbury Park, California: SAGE Publications, Inc. , 1991.

Rizzolatti, G. L. G. & Matelli, M. The Organization of the Cortical Motor System: New Concepts. *Electroencephalograph and Clinical Neurophysiology*, 1998, (106) .

Rohrer, T. Embodiment and Experientialism, Chapter 2 in Dirk Geeraerts & Hubert Cuyckens (eds.), *The Oxford Handbook of Cognitive Linguistics.* Oxford University Press, 2005.

Rosch, E. H. Natural categories. *Cognitive Psychology*, 1973, 4 (3) .

Rosch, R. H. Cognitive reference points. *Cognitive Psychology*, 1975, 7 (4) .

Roscher, Nicholas. *Inquiry Dynamics.* New Brunswick: Transaction Publishers, 2000.

Sapir, Edward. *Language: An introduction to the study of speech.* New York: Harcourt, Brace and company, 1921.

Saracevic, Tefko. Relevance reconsidered. In Information Science: Integration in perspectives. *Proceedings of the Second Conference on Conceptions of Library and Information Science*, 1996, (CoLIS 2), Copenhagen.

Saussure, F. *Course in General Linguistics.* Translated and annotated by Roy Harris. Gerald Duckworth & Co. Ltd. , 1983 [1922] .

Schleifer, Davis, Mergler. *Culture and Cognition-The Boundaries of Literary and Scientific Inquiry.* Cornell University Press, 1992.

Schiffrin, D. *Approaches to Discourse.* Cambridge: Blackwell, (1994) .

Schiffman, H. R. *Sensation and Perception: An Integrated Approach* (3rd Edition) . New York: John Wiley & Sons, 1990.

Schleischer, August. *Die Darwinsch Theorie und die Sprachwissenschaft.* Weimar, H. Böhlau, 1873.

Sebeok, Thomas A. Goals and Limitations of the Study of Animal Communication. In Sebeok, T. A. (ed.), *Animal Communication: Techniques of Study and Results of Research*, Bloomington: Indiana University Press, 1968.

Sebeok, Thomas A. , and Iris Smith (ed.), *American Signatures: Semiotic Inquiry and Method.* University of Oklahoma Press, 1991.

Sebeok, Thomas A. Nonvebal Communication. In Paul Cobley (ed.), *The Routledge Companion to Semiotics and Linguistics*, London: Routledge, 2001.

Searle, John R. *Speech Acts: An Essay in the Philosophy of Language.* Cambridge University Press, 1969.

Searle, John R. *Expression and Meaning-Studies in the Theory of Speech Acts.* Cambridge University Press, 1979.

Shannon, C. A Mathematical Theory of Communication. *The Bell System Technical Journal*, 1948, Vol. 27.

Shannon, C. and Weaver, W. *The mathematical theory of communication.* University of Illinois Press, Urbana, IL. , 1949.

Shariff, R. , Engenhofer, M. & Mark, D. Natural-Language Spatial Relations

Between Linear and Areal Objects: The Topology and Metric of English Language Terms. *International Journal of Geographical Information Science*, 1998, 12 (3).

Siewierska, Anna. *Functional grammar.* London: Routledge, 1991.

Simon, H. A. Designing Organizations for an Information-Rich World. In Martin Greenberger (ed.), Computers, *Communication, and the Public Interest*, Baltimore, MD: The Johns Hopkins Press, 1971.

Simpson, J. M. Y. *A First Course in Linguistics.* Edinburgh University Press, 1979.

Solso, R. L., MacLin, M. K. & MacLin, O. H. *Cognitive Psychology.* Pearson Education Asia Limited and Peking University Press, 2004.

Sperber, D & Wilson, D. Relevance: Communication and Cognition. Oxford: Blackwell, 1986/1995.

Sperber, D & Hirschfeld, L. Culture, Cognition and Evolution. In Robert Wilson & Frank Keil (eds.). *MIT Encyclopedia of the Cognitive Sciences*, Cambridge, Mass.: MIT Press, 1999.

Stanford Encyclopedia of Philosophy. Models in Science. http://plato.stanford.edu.

Steiner, G.. *After Babel: Aspects of Language and Translation.* Shanghai: Shanghai Foreign Language Education Press, 2001.

Sternberg, R. J. *Metaphors of Mind: Conceptions of the Nature of Intelligence.* Cambridge University Press, 1990.

Svesson, H., Lindblom, J. & Ziemke, T. *Making Sense of Embodied Cognition: Simulation Theories of Shared Neural Mechanisms for Sensorimotor and Cognitive Processes.* In T. Ziemke, J. Zlatev & R. Frank (eds.) *Body, Language and Mind I: Embodiment*, Mouton de Gruyter, 2007.

Talmy, L. *Toward a cognitive semantics Vol., I: Concept Structuring Systems.* London: The MIT Press, 2000.

Tebranian, Majid. Communication and Development. In Communication Theory Today red af Crowey og Mitchell Polity Press UK, 1993.

Timothy, B. J. *The Psychology of Language*. Pearson Education Asia Limited and Peking University Press, 2004.

Toffler, Alvin. *The Third Wave*. New York: Bantam Books, 1980.

Traugott, Elizabeth. From prepositional to textual and expressive meanings: some semantic-pragmatic aspects of grammaticalization. In Winfred P. Lehmann and Yakov Malkiel, (eds.), *Perspectives on Historical Linguistics*, Amsterdam: Benjamins, 1982.

Turner, Mark. (ed). *The Artful Mind: Cognitive Science and the Riddle of Human Creativity*. Oxford: Oxford University Press, 2006.

Ungerer, F & Schmid, H. J. *An Introduction to Cognitive Linguistics*. Addison Wesley Longman Limited, 1996.

van Dijk, T. A. *Text and Context*. Longman, 1973.

Waddington, P. Dying for Information? A Report on the Effects of Information Overload in the UK and Worldwide. Beyond the Beginning: The Gloabal Digital Library, 1998.

Weingart, Peter. *Metaphors and the dynamics of knowledge*. Routledge, 2000.

Wheeler, John A. Information, physics, quantum: The search for links. In Zurek, Wojciech Hubert (ed.). *Complexity, Entropy, and the Physics of Information*. Redwood City, California: Addison-Wesley, 1990.

Wiener, N. *The Human Use of Human Beings: Cybernetics and Society*. London: Eyre and Spottiswood, 1954.

Wiener, N. *Cybernetics, or Control and Communication in Animal and the Machine*. Cambridge: MIT. Press, 1961.

Wierzbicka, Anna. Semantic Primitives. Frankfurt: Athenaeum, 1972.

Wierzbicka, Anna. *Semantic, Culture, and Cognition: Universal Human Concepts in Culture-Specific Configurations*. New York: Oxford University Press, 1992.

Wierzbicka, Anna. *Semantics. Primes and Universals*. Oxford: Oxford University Press, 1996.

Wilkins, John S. *What's in a Meme? Reflections from the perspective of the history and philosophy of evolutionary biology. Journal of Memetics-Evolutionary Models of Information Transmission*, 1998, 2.

Williams, G. C. *Natural Selection: Domains, Levels, and Challenges*. Oxford University Press, 1992.

Wilson, D. Is there a maxim of truthfulness. *University College of London, Working Papers*, 1997.

Wilson, M. Six Views of Embodied Cognition. *Psychonomic Bulletin and Review*, 2002, 9 (4).

Winkle, W. V. Information Overload. http://www.gdrc.org/icts/i-overload/overload.html, 2006.

Winograd, Terry. *Language as a Cognitive Process. Vol. 1: Syntax*. Addison-Wesley Publishing Company Inc., 1983.

Wittgenstein, L.. *Philosophical Investigations*. Blackwell Publishing, 2001 [1953].

Witzany, Gunther. *Natur der Sprache, Spache der Natur: Sprachepragmatiche Philosophie der Biologie*. Konigshausen & Neumann, 1993.

Young, Paul. *The Nature of Information*. Praeger, 1987.

Ziemke, T. What's That Thing Called Embodiment? In Richard Alterman & David Kirsh (eds.) *Proceedings of the 25th Annual Meeting of the Cognitive Science Society*, Mahwah, NJ: Lawrence Erlbaum, 2003.

Zipf, G. K. *Human Behavior and the Principle of Least Effort: An Introduction to Human Ecology*. New York: Hafner, 1949.

Zlatev, J. Spatial Semantics. In Hubert Cuyckens and Dirk Geeraerts (eds.), *Handbook in Cognitive Linguistics*, Oxford: Oxford University Press, 2007.

巴赫金·M.:《文本·对话与人文》,河北教育出版社 1998 年版。

布瓦索、马克斯·H.:《信息空间——认识组织制度和文化的一种框架》，王寅通译，上海译文出版社 2000 年版。

陈嘉映：《语言哲学》，北京大学出版社 2003 年版。

陈望道：《修辞学发凡》，上海教育出版社 1997 年版。

杜任之、涂纪亮：《当代英美哲学》，中国社会科学出版社 1988 年版。

伊瑟尔、沃尔夫冈：《虚构与想象——文学人类学的疆界》，吉林人民
　　出版社 2003 年版。

厄里：《关于时间与空间的社会学》，载布赖恩·特纳编《社会理论指
　　南》，李康译，世纪出版集团上海人民出版社 2003 年版。

菲德勒·R.：《媒介形态变化：认识新媒介》，明安香译，华夏出版社
　　2000 年版。

费希曼、乔舒亚：《研究"谁在何时用何种语言向谁说话"过程中的微
　　观与宏观社会语言学之间的关系》，《社会语言学文集》，祝畹瑾
　　编，北京大学出版社 1985 年版。

冯志伟：《数理语言学》，上海知识出版社 1985 年版。

冯志伟：《自然语言的计算机处理》，上海外语教育出版社 1996 年版。

冯志伟：《现代语言学流派》，陕西人民出版社 1999 年版。

关志坤：《对话性的"问—答"原型与〈论语〉对话性的跨文化探析》，
　　《山东师大学报》2012 年第 4 期。

桂诗春：《实验心理语言学纲要——语言的感知、理解与产生》，湖南
　　教育出版社 1991 年版。

胡范铸：《幽默语言学》，上海社会科学出版社 1987 年版。

加达默尔、汉斯·格奥尔格：《真理与方法》，洪汉鼎译，上海译文出
　　版社 2004 年版。

柯朗·R.、罗宾·H.：《数学是什么?》，左平、张饴慈译，科学出版
　　社 1985 年版。

利科·保罗：《活的隐喻》，汪家堂译，上海译文出版社 2004 年版。

李晓明：《模糊性：人类认识之谜》，人民出版社 1995 年版。

李幼蒸：《理论符号学导论》，中国社会科学出版社 1993 年版。

列宁、弗拉基米尔·伊里奇·乌里扬诺夫：《唯物主义和经验主义批

判》，《列宁选集》（第二卷），人民出版社 1995 年版。

刘永芳：《归因理论及其应用》，山东人民出版社 1998 年版。

吕公礼：《认知论域与照应释义》，《现代外语》1995 年第 2 期。

吕公礼：《从语境的终极参照性看会话含义理论的演化与重构》，《外国语》1996 年第 3 期。

吕公礼：《格赖斯准则中的基本范畴及内在关系》，《外国语》1999 年第 1 期。

吕公礼：《真实准则的哲学认识论背景及理论逻辑模式》，《外语学刊》1999 年第 1 期。

吕公礼：《语用形式化与话语信息量研究》，《外国语》2000 年第 6 期。

吕公礼：《语用主体信息空间虚拟化的思考》，《外语学刊》2001 年第 4 期。

吕公礼：《语用信息论与语言信息传播文化形态》，《外国语》2002 年第 4 期。

吕公礼：《形式语用学浅论》，《外国语》2003 年第 4 期。

吕公礼：《论语用的信息本质》，《外语学刊》2004 年第 1 期。

吕公礼、关志坤：《跨学科视域中的统一语境论》，《外语学刊》2005 年第 2 期。

吕公礼：《语言信息新论》，中国社会科学出版社 2007 年版。

吕公礼：《涉身心智与语言涉身性的神经科学背景》，《外语学刊》2010 年第 4 期。

吕公礼：《从范畴观的演化看现代语言学之发展》，《东方论坛》2011 年第 2 期。

吕公礼：《认知动词与语言信息交流概念空间重构——英汉"Wh-不定词"语法化比较研究》，《外语学刊》2012 年第 3 期。

吕公礼、宫英瑞：《语言的拓扑变换性与翻译理论的本体建构》，《东方论坛》2013 年第 4 期。

吕公礼、布占廷：《语言涉身性的原型论与语言构造的拓扑变换原理》，《外语学刊》2016 年第 3 期。

马大猷：《语言信息和语言通信》，知识出版社 1987 年版。

卡尔·马克思：《马克思恩格斯全集》第 46 卷下册，人民出版社 1980 年版。

苗东升：《系统科学大学讲稿》，中国人民大学出版社 2007 年版。

苗东升：《信息载体研究》，载马蔼乃、姜璐、苗东升、闫学杉编《信息科学交叉研究》，浙江教育出版社 2007 年版。

沈家煊：《不加说明的话题——从"对答"看"话题—说明"》，《中国语文》1989 年第 5 期。

王谷岩等：《视觉与仿生学》，知识出版社 1984 年版。

汪云九：《神经信息学——神经系统的理论和模型》，高等教育出版社 2006 年版。

邬焜：《信息哲学》，商务印书馆 2005 年版。

伍铁平：《语言学是一项领先的科学》，北京语言学院出版 1994 年版。

肖峰：《科学哲学中的信息主义趋向》，《自然辩证法通讯》2008 年第 5 期。

许丕华、吴博富：《语境探索》，载西槙光正《语境研究论文集》，北京语言学院出版社 1992 年版。

闫学杉：《信息科学的历史、现状与未来》，载马蔼乃、姜璐、苗东升、闫学杉编《信息科学交叉研究》，浙江教育出版社 2007 年版。

袁毓林：《语言信息的编码和生物信息的编码之比较》，《语言的认知研究和计算分析》，北京大学出版社 1997 年版。

张惟杰：《生命科学导论》，高等教育出版社 2004 年版。

钟义信：《信息、能量与物质：科学领域的"三位一体"》，载钟义信《信息的科学》，光明日报出版社 1988 年版。

钟义信：《现代信息技术》，人民邮电出版社 1986 年版。

邹崇理：《逻辑、语言和信息——逻辑语法研究》，人民出版社 2002 年版。

后　记

　　这本书是我在语言与信息交叉研究方面的最新成果。我原本学的是语言学，20 世纪 90 年代初对信息论产生了浓厚兴趣。在语言学中，有一个领域叫语用学，主要研究人类信息交流，而信息论也把语言视为重要问题。到了 90 年代后期，我初步形成了一种构想，尝试把两者融合起来进行交叉研究。经过十多年努力，于 2007 写成《语言信息新论》。那本书在当时的思想背景下写成，不可避免地留下太多语用学痕迹，也难免存在这样那样的局限性。之后几年，我为研究生开设了认知语言学课程。在差不多十年的教学和研究中，我对认知和相关领域多有涉猎和探索。也许由于多年来养成的学术敏感，置身于信息革命的浪潮之中，亲历信息社会的飞速发展，我常有一种紧迫感，自然对信息问题的思考和探索最多，形成了越来越多的新认识。其中最为重要认识是，之前探讨人类信息活动，更多想到的是主体间信息交流，但追溯起来，主体间信息交流产生于主体认知世界获取信息的过程，这种过程显然是更为基本的信息过程。两种过程只有科学融合起来，才能更好把握人类信息活动的具体完整形态。人类主体认知世界，本质上就是主体与世界的信息过程，这种过程对于探索人类信息活动的具体完整形态无疑更为重要。语用学主要关注主体间信息传递，显然难以为主体与世界的信息过程提供科学合理的解释。因此，信息研究要真正超越技术信息的局限，仅仅关注主体间信息交流，显然远远不够。回归人类信息活动的具体完整性，在人的自然本体中探寻人类信息活动已成必然选择。在理论背景方面，回归人类信息活动的具体完整性，从中探寻和建构信息新范式，认知语言学要比语用学更具理论优势。认知语言学是语言学，但以认知科学为更大理论背景，而认知科学可谓当代最具综合性的跨学科交叉领域，涉及的除语言学外，还有认知心理学、人类学、生物学、神经科学、计算科学、人工智能、信息传播、心智哲学等一大批前沿学科，其中大多与信息问题密切相关。无论就其学科视域还是理论深度而言，探索信息的深层机制和普遍原理，认知科学无疑更具科学价值和解释力。在过去十年中，我在涉身哲学、心智科学、范畴论、语言和心智的拓扑性、现代神经科学方面都有较多探索，对语言与信息的认识比之前更为深入。对于之前的工作，这本书自然有所继承，但本书更多立足于认知科学的大背景，研究目标和理论视野都有极大拓展，在方法论方面也进行了全面转型。在新的起点和层次上，研究工作有所超越和创新，也是作者最为期待和努力追求的目标。

　　又一个十年快要过去了，与之前的十年相比，这十年自然有更多的积累和成长，但这段路程走得并不轻松。除了研究本身遇到的各种困难外，这期间我在身体上受到多种病痛困扰，研究和撰写工作数次被迫中断。我最终坚持完成研究和书稿撰写，可以说更多依靠的是精神力量。这种力量无疑首先来自父母几十年的教养。父母一生正直、善良、勤劳、坚强，对我的影响至深。在本书付梓出版之际，我比以往任何时候都更为深切感受到父母的养育之恩，心中比以往任何时候都充满了对父母的思念之情。我也庆幸生活在一个大家庭中，在曲折的人生旅程中，我的几位兄长和姐姐不断给予我关怀和鼓励。每当遇到困难和挫折，我总能感受到亲情的慰藉，从中获得新的勇气和力量。我的长兄吕万长学养深厚，又精通系统科学和信息科学，是我的启蒙者和指路人。在几十年的相互交流和砥砺中，我有机会跳出自身专业局限，接触到其他学科领域的思想和观念，逐渐养成了多角度跨学科观察和思考问题的习惯。几十年探索研究，可以说是不断超越自身专业、跨越多种学科边界、在陌生思想领域跋涉的探索之旅。在很大意义上，这本书记录的是这一旅程的收获，其中也饱含着对长兄的无比崇敬和感激。科学是美好的，但科学研究历来充满挑战和困难。在几十年的探索中，最能分享和理解这种感触的，莫过于我的妻子陈悦。几十年的坎坷曲折，几十年的酸甜苦辣，她都默默地陪伴我经历和承受。没有她的陪伴和支持，我的探索之路不会走到今天。在此表示深深的谢意。2014年，本书撰写到了冲刺阶段，我身心倍感压力。而这一年，我的孙女潇潇出生了。她稚嫩的笑脸，纯真的眼神，甚至频繁的哭闹，都使深处艰难中的我倍感慰藉和温暖。与孩子在一起的时间是短暂的，却是我一生度过的最为幸福的一段时光。

这本书的撰写和出版也离不开好友多年的关怀和帮助。这里特别值得一提的是美国宏谷州立大学的吴始年博士和密苏里州立大学的石逸莉博士。两位是大学同学中依然坚守所学专业的，也因此多有联系和交流。虽然远隔重洋，也多年难得一见，但长久的交流使我收获颇多。在最艰难的几年中，吴始年常从大洋彼岸打电话和发邮件给我，给了我极大安慰和鼓励。资料收集伴随全部研究过程，而很多资料在国内无法找到，石逸莉不辞辛苦，想方设法印好寄来。衷心感谢两位好友多年的关怀和帮助！

这里还要特别提到的是中国人民大学的苗东升先生和北京大学的闫学杉先生。苗先生写的模糊学、信息论和系统科学论著是我经常阅读的书籍，从中获得不少启发和帮助。苗先生早已是系统科学大家和先辈，却平易近人，乐于与我等后进平等交流。我与苗先生只有短暂接触和交流，却已被先生的风范和为人所深深感染。闫先生是信息科学专家，对语言学也有很深造诣，可谓真正的学术知己。对于推动国内信息研究，闫先生的贡献有目共睹。在本书出版之际，感谢他多年的提携、鼓励和支持！

在本书的出版过程中，中国社会科学出版社的编辑熊瑞给予了大力支持和帮助，从安排出版事宜到书稿校对和印制，她都付出了很多心血和极大努力。在此表示深深谢意！

吕公礼

2016 年 4 月于青岛